雷州文化研究

张学松◎主编

雷州饮食风俗史
LEIZHOUYINSHIFENGSUSHI

朱欣文◆著

中国社会科学出版社

图书在版编目(CIP)数据

雷州饮食风俗史/朱欣文著. —北京:中国社会科学出版社,
2014.11

(雷州文化研究/张学松主编)

ISBN 978-7-5161-4794-8

Ⅰ.①雷… Ⅱ.①朱… Ⅲ.①雷州半岛—饮食—风俗习惯史
Ⅳ.①K892.25

中国版本图书馆 CIP 数据核字(2014)第 211293 号

出 版 人	赵剑英	
选题策划	郭晓鸿	
责任编辑	熊 瑞	
责任校对	王立锋	
责任印制	戴 宽	

出　　版	中国社会科学出版社
社　　址	北京鼓楼西大街甲 158 号
邮　　编	100720
网　　址	http://www.csspw.cn
发 行 部	010 - 84083685
门 市 部	010 - 84029450
经　　销	新华书店及其他书店

印　　刷	北京君升印刷有限公司
装　　订	廊坊市广阳区广增装订厂
版　　次	2014 年 11 月第 1 版
印　　次	2014 年 11 月第 1 次印刷

开　　本	710×1000　1/16
印　　张	15.5
字　　数	239 千字
定　　价	368.00 元(全五册)

目　录

前　言

　　作为世界文明古国，中国饮食的历史与中国的文明史一样长，在充饥果腹之外，人们赋予了饮食更多的文化意味。饮食是人类赖以生存和发展的第一要素。《汉书·丽食其传》中有云："民以食为天"，[①] 说明了长期以来，饮食在中国人心中占据了非常重要的地位。

　　饮食涉及两个方面：即饮品和食品。"饮"，主要指自然天成或加工制造的供饮用的液体，如牛奶、酒、茶。"食"，是我国长期形成的以五谷为主食，蔬菜、肉类为副食的传统饮食结构，包括物产原料、烹饪技术、饮食器具、饮食礼仪、食疗养生等诸多方面。

　　饮食风俗是指人们在选择食物原料、加工、烹制和食用过程中，积久形成并传承不息的风俗习惯，也称饮食风俗、食俗，包括日常食俗、节日食俗、祭祀食俗、待客食俗、特殊食俗等。雷州饮食风俗包括了雷州先民在饮食方面的创造行为及其成果，包括食物的加工和消费过程中形成的饮食思想、意识、观念、哲学、宗教、艺术等集体行为习惯与社会心理，如饮食养生、饮食审美风尚、饮食伦理道德观念等。

　　任何地方的风俗都是一定地域内社会历史发展阶段的产物，有很深的社会根源、历史和地理因缘，尤其在人类生产活动的原始阶段，风俗的产生对自然环境有明显的直接依赖性，风俗也打上了人们为适应特殊地域环境而做出种种努力的深刻烙印。饮食风俗尤其能反映民俗与环境的关系。

---

　　① （汉）班固撰，（唐）颜师古注，《汉书·丽食其传》卷四三，中华书局 1962 年版，第2108 页。

　　饮食风俗与地理方位及出产物有很大关系，这方面古人早已总结。晋代张华在《博物志》中写道："东南之人食水产，西北之人食陆畜。食水产者，龟、蛇、螺、蛤以为珍味，不觉其腥也；食陆畜者，狸、兔、鼠、雀以为珍味，不觉其膻也。有山者采，有水者渔。"①

　　饮食与民族、人口因素也有关系。原住居民与外来移民随着交往的增加，文化相互影响，饮食习惯也会相互影响和改变，形成新的饮食民俗。旧习俗在新文化状态下仍然保持着它的地位，传承因素是风俗延续的基础。

　　雷州半岛因为特殊的地理环境、民族的变迁、历史发展等原因，形成独特的饮食风俗。既有原住半岛的渔猎饮食风俗，也有百越先民的饮食习俗，更有中原移民饮食习惯的渗入。目前，雷州半岛饮食指南和烹饪食谱的书籍和资料很多，但现有书籍及资料注重实用性和信息量，对饮食历史及文化挖掘不深，至今尚未有一部论述雷州饮食风俗发展、嬗变的专著。本书在杯盘碗盏、觥筹交错之外，将饮食风俗和历史沧桑、地域风情、人物事件共冶一炉，收入众多饮食轶事，不仅说故事，更对地方特色美食的来源进行考证，充分显示雷州半岛饮食文化的源远流长。透过饮食这个载体，表达更深层次的对雷州半岛历史文化变迁的关注。在大力推进地方文化建设的今天，有文化内涵的历史传承才显得持久、厚重。

　　本书所使用的调查研究方法包括：

　　1. 文献调查法

　　查阅、检索中国古代正史和其他典籍文献记载的饮食相关资料，翻阅近现代国内外学者关于饮食文化的调查报告、研究案例和相关研究论著等，特别是梳理明万历以来各时期的《雷州府志》、《海康县志》、《吴川县志》、《遂溪县志》等大量雷州半岛地方志及周边地区地方史志资料和相关民族文化资料。同时，为了更深入全面地调查研究，笔者先后到国家图书馆、广东省立中山图书馆、广西图书馆、湛江市图书馆、雷州市图书馆、吴川市图书馆、湛江师范学院图书馆等查阅了大量资料。

---

　　① （晋）张华：《博物志》（外七种）卷一，上海古籍出版社 2012 年版，第 10 页。

2. 民族学田野调查法

实地的田野调查研究是本书最重要的研究方法。笔者在近三年，先后走访了湛江市、雷州市、吴川市、廉江市、遂溪县、徐闻县等多家饮食名店，重点考察了2008—2013年湛江美食节、2012年广东安铺特色美食文化节、2011年麻章区湖光镇旧县村年例、2012年湛江开发区平乐村年例，拍摄了大量珍贵的图片资料。本书中配置的图片除特别注明外，均为笔者亲自拍摄。另外，笔者在湛江、雷州、吴川、廉江、徐闻等地进行重点调查，主要采用了参与、观察、个人访谈等方法。同时三上长沙，五入广州，多次到达广西北海、南宁、海南岛等地，调查槟榔文化及雷州半岛与相邻地区饮食文化的联系。

3. 进化论研究方法

采用自然进化论的方法，推演出"为何吃"、"吃什么"、"怎样吃"在不同族群间有着很大的差别。首先是"为何吃"。吃是为了满足人们最基本的生理需要，满足人们劳作后精力的补充。古人也许对饮食缺乏更多科学的认识，很多的饮食习惯通常是为了适应环境和特定族群的风俗约定而成，而特殊时令和节日的专门食品更是与该族群的历史文化和社会记忆密切联系。如南方粽子、雷州白粢等，背后都蕴含着深层的文化意味。其次是"吃什么"。一些族群在饮食上有不少禁忌和偏好，对特殊食物的嗜好更是某些族群认同的重要标志，本族群的人们由此相互交流并加深感情，通过食物建立特定族群的生活场景。自然环境和生存方式往往影响人们对食物原料的选择，在适应环境的过程中，人们为了求得与环境的和谐，在选择嗜好某些食物的同时也选择了排斥某些食物，这也是禁忌食物的来源。再次是"怎样吃"。这受到生产力的制约：在发明火之前，人们只能生吃；而发明制陶之前，一般也不能煮着吃；随着生产力的发展，人们餐桌上的食物越来越丰盛。"怎样吃"也涉及食物的制作与烹饪，涉及吃之前和吃之后的精神方面的仪式和活动，这些更使不同族群文化在饮食中体现得淋漓尽致。当我们认识到不同地域的人在"吃什么"、"为何吃"、"怎样吃"中体现出的差异时，不单饮食的风俗特点体现出来了，而且透过人类饮食的表象，我们可以洞悉人类文化的深层结构。

4. 跨学科综合研究法

本书的研究同时涉及民族学、人类学、社会学、历史学、经济学等多学科的内容和研究方法。

饮食风俗的发展是连续的,只要相距年代不是很远就仍然具有参考价值,故划分朝代的分析只是为了方便叙述。下面,我们沿着历史发展的轨迹,探索从古至今雷州半岛饮食风俗的变化。

第一章　雷州半岛的地理概况

第一节　地理位置与地形地貌特征

一　地理位置

"处海之角而天之涯"[①] 的雷州半岛，位于中国大陆最南端，是中国三大半岛之一，南方第一大半岛。雷州半岛位于广东省西南部，北纬20°12′—21°35′，东经109°31′—110°55′。它伸入北部湾和雷州湾之间，南隔琼州海峡与海南岛相望，海峡最窄处约 18 公里。半岛南北长约 180 公里，东西宽约 100 公里；面积约 8888 平方公里。半岛三面环海，海岸线长约 1180 公里，连海岛海岸线总长达 1450 公里。

现在，半岛主要由广东省湛江市及雷州市、廉江市、吴川市（三个县级市）、遂溪县、徐闻县组成，人口约 608 万（2010 年统计），均为汉族，有部分人讲雷州话。历史上被称为雷州半岛的范围比现在大，包括半岛及其附近岛屿，以及广西北海、钦州一部分。

二　地形地貌

半岛地势平缓，西北高，东南低，以北部廉江市境内的双峰嶂（海拔382 米）为最高点，平均海拔约 100 米。南部为玄武岩台地，占半岛面积的 43.3%，略呈龟背状，台地上多分布有孤立的火山锥。中西部和北部多为海成阶地，占半岛面积的 26.7%，海拔在 25 米以下。中东部为冲积和海积平原，占半岛面积的 17.4%，地形平缓。在雷州市东部和西南部，

---

① （明）欧阳保：《（万历）雷州府志》，书目文献出版社 1990 年版，第 170—172 页。

于南渡河中下游，有一块广阔的平原地带，因为是河海（洋）冲积和围垦形成的平原地带，又在雷州府城的东部和西南部，故当地人称为东西洋。东西洋平原面积24万余亩，是雷州半岛最大的冲积平原，平均海拔为2.54米，历代闽浙人先后来此定居、开垦，素有"雷州粮仓"、"东洋熟、雷州足"之美誉，盛产优质稻谷，其余沿海冲积平地面积很狭窄。

半岛地表水缺乏，河流短小，呈放射状独流入海。其中南渡河最大，长约65公里，流入东部的雷州湾。其他较大的江河有：九洲江，流经廉江市境内89公里；鉴江，流经吴川市境内46公里。雷州青年运河纵贯半岛北部，总干长约74公里。半岛地下水资源较丰富。港湾较多，主要有雷州湾，港口有湛江港、流沙港、乌石港、安铺港等。半岛东部近岸海域有30多个岛屿，较大的岛屿有东海岛、南三岛、硇洲岛、新寮岛和东里岛。历代政府在雷州半岛从最南端徐闻至半岛东北吴川、西北遂溪，均沿海修筑海堤，防止海水倒灌，并围海造田。

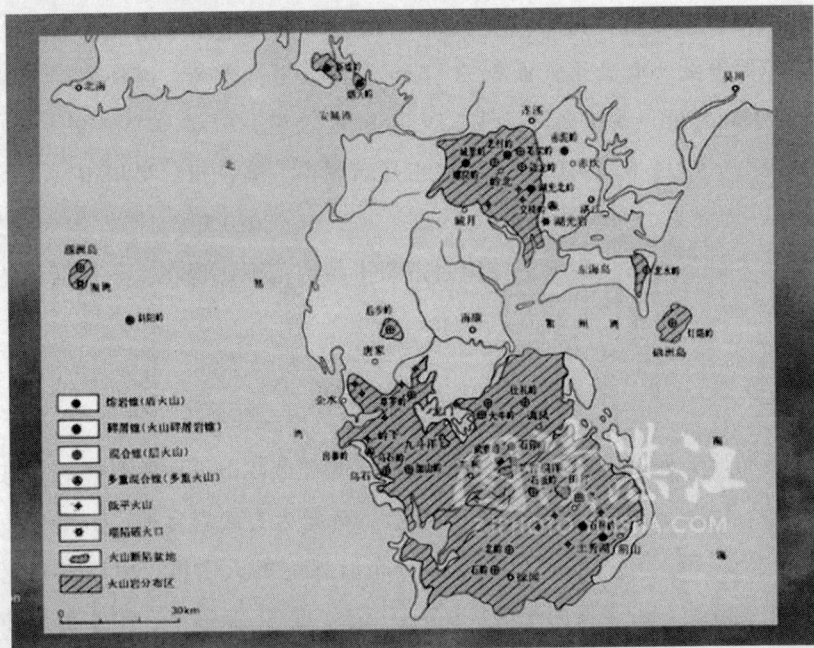

雷州半岛古火山分布图

（图片来源：碧海银沙·图读湛江，http://www.yinsha.com）

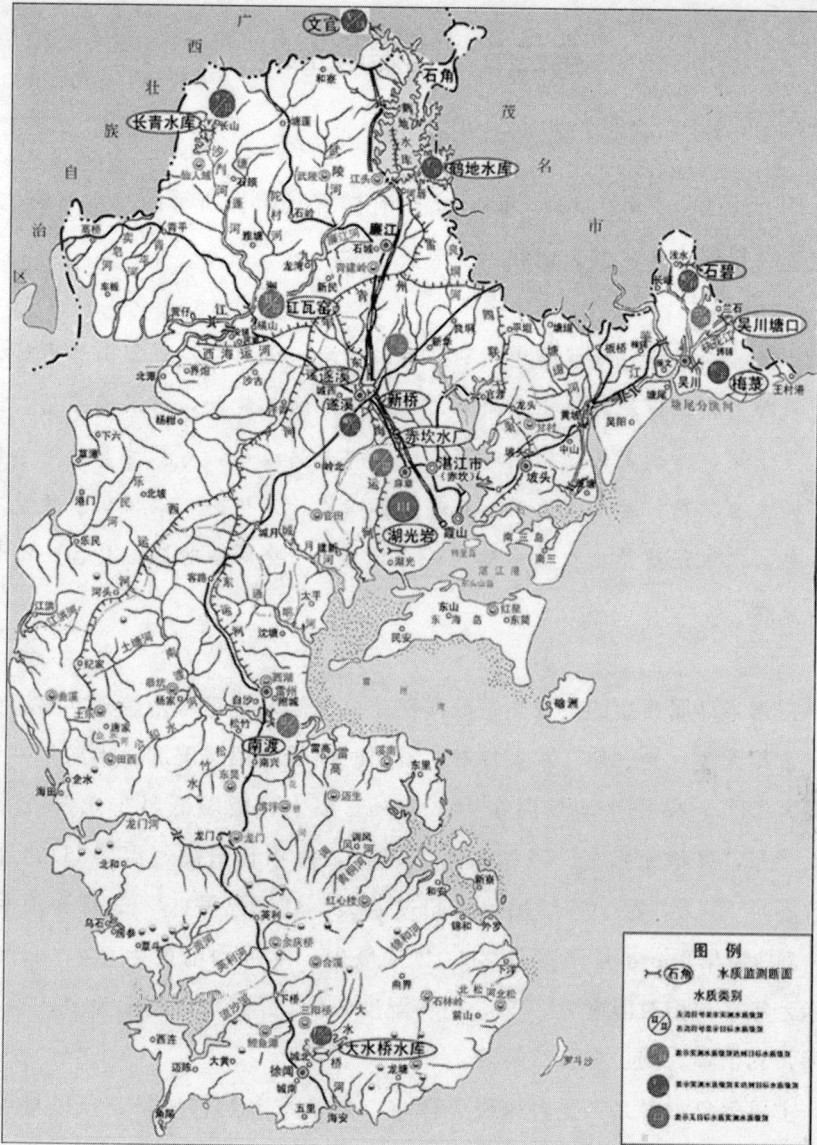

2009 年第四季度湛江河流分布及水资源状况示意图

（图片来源：广东省水文局湛江水文分局，http://www.zjsw.net.cn）

第二节　气候与土壤

一　气候

明万历四十二年（1614 年），雷州府推官欧阳保所纂的《雷州府志》卷之二《星候志·气候》记载：

> 岭南炎方，气候与中州别。近山多燥，近海多湿。雷山势夷衍无岚瘴患，惟近抱洋海土单而薄，霜雪之严远不能加，乃洪涛震荡，湿气上蒸，晴则甚热，阴则转凉。一岁间暑热过半，入秋为甚。隆冬值晴或至摇扇。春夏多淫雨，晨起积雾四塞。三伏时，偶值阴翳便觉凄然。衣服图籍易生虫蠹白醭。……谚传："岭外四时皆似夏，一雨便成秋"。①

雷州半岛属典型的南亚热带海洋性季风气候，这里草木葱郁，碧海蓝天，常年无冬，光、热、水条件好。日照时间长，温暖湿润。半岛年平均气温为 23℃，冬季平均气温在 10℃—15℃以上，极端低温在 0.5—2℃，冬无严寒，终年无霜雪。极端高温 38.8℃，每年日最高气温＞35.0℃的日数不足 20 天，很少连续酷热日超过 3 天，夏无酷暑。4—9 月为雨季，10—3 月为旱季；8 月雨量最多，12 月最少；年平均雨量为 1417—1802 毫米，年平均相对湿度为 77%，空气湿度较大。② 降雨以阵雨为主，除了雨天，其余多为阴、多云、晴天。

主要气象灾害是：受台风侵袭严重，夏秋季多热带风暴，狂风暴雨。一年四季都可能有雷，尤以夏秋间雷暴较多，故称为雷州半岛。万历《雷州府志》记载："海郡多风而雷为盛，其变而大者为飓风。飓风者，具四方之风而飈忽莫测也。发在夏秋间……"飓风"更挟以雷雨，则势弥暴，

①　（明）欧阳保：《（万历）雷州府志》，书目文献出版社 1990 年版，第 170—172 页。
②　范伶俐：《湛江旅游气候资源评价及利用》，《四川气象》2002 年第 4 期。

拔木扬沙，坏垣破，至牛马缩栗，行人颠仆……"飓风来"潮辄乘之"。
"雷地单，迫海无山谷之限，所恃宋元来堤岸。然久则善崩，潮冲辄溃，
浮空杳边，禾稼尽伤，潮味咸，一岁为害，越三岁乃可种也。"① 根据上述
记载，雷州近海无高山阻挡，飓风（台风）经常裹挟着咸潮冲毁堤岸，淹
没农田。一旦农田被咸潮淹没，不仅当年庄稼尽毁，且三年后土地才可以
复耕再种。台风一般始于5月，11月份结束，7、8、9月台风最多，风力
也最大，有时风力达十二级以上。从1960年至1980年间21年的所记载
的雷州市天气资料看，有台风的年份就有16年，出现几率为76.2%，平
均每年2—3次，最多的一年达到8次。台风带来强风暴雨、咸潮，对土
地破坏严重，对雷州半岛的农业生产影响极大。

二 土壤

雷州半岛土壤分为五大类型。

（一）砖红土壤。半岛土壤以砖红壤为主，分为赤土和黄赤土两个土
属。土壤赤红至褐红色，由浅海沉积物组成，土层深厚，质地重黏，有机
质含量较多，肥力较高，如雷州市东西洋田、境内火山口盆地等，盛产优
质稻谷，适宜热带经济作物种植。黄色赤土分布的地方，地形开阔平坦，
土层深厚，植被覆盖差，水土流失严重，表土层有机质含量底，氮磷少，
极缺钾。

（二）滨海盐渍沼泽土。滨海泥滩和滨海草滩主要分布于海岸边，由
于受海潮影响，含盐分较高，质黏重。过去是不毛之地，现已有很多开发
为虾池、鱼塘，精养对虾、螃蟹、鱼、蚝等。

（三）滨海沙土。成土母质为近代滨海冲积物，成带状或片状分布在
海岸沙滩地带。土层深厚，土体松散，易渗透，易干旱，湿度变化大，有
机质缺乏。表层长着稀疏但耐旱、耐咸植物，如香附子、铺地黍、仙人掌
等，属于滨海沙荒草地。

（四）滨海盐土。主要分布于海滩、海湾，土壤质地为沙壤至黏壤，含

① （明）欧阳保：《（万历）雷州府志》，书目文献出版社1990年版，第170—172页。

盐分较高。地表的耐盐草本植物茂盛，可以放牧。离大海稍远的、盐分较低的地方，可开垦农用。

（五）沼泽土。土体黑灰色，糊状结构，表土层生长着茂密的水生杂草。

从上述土壤分类可以看出，即使是现代农业的精耕细作，也较难改变雷州半岛土地贫瘠的特点。

雷州半岛的区域概况、地形地貌、气候水文等因素是当地饮食民俗形成、发展、演变的坚实基础。

徐闻曲界镇田洋火山口附近砖红土壤（摄于 2014 年 2 月）

第二章 史前社会雷州半岛的饮食

夏商时期，人们的活动范围主要在黄河、长江中下游流域。西周时，扬越的活动范围移到五岭以北，以长沙为中心。春秋时期，现在的广州和越南河内都归越，史称百越。战国时期，岭南归扬越、骆越，楚国强盛时为楚的南疆。① 三代以前，雷州半岛及岭南地区为蛮荒之地，人烟稀少。"五岭之南，涨海之北，三代以前，是为荒服。"②

第一节 雷州半岛的考古发现

一 古遗址

古籍中未查到先秦时期与雷州半岛相关的文字记载，但是，分布在半岛多处的古遗址及出土文物能"开口"说明一些问题。

（一）华丰岭遗址。在距雷州半岛最南端的徐闻县城 15 公里的华丰岭，西邻候神岭，前屹清代双炮台，东望三墩，面对琼州海峡。1983 年1 月，县文物普查队在光秃秃的岭头、荆棘丛生的红壤土层采集到双肩石斧、石锛、石凿、敲砸器、穿孔石器等共 80 多件，同时采集到灰褐色或灰色素面夹沙陶釜（残）多件。经省文物专家考证，这些遗物均有使用过的痕迹。此处为大型的新石器时期人类生活遗址，距今三千至四千年。

---

① 谭其骧：《中国历史地图集》（第一册），中国地图出版社 1982 年版，第 9—12、45—46 页。

② （后晋）刘昫：《旧唐书·卷四十一·志第二十一地理四·岭南道》，据文渊阁四库全书电子版引。

（二）英楼岭古遗址。属于新石器时代晚期遗址，位于雷州城南约 40 公里处的企水镇英楼村东北山冈。1984 年发现，面积 10 万平方米。遗物有磨光石斧、石锛及石网坠、敲砸石器等，多达 200 余件。遗址距今已四五千年。

（三）梧山岭遗址。在吴川市长歧镇黎屋村南面的梧山岭。1983 年发现，遗址面积 350 多平方米。1984—1986 年试掘，文化层厚 1 米多，含大量蚬、螺壳。出土陶器主要是釜、罐，纹饰有绳纹、篮纹。经专家鉴定，该遗址为距今 5000 多年的新石器时期的贝丘遗址。

（四）鲤鱼墩贝丘遗址。贝丘遗址在粤西南地区所见不多，这是较重要的一处。它位于北部湾东岸，遂溪县江洪镇东边角村边的田垌之中，是雷州半岛的一个凸起的小点，因该墩由贝壳堆积而成，形似鲤鱼而得名。该墩遗址东西长 80 米，南北宽 35 米，面积约 1500 平方米。

因为广东土壤呈酸性，气候多雨、潮湿，极不适合古人骨保存。与北方地区相比，广东境内考古发现古人骨遗骸的概率相当低。幸运的是，遂溪鲤鱼墩处遗弃的贝壳残骸堆积成丘，阻挡雨水渗入土壤，从而改变了土壤的酸碱度，一批古人骨最终不至于被侵蚀腐化而保存下来。

2002 年 11 月至 2003 年 1 月间，广东省文物考古研究所与湛江市博物馆、遂溪县博物馆组队对遂溪鲤鱼墩遗址进行科学发掘，揭露面积 629 平方米，发现新石器时代文化层 5 层，"屈肢葬"墓 8 个。其中一具男性尸骨的下肢交叉弯曲，肱骨处放着一个油螺，头颅面上放着几块石头。出土文物除大量的贝壳外，还有陶、石、蚌器一批，以及用于煮食的夹砂陶器碎件。有圆底釜、罐，多饰绳纹、篮纹，并见梯形纺轮；有敲砸贝类的石锤、石拍、石砧，小型的磨光和穿孔石器，大量的锛、网坠，还有用贝壳、蚌、螺、鱼脊椎骨等磨制成环形、穿孔而成的饰物，有牛、鹿等野生动物的骨和角。经考古专家多年的考古研究，论证鲤鱼墩遗存年代较早，是距今 7000—8000 年前新石器时代的人类居住遗址。鲤鱼墩遗址，不仅是遂溪最早的村落遗址，也是雷州半岛第一村。

上述的考古资料证明，雷州半岛人类历史文化悠久，古遗址遍布半岛的东南西北各县市及岛屿。早在新石器时代，半岛先民已在此繁衍生息，各个方位均留下了人类活动的足迹。

鲤鱼墩贝丘遗址 1

鲤鱼墩贝丘遗址 2

鲤鱼墩贝丘遗址 3

鲤鱼墩贝丘遗址 4

(图片来源：碧海银沙·图读湛江，http://www.yinsha.com)

二　先民生活方式探讨

我们从上述考古遗址，特别是鲤鱼墩贝丘遗址的出土物，尝试探讨史前社会雷州先民的生活方式。

考古专家们通过对遗址人骨标本中的头骨、肢骨、牙齿等磨耗进行形态观察和测量，再经过碳14测定，阐释雷州半岛早期种族生存情况。

"他们"的颅形较长，头颅呈椭圆形，有着大眼睛和大鼻子，塌鼻梁，嘴部突出，身材不甚高，是典型的南方人种，与现代人对比，他们一般和东南亚一带的居民以及大洋洲的现代土著比较接近。

"屈肢葬"的习俗在粤东地区其他考古学遗址未见，却与漓江流域的桂林甑皮岩遗址葬俗相近。而鲤鱼墩遗址出土的陶器等遗物，也表明这个遗址是属于粤西和广西的古文化系统。甑皮岩古人属"古华南类型"，故雷州半岛早期原住居民，极有可能是从粤西、广西西江流域迁徙而来，也属于"古华南类型"。另外，类似的人种特征，在浙江余姚河姆渡、福建闽侯县石山、广东佛山河宕、广东南海鱿鱼岗遗址中发现的古人骨材料上都出现过。[①] 由此我们可以推测：在先秦时期，"古华南类型"的居民可能是以我国南方沿海地区，即浙、闽、粤、桂一带为主要分布区。根据古史文献记载的民族分布地分析，这一类型可能代表了广义的"古越人"的种系特征。"古华南类型"的前身，可以一直追溯到旧石器时代晚期的"柳江人"那里，而"柳江人"的化石材料发现于广西柳江县通天岩旁的一个洞穴中。"马坝人"（马坝人遗址在广东省韶关市曲江区马坝镇狮子岩）、"柳江人"的发现，可以证明距今十二万至十五万年前，珠江流域已有人类活动。[②]

专家们还对鲤鱼墩贝丘遗址的人类生活情况进行了探索和推测，从科学的角度了解当时人们的饮食生活情况。

从古人骨材料判断，"鲤鱼墩人"牙口都很好，因为当时的人还需要

---

① 朱泓：《中国南方地区的古代种族》，《吉林大学社会科学学报》2002 年第 3 期。

② 水利部珠江水利委员会、《珠江志》编纂委员会编：《珠江志·第五卷》，广东科技出版社1994 年版，第 187 页。

强壮的下颌来咀嚼未充分加工的食物。"鲤鱼墩遗址人骨的稳定同位素分析显示，其先民主要以海生类作为主要食物来源，陆生食物在人类的食物中只居次要地位。"① 他们在海边捡食贝类，主要食物是贝类。专家们对遗址出土的贝类种属进行采样鉴定，贝类达 12 种，以泥蚶、毛蚶、牡蛎居多，这三种肉质最为丰厚鲜美。"鲤鱼墩人"无须全靠牙齿咬碎贝壳，他们找来砂岩石，凿打成石斧、石锛、石锤敲开贝壳。

那时，"鲤鱼墩人"已有织网手艺，在海边撒网捕鱼，遗址出土的鱼骨种类多样，连同那些小小的网坠，是他们撒网捕鱼的明证。除了海味，还有山珍，他们在海边灌木丛林中猎取野兽，专家对出土的动物遗骨进行鉴定，发现野兽的种类也很多，有黄猄（一种鹿）、赤鹿（一种鹿）、水牛、野猪等。食物中海水鱼鲜辅以野味，但是猪犬牛羊甚少。

遗址出土的烧制陶器表明：这时候的"他们"已经懂得如何烧制陶器，并知道把肉放在陶器里煮熟了吃会更加美味、健康。《韩非子·五蠹》载："上古之世……民食果、蓏、蚌、蛤，腥、臊、恶臭，而伤害腹胃，民多疾病。有圣人作钻燧取火，以化腥臊，而民说之，使王天下，号之曰'燧人氏'。"② 《古史考》也说："古者茹毛饮血，燧人氏钻火，始裹肉而燔之，曰炮。"③ 火的发现和运用，是饮食的革命，食物变得更容易消化，还变得更美味，烤肉之风一直延续到当代，饮食由生食过渡到熟食。陶器是就地取材，用沙质土制作而成，"鲤鱼墩人"还在陶器上表达自己的审美观——用毛蚶壳当"画笔"，在陶器表面上划出或直或斜的装饰线条，篮纹和绳纹是当时最流行的纹饰。除陶器外，他们使用的工具还有小型磨光和穿孔的石器，把贝壳穿在一起作战利品和装饰品。

生活在海边的原始人，偶尔把猎来的动物放在海滩上，表面上沾了一些盐的晶粒，烧熟食物时，感觉滋味特别鲜美，后来经过无数次的重复，他们懂得了这些晶粒能起到增加食物美味的作用。于是人们开始收集晶粒，进而

---

① 胡耀武、李法军、王昌燧：《广东湛江鲤鱼墩遗址人骨的 CN 稳定同位素分析：华南新石器时代先民生活方式初探》，《人类学学报》2010 年第 3 期。

② 《韩非子》卷十九，据文渊阁四库全书电子版引。

③ （清）陈元龙：《格致镜原》卷二十一，据文渊阁四库全书电子版引。

发明烧煮海水提取食盐的方法，这样，最简单的调味品就形成了。

通过与其他遗址先民人骨稳定同位素的比较，专家发现，在同一时代，大约 6000 年以前，黄河流域、长江领域和珠江流域的先民，其生活方式就已呈现出显著的差异。黄河流域的先民，广泛种植粟类作物和饲养家畜，粟作农业在其生活方式中占据主导地位。在长江流域，先民虽已普遍种植水稻，但由于自然条件较为优越，更倾向于通过渔猎活动获取动物类资源，家畜的饲养尚不普遍，"南稻北粟"的格局基本形成。在珠江流域，与海毗邻，先民的食物来源，以海生类食物为主，陆生资源（包括可能的块茎类原始农业和动物）只处于辅助地位；且以生食为主，熟食仅为次要方式；其经济生活主要来源于捕捞和采集；[1] 原始农业和原始畜牧业不发达。

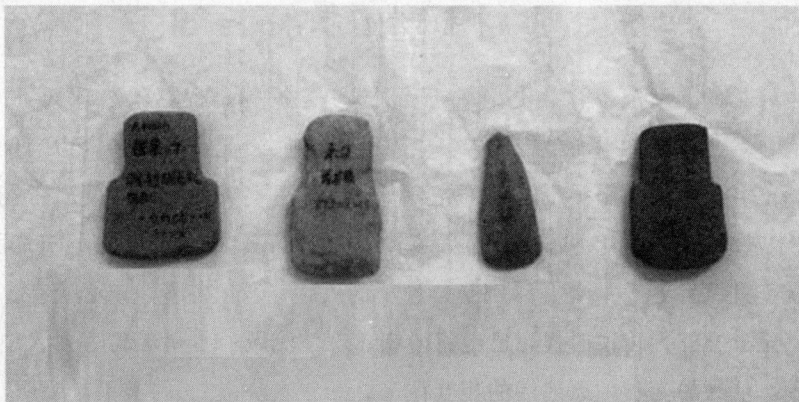

石斧、石凿，新石器时代晚期劳动工器，有单肩、双肩二类，为磨制石器[2]

另外，1978 年，在雷州半岛东部的硇洲岛发现的战国墓群，出土了战国弦纹、水波纹掏盖罐等生活器皿和铜矛、铜匕首，[3] 铜匕首"通长 19

---

① 胡耀武、李法军、王昌燧：《广东湛江鲤鱼墩遗址人骨的 CN 稳定同位素分析：华南新石器时代先民生活方式初探》，《人类学学报》2010 年第 3 期。

② 1982 年 11 月 24 日文物普查队在大黄华丰岭采集。中共徐闻县委宣传部、中国民俗摄影协会徐闻采访创作基地提供。

③ 湛江市文物志编委会：《湛江市文物志》，中国文史出版社 2009 年版，第 104 页。

厘米，扁圆茎"，"棱脊，三角锋，两侧起刃"。① 这些文物形态特征均与珠江三角洲地区及西江、北江、东江流域的同期考古出土的文物相似，说明当时雷州半岛祖先与更广范围的岭南人、南越人的生活具有相同特征：这是一些水边的民族，他们的生活与水发生巨大的关系；他们虽然也知道利用工具进行一些简单的耕种活动，但是，主要活动是以捡拾贝壳、采集为主，饮食习惯由生食逐渐过渡到熟食。

第二节　古文献所见先秦岭南之记载

在先秦古籍中有范围更广的关于岭南的记载，我们可以据此推知当时的具体状况。

一　地理方位与人种

较早的文献记载有《史记·五帝本纪》。据称，帝颛顼治理天下时，顺应自然，天下太平。他视察时，"南至于交趾"。交趾即交州，指的是今天岭南、海南及越南一带。到了尧舜时代，舜巡视天下回来，便向帝尧请求，"放讙兜于崇山，以变南蛮"。舜在位期间，"方五千里，至于荒服。南抚交趾。"② 颛顼、尧、舜都是传说中的人物，所记各事，未必确有。但是，至少在三代传说时代，已经将岭南、珠江流域、雷州半岛等列入中国属地，反映岭南与中原地区的相互往来。

讙兜放逐于南方，后人称他为南方始祖，或以他的名字命名国名。《吕氏春秋》说，南方有讙兜之国，"扬、汉之南，百越之际……缚娄、阳禺、讙兜之国，多无君。"③ 讙兜国的具体情况是"南至交趾……羽人裸民之处，不死之乡"。④ 《山海经》亦言之甚详，云"大荒之中有人名讙头，

---

① 广东省文物管理委员会、广东省博物馆、广东省文物考古研究所、广州市文物管理委员会编：《南海丝绸之路文物图集》，广东科技出版社 1991 年版，第 10 页。

② （汉）司马迁：《史记·五帝本纪》卷一，中华书局 1982 年版，第 11 页。

③ 许维遹撰，梁运华整理：《吕氏春秋集释》（下）卷二十，中华书局 2009 年版，第 545 页。

④ 许维遹撰，梁运华整理：《吕氏春秋集释》（下）卷二十二，中华书局 2009 年版，第 614 页。

鲧妻士敬，士敬子曰'炎融'，生骓头。骓头人面鸟啄，有翼，食海中鱼，杖翼而行，维宜芭苣，穆杨是食。"① 由这些史料我们可以推测：

（1）骓兜国在九州南面荒野中，该地当时处于无政府状态，无君主。

（2）这里的人嘴部突出（鸟啄），鼻骨为明显中鼻，下颌收缩；穿襄衣或一块布贯头而过当衣服（有翼），这样的描述很有南方人的特点和日常着装特色，似羽人国。

（3）此族以捕鱼为生，常用鱼网及杖，这与南海及珠江流域河流密布、水网交错地形相合，也与前述考古资料相契。

（4）土宜生长青菜及禾类，吃藤本和树叶等物，以采集为生，是"饭稻羹鱼"的前期生活。

这是较早关于南方人长相、饮食的记载。"人面鸟喙""扶翼而行"似有夸张，但"食海中鱼"却能存活。

生活在这里的人称为越人，将越人称为百越开始于战国时期，《吕氏春秋·恃君览》云："扬汉之南，百越之际。"《汉书·地理志》颜师古注引臣赞言："自交趾至于会稽七八千里，百越杂处，各有种姓，不得尽云少康之后也。"② 可见百越是众多族群的总称。

二　南方食材及饮食习惯

《吕氏春秋》记载了部分南方食材："旄象之约……醴水之鱼，名曰朱鳖，六足，有珠百碧……云梦之芹，具区之菁……和之美者：阳朴之姜，招摇之桂，越骆之菌，鳝鲔之醢……"③ 南方的一般青菜如芹菜和特殊的配料如姜、桂皮以及特殊的食材如竹笋、鲔鱼、大象等都有提及，说明

---

① （晋）郭璞撰，袁珂校译：《山海经校译》卷十五·大荒南经，上海古籍出版社 1985 年版，第 260 页。

② （汉）班固撰，（唐）颜师古注：《汉书》卷二十八·地理志第八下，中华书局 1962 年版，第 1669 页。

③ 许维遹撰，梁运华整理：《吕氏春秋集释》（上）卷十四·本味，中华书局 2009 年版，第 313—318 页。云梦，楚泽，芹生水涯。具区，泽名，吴越之间。菁，菜名。阳朴，地名，在蜀郡。招摇，山名，在桂阳。桂，桂皮。越骆，国名，岭南及越南一带。菌，竹笋也。鳝鲔，大鱼也。旄，旄牛也。象，象兽也，在南方。约，美也。旄象之肉，美贵异味也。醴水，在苍梧环九疑之山，其鱼六足，有珠如蛟。

《吕氏春秋》的作者们见过或听说过这类食物，但了解不深，后世文献对这些食材还有较详细的记载：

> 南方荒中有涕竹，长数百丈，围三丈六尺，厚八九寸，可以为船。其笋甘美，（煮）食之，可以止创疠。南方山有甘蔗之林，其高百丈，围三尺八寸。促节多汁，甜如蜜，咋啮其汁，令人润泽。可以节蚘虫。人腹中蚘虫，其状如蚓，此消谷虫也。多则伤人，少则谷不消。是甘蔗，能灭多益少，凡蔗亦然。①

南方产竹子、甘蔗。竹笋甘美，煮食之后，不但可以填饱肚子，还有"止创疠"的作用。南方甘蔗节多甜如蜜，还能消食、"消谷虫"。以上记载，皆与饮食有关，虽手法夸张，但也有一些根据。

《礼记》对南方人的饮食习惯有进一步的介绍："南方曰蛮，雕题交趾，有不火食者矣。"②"蛮"乃南方族群的总称。雕，刻也；题，额也；雕题即文面，这是南方民族的普遍习俗。"不火食者"，指那里的人还不会用火煮食，有生食的习惯，处于野蛮状态。

《酉阳杂俎》关于"岭南溪洞"人有形象的描述："岭南溪洞中往往有飞头者，故有飞头獠子之号。头将飞一日前，颈有痕，匝项如红缕，妻子遂看守之。其人及夜状如病，头忽生翼，脱身而去，乃于岸泥寻蟹蚓之类食，将晓飞还，如梦觉，其腹实矣。"③ 看来，早期的人类饮食受到极大限制，"岭南溪洞"人晚上飞到泥岸边寻找"蟹蚓之类食之"，将近拂晓又飞回来。这些描写生动具体，符合采食海边小动物的生活习俗。

当南方还是"食海中鱼"和"不火食"时，中原的饮食文化已经有长足的发展，开始讲究饮食礼俗，飨宴的礼仪，有五谷分类，有膳夫、庖厨的名称，孔子、孟子有关于饮食道德的论述。如《礼记·乡饮酒义》有关

---

① （晋）张华：《博物志（外七种）·神异经》，上海古籍出版社2012年版，第94页。
② 《礼记·王制》，当代世界出版社2007年版，第94页。
③ 江畲经编辑：《历代小说笔记选·（唐）段成式撰·酉阳杂俎》卷四，上海书店1983年版，第33页。

于飨宴的礼仪："乡饮酒之礼：六十者坐，五十者立侍，以听政役，所以明尊长也。六十者三豆，七十者四豆，八十者五豆，九十者六豆，所以明养老也。"① "豆"是盛食器和礼器，最早用于盛放黍稷，后演变为专门盛放腌菜、肉酱等的器物，代指菜肴；"豆"的造型类似高足盘，按尊卑长幼，亦有数量多少之分。上述这番话就是说举行乡饮的时候，年龄大的人多给点肉，表示对老人的尊敬。乡饮酒礼，是乡人聚会饮酒之礼，是从原始社会的聚餐饮食活动中演化生成出来的，在这种庆祝会上，最受恭敬的是长者。

乡饮不仅讲求饮食规格，而且连菜肴的摆放也有规定，严格约束饮食活动。《礼记》曰："凡进食之礼，左殽右胾，食居人之左，羹居人之右。脍炙处外，醯（醋）酱处内，葱渫（渫）处末，酒浆处右。以脯修置者，左朐右末。"② 翻译成现代的文字，意思是进食的礼数，凡带骨的肉菜放在左边，切的纯肉放在右边；饭放在人的左手方，羹汤放在靠右手方；切细的肉和烧烤的肉类放远些，醋和酱类放在近处；蒸葱等伴料放在最旁边，酒浆等饮料和羹汤放在右边。如果要分盛干肉、牛脯等物，则屈曲的在左，挺直的在右。

孔子和孟子也有关于饮食的精妙评点。孔子"食不语，寝不言"③ 中的"食不语"，讲饮食卫生的好习惯，每当吞咽食物时，说话会影响进食速度和消化。孟子"食色性也"，则把饮食提高到人的生存根本。

《吕氏春秋·本味》记载伊尹"至味"（汤的美味）的故事，借滋味来说明作为君王治理国家的方法，其中保存了我国最早的烹饪理论，对后世饮食烹饪文化产生了深刻影响。《本味篇》这样描述"至味"的生产过程：

　　夫三群之虫，水居者腥，肉者臊，草食者膻。恶臭犹美，皆有所以。凡味之本，水最为始，五味三材，九沸九变，火为之纪。时疾时徐，灭腥去臊除膻，必以其胜，无失其理。调合之事，必以甘、酸、

① 《礼记·乡饮酒义》，当代世界出版社 2007 年版，第 472 页。
② 《礼记·曲礼上》，当代世界出版社 2007 年版，第 10 页。
③ 杨伯峻译注：《论语译注》，中华书局 1980 年版，第 104 页。

苦、辛、咸，先后多少，其齐甚微，皆有自起。①

文中指出，"至味"的生产是一个渐变成新的过程：水里的动物如鱼
鳖之类，有一股腥臭味；食肉动物如鹰雕之类，有一股臊味；食草动物如
麋鹿之类，有一股膻味。这些食材通过煮熟可以除去腥臊膻味，做成美味
的汤。水是产生美味的第一位，咸、苦、酸、辛、甘是五味，水、木、火
是三材。烹饪的时候，注意火候，时大时小，时猛时缓，按照食材本性除
去腥臊膻味，保留它独特的味道。"调合"的精妙在于"鼎中之变，精妙
微纤，口弗能言，志弗能喻"。② 文中还强调在"至味"的生产过程中水的
基础作用（"水最为始"）、火候的关键作用（"火为之纪"），以及调味（"调
合"）的核心作用。鼎中多次沸腾、多次变化，是靠火候控制调节的。民间
有谚"民以食为天，食以味为先"。中国烹调术以追求美味为第一要务。

《本味篇》接下来提出了"至味"的标准："久而不弊，熟而不烂，甘
而不哝，酸而不酷，咸而不减，辛而不烈，淡而不薄，肥而不厚。"③ 要求
烹饪的火候掌握得当，咸、苦、酸、辛、甘味道合适，口味浓淡适宜，恰
到好处。其实，至美之味，实际上是至和之味，至和之美，是一种中和之
美。这样的标准，显然是基于"和合"的中国传统文化以及趋于寻求对立
统一的思维方法。"和"与"合"是最美妙的烹饪境界，用阴阳五行的基
本思想指导调和，即要合乎时令时序，味美适口，又要荤素搭配，特别是
两种以上的原材料和多种调味品综合运用。

《吕氏春秋》还提出了"食能以时"的说法，指出饮食应顺应四时之
序，定时饮食，"食能以时，身必无灾。"④

《吕氏春秋》提出的烹饪标准、饮食思想，与其说是一个技术标准，
不如说是一个人文价值取向。它所追求的适度、中庸、和谐、顺应是中国

---

① 许维通撰，梁运华整理：《吕氏春秋集释》（上）卷十四·本味，中华书局 2009 年版，第
313—318 页。

② 同上。

③ 同上。

④ 许维通撰，梁运华整理：《吕氏春秋集释》（上）卷三，中华书局 2009 年版，第 68 页。

传统的审美观、道德观乃至人生观的具体运用，是华夏民族的思想文化传统的核心。

礼仪的产生是以一定的物质条件作基础的，《管子·牧民第一》中有："仓廪实，则知礼节；衣食足，则知荣辱。"① 知礼节或礼节较多的民族，都是经济较为发达，特别是饮食文化较为发达的民族。秦以前的雷州半岛，生产力极其低下，石质斧、锛、杵、磨棒等农业工具和谷物加工工具的出现，仅仅说明已有了原始的锄耕农业；石矛、网坠、骨簇、鱼钩等渔猎工具和大量兽骨、鱼骨、螺蚌壳的遗存，表明渔猎和采集经济还占主要地位。推测原始社会雷州半岛饮食还是以生食为主，食物加工也仅限于煮熟就好，没有那么多饮食礼仪，饮食文化发展较慢。随着时间的推移，人员的变迁，以及封建中央集权加强对雷州半岛的管辖，上述的中原饮食礼仪和思想，会逐渐传播到雷州半岛，影响当地饮食风俗及文化。

① （唐）房玄龄注：《管子》卷一，据文渊阁四库全书电子版引。

第三章　秦汉时期雷州半岛的饮食

第一节　中央集权对雷州半岛的管辖

一　秦朝

"雷州府……三代以前，岭以外不入职方。"① 雷州半岛在秦时正式纳入中华版图。秦始皇二十六年（公元前221年），秦灭六国，建立了第一个统一的多民族中央集权的封建国家。公元前214年，秦始皇派任嚣、赵佗讨平南越，随即在岭南地区设置桂林、南海、象郡三郡。"及至秦王……威震四海。南取百越之地，以为桂林、象郡。百越之君俛首系颈，委命下吏。"② 任命任嚣为南海尉，是岭南地区最高的政治、军事长官，赵佗为龙川令。雷州半岛大部分时属象郡，东北部属于南海郡地高州府。

任嚣去世，赵佗接任南海尉。时"秦已破灭，佗即击并桂林、象郡，自立为南越武王"。③ 公元前204年，赵佗乘机攻打合并桂林、象郡，自封南越武王，建都番禺，史称南越国。南越国当时的地理版图是："南越之国，与楚为邻，五岭已前，至于南海。负海之滨，交趾之土，谓之南裔。"④ 南越国从五岭至海南岛，包括今天的广东、广西、海南、越南北部大片领域。雷州半岛时属南越国。

---

① （清）郝玉麟等修：《广东通志》卷二，台湾商务印书馆1986年影印本。
② （汉）司马迁：《史记·秦始皇本纪》卷六，中华书局1959年版，第280页。《史记·南越列传》卷一百一十三，第2967页。
③ 同上。
④ （晋）张华：《博物志》卷一，据文渊阁四库全书电子版引。

二 汉代

汉高祖十一年（公元前 196 年）夏，汉室初定，刘邦为避免大动干戈，承认南越国既定事实，派陆贾出使，"和集百粤，毋为南边患害，与长沙接境。"① 敕封赵佗为南越王，南越国成为中央政权属国。后南越王赵佗反，西汉元鼎五年（公元前 112 年）四月，汉武帝派遣伏波将军路博德、楼船将军杨仆率十万水师分兵征讨南越。《史记》记载汉武帝出兵盛况："治楼船、高十余丈，旗帜加其上，甚壮。"② 随后，岭南平定，将南越划分为南海、苍梧、郁林、合浦、交趾、九真、日南、儋耳、珠崖九郡。雷州半岛时属交趾刺史部合浦郡，郡址合浦；合浦郡下设徐闻县，包括现在的徐闻、雷州、遂溪及湛江市区一部分。徐闻县名始于此。

东汉建武十六年（41 年）春，交趾郡女子征侧、征贰率众起事，占领交趾、九真、日南、合浦等郡六十五城。建武十七年（42 年）冬，光武帝派遣伏波将军马援、楼船将军段志讨伐交趾，经徐闻沿海进军。《后汉书》云：

> 又交趾女子征侧及女弟征贰反，攻没其郡，九真、日南、合浦蛮夷皆应之，寇略岭外六十余城，侧自立为王。于是玺书拜援伏波将军，以扶乐侯刘隆为副，督楼船将军段志等南击趾。③

十九年夏四月，马援杀征侧、征贰姐妹，交趾平定。马援修筑徐闻城，为徐闻县治、合浦郡治。现在，雷州半岛西南端汉徐闻县遗址附近仍有一座"侯神岭"，是"汉置左、右候官"的所在地。侯官称"军侯"，相当于县级，既是哨所组织，又掌兵站设施。

---

① （汉）司马迁：《史记·秦始皇本纪》卷六，中华书局 1959 年版，第 280 页。《史记·南越列传》卷一百一十三，第 2967 页。

② （汉）司马迁：《史记·平准书》卷三十，中华书局 1959 年版，第 1436 页。

③ （南朝宋）范晔撰，（唐）李贤等注：《后汉书·马援列传第十四》，中华书局 1965 年版，第 838—850 页。卷七十一宋均传。

东汉时期，雷州半岛分属于交州合浦郡徐闻县和高凉县。[①]

从秦至汉代，中央政权始终没有放松对雷州半岛的控制。

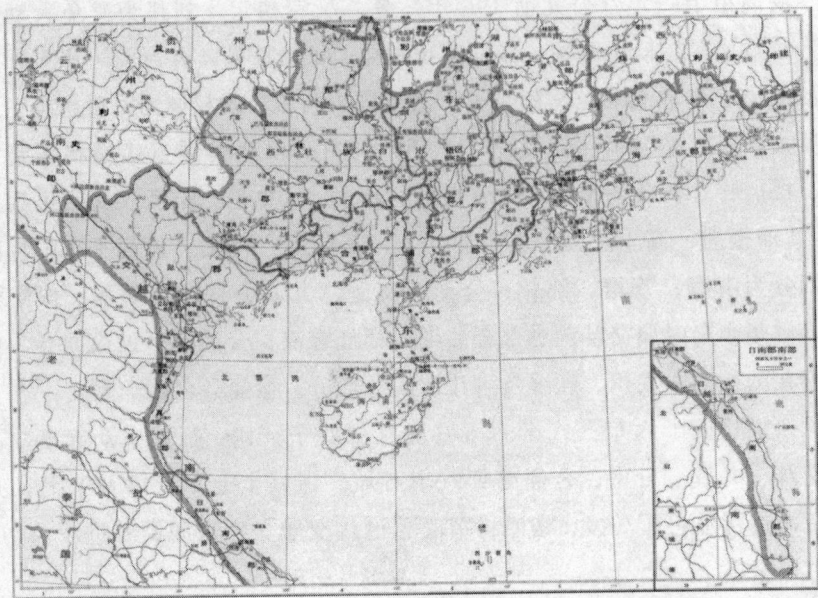

西汉交趾刺史部[②]

第二节　雷州半岛的民族构成

一　土著居民

在较长一段时期，汉人对南方民族有"蛮"、"蛮夷"及"百越"、"百粤"之称。"百越"，常理解为多种越人的意思。后汉服虔注《汉书》为"非一种，若今言百蛮也"。[③]从今浙江至越南北部沿海，都是汉人称之为"百越"的地区。秦汉以前，岭南是百越民族居住之地，是黎族、瑶族、

---

① 谭其骧：《中国历史地图集》（第二册），中国地图出版社 1982 年版，第 63—64 页。参见《汉书》卷二十八·地理志第八下。

② 同上书，第 35—36 页。

③ （汉）班固撰，（唐）颜师古注：《汉书》卷一下，中华书局 1962 年版，第 54 页。

壮族、侗族先祖聚居之地。

岭南越人区域又称"南交"或"交趾"，也叫粤地。"粤地，牵牛、婺女之分墅也。今之苍梧、郁林、合浦、交趾、九真、南海、日南，皆粤分也。"① 雷州半岛属于粤地。

粤地当时的习俗是"文身断发"。《淮南子·原道训》："九疑之南，陆事寡而水事众，于是民人被发文身，以像鳞虫。"② "被"，翦也。纹身的目的是为了刻画其体为蛟龙之状，使之视为同类而避蛟龙之害也，这符合岭南水边民族更多从事水中劳作的特点。"越人习水，必镂身以避蛟龙之患，今南中绣面獠子，盖雕题之遗俗也。"③ 推测后世绣面文身的习俗来源于先秦越人"雕题"、"被发文身"、"镂身"之俗。有人考证，"雕题"、"文身"还是标志性成人礼的遗存。20 世纪 30、40 年代，海南岛黎族和台湾高山族还保存这一习俗。这带着神秘色彩的古老习俗，是中国古代越族的一种多功能文化习俗，它包含部落标志、图腾崇拜和成年礼等。

据考证，秦汉时期，雷州半岛的居民是越人——"百越"杂居的少数民族，秦时叫"骆越"（"骆者越别名"④），汉时叫"乌许"、"俚"，三国时称"僚"，唐时"俚"、"僚"并称，宋称僮、侗、黎。即今天黎族、壮族、瑶族的祖先。半岛出土秦汉时期文物，有许多铜鼓，反映出该时期人们的生活习惯。铜鼓是古骆越族重器，是部落联盟酋长权利的象征物。

湛江博物馆珍藏的湛 15 号灵山型铜鼓，上有变形羽人纹，三角形纹等；湛 1 号北流型铜鼓，上有太阳纹；制作年代均为汉至唐代。⑤ 这与紧邻半岛的广西贵港市出土的同期义物相似，但贵港市文物保存得更完整。

广西贵港市的罗泊湾一号古墓，位于贵港市罗泊湾附近，西江支流郁

---

①　（汉）班固撰，（唐）颜师古注：《汉书》卷二十八·地理志第八下，中华书局 1962 年版，第 1669、1630、1671 页。

②　杨有礼注说：《淮南子》，河南大学出版社 2010 年版，第 133、614 页。

③　江畲经编辑：《历代小说笔记选·（唐）段成式撰·酉阳杂俎》卷八，上海书店 1983 年版，第 41 页。

④　（南朝宋）范晔撰，（唐）李贤等注：《后汉书·马援列传第十四》，中华书局 1965 年版，第 838—850 页。卷七十一·宋均传。

⑤　湛江市文物志编委会：《湛江市文物志》，中国文史出版社 2009 年版，第 104 页。

江北岸，离贵港市区约 5 公里。古墓出土两面铜鼓，一大一小，形制大致相同。大鼓高 36.8 厘米，面径 56.4 厘米。鼓面中心纹路清晰，为太阳纹，十二芒，芒外七晕圈，主晕纹饰为衔鱼翔鹭纹，其余饰栉纹、勾连雷纹和锯齿纹。鼓身九晕圈，第四晕圈是六组羽人划船图纹，每船六人，船身较大，双身双尾，首尾设锚并饰鹭鸶或花身水鸟，水中有游鱼；其中三船的划船者皆戴羽冠，另三船各有一裸体人。鼓腰饰八组羽人舞蹈纹，每组二至三人，头戴羽饰，下身系展开的羽裙，两臂外展，双腿叉开作舞蹈状。舞者上空有衔鱼的翔鹭（如下图所示）。小鼓也有相似的图案。文物专家考证此为西汉时期南越国制品，墓主是世代居住本地的岭南骆越人。湛江与广西贵港两地墓中出土的铜鼓，无论是形制、图案还是材质都相似，都有羽人、太阳图案，两地相邻且在汉代同属于交州刺史部合浦郡，故广西贵港至雷州半岛一带大体就是文献上所说的西汉时汉、骆民族杂居的地区。[①] 上述铜鼓图案反映水边民族捕鱼、打猎生活，印证了"人面鸟喙"、"扶翼而行"、"食海中鱼"的南越国民生活。

翔鹭纹铜鼓

现收藏于广西壮族自治区博物馆，1976 年出土于广西贵县（今贵港市）罗泊湾 1 号墓

---

① 蓝日勇：《试论罗泊湾一号墓墓主身份及族属》，《广西民族研究》1986 年第 2 期。

翔鹭纹铜鼓：羽人纹、太阳纹、翔鹭衔鱼纹（局部）

翔鹭纹铜鼓：鼓腰上的纹饰为羽人舞蹈纹（局部）

饰羽冠、穿羽裙的还有西汉南越王墓出土的船纹铜提筒。提筒为古越人储存器,仅为两广、越南出土。广州出土 1 件陶提筒内尚存高粱近半筒,器盖里墨书"藏酒十石,令与寿至三百岁",这寓意其储酒功能,也可以储存粮食或其他。① 1983 年发掘的位于广州市解放北路象岗山的西汉南越王墓,墓主为南越国第二代王文帝赵眜(赵佗之孙,约公元前 137 年至公元前 122 年在位),出土文物一千多件(套),其中铜提筒大小相套共 9 件,是南越王墓出土文物中最具地方特色的器物之一。其中一件高40.4 厘米,最为突出的是腹中部饰一周船纹,即四艘首尾相连的大船,每船各有六人,有的为饰羽冠、穿羽裙,赤脚、持弓、执剑握钺的战士,也有裸身被反剪双手的奴隶,表现海上作战的船队凯旋而归的情景。② 也有人说广州临海,多海患,画面表现的应是杀俘虏祭海神的场面。船与船之间还有海龟、水鸟、海鱼等作装饰。每船有 5 或 6 个船舱,有一舱内满是铜鼓。

东汉伏波将军马援"于交趾得骆越铜鼓",③ 带回京城,引起轰动。《岭外代答》录晋裴渊《广州记》曰:"俚獠铸铜鼓。"《岭外代答》进一步解释交趾多铜鼓的原因:"闻交趾及占城等国,王所居以铜为瓦,信知南方多铜矣。今邕州有铜固无几,而右江溪峒之外,有一蛮峒,铜所自出也。掘地数尺即有矿,故蛮人多用铜器。"④

铜鼓是一种平面曲腰、中空无底的敲击体鸣乐器,由面、胸、腰、足、耳五部分组成。鼓面圆而平,是敲击发音的部分;下接鼓身,连接部分略外凸,形成球状弧度为胸;腰部略细,内收如束腰;往下鼓身又扩大,呈喇叭口部分为足;鼓身两侧各有两个半环形的耳。铜鼓制作工艺考究,由以铜为主要成分的铜、锡、铝合金等铸造而成。流行于滇、黔、川、粤、桂、湘、琼等省区,使用于民族生活的不同领域。上述内

---

① 李林娜主编:《南越藏珍》,中华书局 2002 年版,第 166 页。

② 广东省文物管理委员会、广东省博物馆、广东省文物考古研究所、广州市文物管理委员会编:《南海丝绸之路文物图集》,广东科技出版社 1991 年版,第 23 页。

③ (南朝宋)范晔撰,(唐)李贤等注:《后汉书·马援列传第十四》,中华书局 1965 年版,第 838—850 页。卷七十一宋均传。

④ (宋)周去非著,杨武泉校注:《岭外代答校注》,中华书局 1999 年版,第 276 页。

容说明岭南至交趾一带多产铜，掘地数尺就有铜矿，蛮人喜欢用铜器，骆越民族王的居所"以铜为瓦"，喜欢铸铜鼓并悬于王所居，不仅用作伴舞乐器，还曾把它作为权力和财富的象征。铜鼓还用于祭天拜神、娱乐、召集民众、指挥生产和作战。当地骆越人图腾崇拜雷电，青铜鼓声象征雷声，擂鼓求雨，咚咚的鼓声是人与神交流的言语。徐闻谚语"响鼓不用重锤"，鼓由原来生活必需品融入语言中固定下来，可见铜鼓在越人生活中影响深远。雷州雷祖庙原存有三只铜鼓，为晋代的遗物。1949 年前后，在海康的英良村、铜鼓村和埋炉岭等地也出土过铜鼓，这些铜鼓的主体纹饰是云雷纹。铜鼓既是神器又是乐器，既供奉铜鼓为神，又击鼓作乐，俚人相娱为乐，相沿成习，宋代陆游写《老学庵笔记》仍有提到，岭南"多致铜鼓……南蛮至今用之于战阵、祭享"。[①] 铜鼓集冶炼、铸造、绘画、雕塑、音乐、舞蹈于一身，是南方古代民族特有的综合艺术精品。

击打铜鼓（摄于 2011 年广西河池铜鼓节）

---

① （宋）陆游：《老学庵笔记》卷二，青岛出版社 2002 年版，第 35 页。

　　岭南除了铜鼓外还铸造铜鼎,南越王墓后藏室是御厨室,出土大批造型简洁、大平底、直行长扁足的越式大铜鼎及釜甑、鍪。釜甑相当于今天的蒸锅,利用蒸汽来蒸熟食物。铜鍪是用来烧煮食物的。出土时,在鍪里发现青蚶、龟足和鸡骨头等。①鼎本来是古代的烹饪之器,相当于现在的锅,用以炖煮和盛放鱼肉,后多作为祭器礼器,成为权力和威势的象征。鼎既是食器,亦是祭器。

越式铜鼓

"二斗二升"铭越式铜鼎〔现收藏于广西壮族自治区博物馆,1976 年出土于广西贵县(今贵港市)罗泊湾 1 号墓〕

　　无论是"文身""羽人"的装扮,还是铜鼓、提筒的生活器具,甚至太阳纹、船纹的羽人翔鹭舞等艺术,无不揭示着秦至汉代,岭南地区生活的主要是古代越人。

二　迁徙浪潮

　　从秦始皇统治时期开始,为巩固南方,秦朝不断把中原人迁往岭南,部分人落入雷州半岛,半岛受中原文化的影响,社会经济、文化开始发生变化。《史记》云:

---

　　① 西汉南越王博物馆编:《西汉南越王博物馆珍品图录》,文物出版社 2007 年版,第 112—117 页。

（始皇）三十三年（前214年），发诸尝逋亡人、赘婿、贾人略取陆梁地，为桂林、象郡、南海，以适遣戍。西北斥逐匈奴。……（始皇）三十四年，适治狱吏不直者，筑长城及南越地。[①]

越人性格强悍，不受管束，秦始皇先是把逃亡之人、入赘为婿之人、商人等，抓为戍守士兵，遣戍南越，与当地少数民族杂处。第二年更是将不法狱吏也列入谪戍南越之人，增加汉人在岭南的成分。修筑长城抗击匈奴与巩固南疆几乎同时进行。

这段历史《资治通鉴》也有记载，并详细记载发兵人数："发诸尝逋亡人、赘婿、贾人为兵，略定南越陆梁地，置桂林、南海、象郡；以谪徙民五十万人戍五岭，与越杂处。"[②] 秦始皇征戍的50万秦军，应该是第一批大规模迁徙到岭南的华夏人，这些人可以认为是多次派遣的。

秦始皇除了下令将中原50万人发兵戍边外，还一再大批迁徙刑徒和内地人民到岭南地区屯戍垦殖。"（秦）又使尉佗逾五岭攻百越。尉佗知中国劳极，止王不来，使人上书，求女无夫家者三万人，以为士卒衣补。秦始皇可其万五千人。"[③] 到岭南的尉佗（即赵佗）知道仅靠战争是征服不了岭南的，为解决人员安定问题，赵佗请求派女人来缝补衣服，解决这些人的家室问题。于是，秦始皇又发配15000名女子到岭南，戍守开发兼用。这上万妇女到南方，士兵就能就地成家，没有配成婚的秦兵和当地的越女成家婚配也是有的。这是大规模移民的一项措施，秦用掺沙子的方法稳定岭南。留在岭南的士兵地方化，部分人进入雷州半岛，驻防边陲，开垦屯田。

公元前112年，汉武帝派遣10万水师分兵征讨南越，后失败。公元41年，光武帝又派遣伏波将军马援、楼船将军段志讨伐交趾波及雷州半

---

① （汉）司马迁：《史记·秦始皇本纪》卷六，中华书局1959年版，第253页。《史记·淮南王传》卷一一八，第3086页。

② （宋）司马光：《资治通鉴》卷七，据文渊阁四库全书电子版引。

③ （汉）司马迁：《史记·秦始皇本纪》卷六，中华书局1959年版，第253页。《史记·淮南王传》卷一一八，第3086页。

岛的征侧、征贰叛乱，经徐闻沿海进军。第二年"援将楼船大小二千余艘，战士二万余人，进击九真贼征侧余党……"① 以后，有部分官兵在雷州半岛留守落籍。

从秦至汉末，文献中可考的进入岭南的人数多达 60 多万，还不包括陆续自行迁往岭南的人，这么多中原人、汉人进入岭南，雷州半岛人口是否迅速增长呢？

三　人口情况

《汉书·地理志》记载："合浦郡……户万五千三百九十八，口七万八千九百八十。"② 到了东汉，人口略有增长。《后汉书·郡国志》记载："合浦郡：五城，户二万三千一百二十一，口八万六千六百一十七……合浦、徐闻、高凉、临元、朱崖。"③ 当时的合浦郡西到现在的广西钦州，东至广东开平，北至广西容县，南括雷州半岛直至海南岛，七八万人分布在这一大片区域，可谓人烟稀少，雷州半岛更是少之又少。雷州半岛人口未能迅速增长的原因，大致有以下几方面：

（1）气候燥湿，北人不适

岭南大部分地区属于亚热带海洋性季风气候，气候燥湿、炎热、多雨，过去称为瘴患之地，人很容易疲倦、生病。瘴气，指南方山林中湿热蒸郁能致人疾病的有毒气体，多指热带山林间动植物腐烂后生成的毒气。中医以发热头痛、呕吐腹胀、腹泻等表现为瘴疫，轻者称伤寒，重者为疟疾。《岭外代答》曰："南方凡病，皆渭之瘴。"④ 《桂海虞衡志》云："瘴。二广惟桂林无之，自是而南，皆瘴乡矣。"⑤

---

① （南朝宋）范晔撰，（唐）李贤等注：《后汉书·马援列传第十四》，中华书局 1965 年版，第 838—850 页。卷七十一宋均传。

② （汉）班固撰，（唐）颜师古注：《汉书》卷二十八·地理志第八下，中华书局 1962 年版，第 1669、1630、1671 页。

③ （南朝宋）范晔撰，（唐）李贤等注：《后汉书·郡国志第二十三》，中华书局 1965 年版，第 3531 页。

④ （宋）周去非著，杨武泉校注：《岭外代答校注》，中华书局 1999 年版，第 152 页。

⑤ （宋）范成大撰，孔凡礼点校：《范成大笔记六种·桂海虞衡志》，中华书局 2002 年版，第 128 页。

由于瘴疫严重，身在岭南的人，也需每年寻求避疫的场所。"汉世交州刺史每暑月辄避高处。"① 暑天是瘴疫高发的季节，低地潮湿，瘴疫更易罹患，交州刺史也得往高处躲避。直至宋代，朝廷仍有赴岭南官吏的俸秩特优，景德年间曾规定："令秋冬赴治，使职巡行，皆令避暑夏瘴雾之患。"②《吴录·地理志》曰："苍梧高要县，郡下人避瘴气，乘伐来停此，六月来，十月去，岁岁如此。"③ 高要县在雷州半岛的东北部，即现在的高要市，因地势高而险要，故得名"高要"，是人们躲避瘴疫的去处。雷州半岛大部分地区无高山阻挡，地势较低，瘴气更重，"雷，山势夷衍无岚，瘴患惟近挹洋……"④ 除了"雾露气湿"，还有"多毒草、虫、蛇、水土之害，人未见虏，战士自死。"⑤ 北方人更难适应这种气候，还未开战，受毒草、虫、蛇的侵害和水土不服的情况就在士兵中蔓延。光武帝派出的大军因瘴疫而死的达到十之四五，甚至连副主帅楼船将军段志也病死在征战途中。《后汉书》有两段相关记载：

> 军至合浦而志病卒，诏援并将其兵。遂缘海而进……二十年秋，振旅还京师，军吏经瘴疫死者十四五。
>
> 马援卒于师，军士多温湿疾病，死者太半。⑥

建武十五年（49 年）春天，马援率部平南方武陵五溪蛮（湖南常德附近），天气酷热难当，好多士兵得了暑疫等传染病而死，马援也身患重病而亡。可见瘴气伤人之厉害。

（2）土著抵抗，安居不宜

从秦始皇派兵攻打南越开始，越人就开始了抵抗战斗。"以与越人战……

---

① （梁）萧子显：《南齐书·州郡上》卷一十四，中华书局 1999 年版，第 180 页。

② 纪昀等：《宋史》卷九十，据文渊阁四库全书电子版引。

③ （宋）李昉等：《太平御览》卷七七一"伐"，据文渊阁四库全书电子版引。

④ （明）欧阳保：（万历）《雷州府志》，书目文献出版社 1990 年版，第 170 页。

⑤ （汉）班固撰，（唐）颜师古注：《汉书》卷六十四下，中华书局 1962 年版，第 2834 页。

⑥ （南朝宋）范晔撰，（唐）李贤等注：《后汉书·马援列传第十四》，中华书局 1965 年版，第 838—850 页。卷七十一宋均传。

越人皆入丛薄中，与禽兽处，莫肯为秦虏。"① 越人利用对地形熟悉的优势，转战丛林，不间断地小股骚扰秦军，与秦军周旋，不肯做秦俘虏。如东汉交趾郡女子征侧、征贰率众起事，占领交趾、合浦等郡六十五城。铜鼓这时用来召集雷州半岛的骆越之人与秦军作战，"风俗好杀相攻，击辄鸣此鼓集众。"②

从秦至汉末，岭南就一直不平静，雷州当地人口以骆越等少数民族为主，汉人尚未能真正融入当地社会。

第三节　合浦珠还与海上丝绸之路

一　合浦珠还

珍珠向来有东、西、南珠之分，国际市场上评价：东珠（日本产）不如西珠（欧洲产），西珠不如南珠（中国雷州产）。南珠特点是"光、重、圆、大"，是珠中上品，数量甚稀，历来被人们视为华丽、贵重、富有、吉祥的象征，价格昂贵。南珠既可制作项链、首饰，又可制作药品、饮料、日用化妆品等。现南海珍珠养殖场达三千多个，南珠年产量达九千多公斤，产值 1.21 亿元，居全国第一，占全国珠产量的 2/3。《盐铁论·力耕篇》说"珠玑象齿出于桂林……一揖而中万钟之粟也"，③ 是说岭南出产的珍珠一捧，运到京城，能值几万担粮食。"珍异所出，一箧之宝，可资数世。"④ 是说一小箱子珍珠，可以养活几代人。岭南贪官交州刺史檀翼罢职，"还至广州，资货钜万。"⑤

采南珠的具体地点在岭南环北部湾沿岸地区，即合浦至雷州半岛沿海一带，也叫珠池。"有珠母海，郡人采珠之所，云合浦也。"⑥ 此处的合浦，应为合浦郡，这一带的珍珠又叫合浦珍珠。

---

① 杨有礼注说：《淮南子》，河南大学出版社 2010 年版，第 133、614 页。
② （清）郝玉麟等：《广东通志》卷五十七，据文渊阁四库全书电子版引。
③ （汉）桓宽撰，（明）张之象注：《盐铁论》卷一，据文渊阁四库全书电子版引。
④ （唐）房玄龄等：《晋书》卷 90 吴隐之传，吉林人民出版社 1995 年版，第 1412—1415 页。
⑤ （梁）沈约：《宋书》卷八十四邓琬传，中华书局 1999 年版，第 1421 页。
⑥ （后晋）刘昫：《旧唐书·卷四十一·岭南道》，据文渊阁四库全书电子版引。

传说秦始皇是因为贪图南越的珍宝，所以派兵占领南越。《淮南子》记载了这段历史。

> （秦皇）利越之犀角、象齿、翡翠、珠玑，乃使尉屠睢发卒五十万为五军。……以与越人战，杀西呕君译吁宋。①

秦始皇大一统的中央集权思想是统一岭南的真实原因，贪图岭南的犀角、象齿、翡翠、珠玑等则是次要原因，于是派兵五十万分五路征伐岭南，历经四年征服，开设三郡以镇之，即桂林、南海、象郡。《淮南子》又名《淮南鸿烈解》，它是西汉初年淮南王刘安及其宾客幕僚共同撰写的。淮南王官邸近南越，宾客来自全国各地，写作年代距离事件发生时也近，虽是传闻，也可信。

据说，珍珠是鲛人的眼泪变的。"南海中有鲛人，室水居，如鱼，不废机织，其眼泣则出珠。"②"泣泪成珠"不太可信，但是采珠人的血泪凝聚在美丽的珍珠上，确是事实。雷州很早就有珠民采珠、养珠的习俗，史称"南珠故乡"。从秦开始，历代均把南珠作为贡品，明朝甚至在雷州设置专事采珠都，多次派官员和太监大量采办南珠。珠民又叫蜑户，《桂海虞衡志》记载了珠民的艰辛：

> 合浦珠池蚌、蛤，惟蜑能没水探取。旁人以绳系其腰，绳动摇则引而上。先煮毲衲，极热出水，急覆之，不然寒粟以死。或遇大鱼、蛟、鼍诸海怪，为鬐鬛所触，往往溃腹、折支。人见血一缕浮水面，知蜑死矣。③

---

① 杨有礼注说：《淮南子》，河南大学出版社 2010 年版，第 133、614 页。

② （宋）曾慥编纂，王汝涛等校注：《类说校注·述异记》上册，福建人民出版社 1996 年版，第 251 页。

③ （宋）范成大撰，孔凡礼点校：《范成大笔记六种·桂海虞衡志》，中华书局 2002 年版，第 160 页。

蜑户（珠民）用绳索系在腰部潜入深海中探取珍珠，成功后摇动绳索即把他们拽出。由于采珠为深水作业，水温很低，故要先把毛织物（毳衲）烤热，待蜑户出水急忙给他盖上，不然会因寒栗而死。如果看到一缕缕浮上水面的鲜血，就知道蜑户遇到不测，在海底遇到鲨鱼或其他海洋动物，来不及逃避，已葬身鱼腹。采珠是用生命换美丽，夜深人静时，无数采珠人就开始了危险的"旅程"。

秦代，已将合浦珍珠作为贡品，派出珠官驻扎合浦，强迫沿海珠民下海采珠，各级官吏又借机盘剥，使得珠民大肆捕捞，珠蚌产量越来越低，至今流传着"合浦珠还"的历史故事。《后汉书·孟尝传》记载这一典故：

> 孟尝……迁合浦太守。郡不产谷实，而海出珠宝，与交趾比境，常通商贩，贸籴粮食。先时宰守并多贪秽，诡人采求，不知纪极，珠遂渐徙于交趾郡界。于是行旅不至，人物无资，贫者死饿于道。尝到官，革易前敝，求民病利。曾未踰岁，去珠复还。百姓皆反其业，商货流通，称为神明。[1]

东汉时，合浦郡不产谷物，沿海盛产珍珠，当地百姓都以采珠为生，以此向邻郡交趾换取粮食。一些官吏就乘机贪赃枉法，巧立名目盘剥珠民，不顾珠蚌的生长规律，一味地大肆捕捞。结果，在合浦能采到的珍珠越来越少，当地珠民传说珠蚌迁移到邻近的交趾郡了。其实"老蚌何灵？珠岂能不胫而走？"[2] 这是当地蜑户应付官家的说辞。于是，合浦境内商旅不至，百姓贫饿死于道。孟尝到合浦任太守，下令革除前任弊端，废除盘剥的非法规定，不到一年，珠蚌又回到合浦繁衍起来，百姓都返回家乡安居乐业，商旅流通。后"合浦珠还"成千古佳话，形成成语，比喻珍贵的东西失而复得。古人还建有"合浦还珠亭"，并有诗

---

① （南朝宋）范晔撰，（唐）李贤等注：《后汉书》卷七十六循吏列传第六十六，中华书局1965年版，第2473页。

② 姚之骃：《后汉书补逸·卷十·孟尝》，据文渊阁四库全书电子版引。

云："合浦珠还旧有名，使君方似古人清，沙中蛤蚌胎常满，潭底蛟龙睡不惊。"[1]

二　海上丝绸之路与徐闻港

先秦时期，岭南地区只有一些土邦小国，由民间开拓的海路航线而进行的贸易十分有限。南越国时期，海上贸易已较前大为活跃，海外制品多有输入，丝织品则更多地通过海路输出，但似乎还没有官府的介入。汉代，由于陆上丝绸之路交通容易受匈奴等游牧民族的阻碍，西汉政府不得不寻求其他的对外贸易通道。汉武帝在统一东南沿海后，大力开拓至东南亚各国的交通和贸易，提高经济实力，以扩大汉王朝与海外各国的经济文化联系。由于当时西汉政府对外的航运货种以杂缯——各种丝绸物为主，故这条航线被称为海上丝绸之路。《汉书·地理志》记载了公元前2世纪开辟的这条远洋航海路线。

> 自日南障塞、徐闻、合浦船行可五月，有都元国；又船行可四月，有邑卢没国；又船行可二十余日，有谌离国；步行可十余日，有夫甘都卢国。自夫甘都卢国船行可二月余，有黄支国，民俗略与珠崖相类。其州广大，户口多，多异物，自武帝以来皆献见。有译长，属黄门，与应募者俱入海市，明珠、璧流离、奇石异物，赍黄金杂缯而往，所至国皆禀食为耦。蛮夷贾船，转送致之，亦利交易，剽杀人。又苦逢风被溺死，不者数年来还。大珠至围二寸以下。平帝元始中，王莽辅政，欲耀威德，厚遗黄支王，令遣使献生犀牛。自黄支船行可八月，到皮宗；船行可二月，到日南、象林界。云：黄支之南，有已程不国（今之斯里兰卡），汉之译使自此还矣。[2]

这段文字，反映海上丝绸之路的行程艰难及货物交换的情况。依此，

---

① （宋）陶弼：《北宋建隆至靖康·邕州小集》"合浦还珠亭"，据文渊阁四库全书电子版引。
② （汉）班固撰，（唐）颜师古注：《汉书》卷二十八·地理志第八下，中华书局1962年版，第1669、1630、1671页。

西汉时"徐闻、合浦——都元国——黄支国——已程不国"这条航道已成为官道，在此之前，推测这条航线在民间就已存在。因此，我们有理由认为，以徐闻为代表的粤西地区与海外的贸易交往，应早于西汉而在先秦似无疑问。汉武帝元封元年（公元前110年），设立左右侯官于雷州半岛的徐闻港，汉代中央政权在此收购、存储货物，同各地商人交易，徐闻港为官方对外通航贸易的始发港之一。因有商港而置县者，徐闻当为一例。①说明当时中国与中南半岛、南洋群岛、南印度、斯里兰卡等有密切的海上交往。

徐闻港的具体地点在今徐闻县五里乡二桥村、仕尾村一带，与清宣统《徐闻县志》有关"前临海、峙三墩"的记载相合，是一处伸向琼州海峡的半岛形岬角，呈南北走向的平台地貌，海拔10米，临海边缘地势险兀，有一个城堡遗迹。20世纪70至90年代，考古专家陆续在城堡遗迹发现了大量汉代的绳纹板瓦、筒瓦，还有"万岁"瓦当、铜质印章，如汉官私印"臣固私印"等一批汉代官署文物，还发掘出土了方格纹及圆形戳印纹陶罐、陶盆等大量民间日用物品。此外，这一带还发现较多的汉代墓葬和遗址，徐闻汉墓群出土的陶壶就带有明显的波斯风格，珠饰中的玛瑙、玉石珠、檀香珠、水晶珠、琉璃珠等均是舶来品，是海外贸易的重要物证，是"南海丝绸之路"的生动写照。当时，不仅雷州，整个岭南与海外多有交往，出土的同时代文物说明了这一点。如南越王墓其中部分珍品由海外输入，如下图银盒，盖身相合呈扁球形，盖子和盒身上采用锤牒工艺制成对向交错的蒜头型凸纹，这种工艺与纹饰、造型呈现古代西亚波斯银器的特点，而与中国本土的不同，专家认为这是一件海外舶来品，是广州迄今发现年代最早的一件海外舶来品。这是早期中国文化海外交往的明证，说明岭南沿海两千多年前就与海外有着密切交往，这比汉代张骞出使西域开辟陆上丝绸之路的时间还早。南越王墓还出土非洲象牙、乳香、镂孔熏炉等海外舶来品，香料来源于东南亚，在中原地区极为罕见。又如在广东顺

---

① 邓开朝、吴凯：《徐闻汉代海上丝绸之路文物的发现和研究》，《湛江文史》2000年第19辑。

德、三水发现的东汉墓中，分别有陶俑灯座，灯座之下为外国人形象，高鼻、裸体、遍体刻画毛发。1984 年在遂溪县附城边湾村出土了一批南朝窖藏金银器和二十余枚波斯萨珊王朝银币，正面为国王像，背面为祭坛、祭司的波斯萨珊王朝银币，其中钻有孔的，可能是流入当地后被用作银饰品，还有波斯银碗、金镯银镯等舶来品。[①] 出土的"万岁"瓦当、城堡痕迹、桥墩及金银珠饰等均证明雷州半岛的徐闻曾经是一个码头，一个繁华的港口，一个村民集居地带，一级官署所在地。这一切都有力地证明了这一地区在汉代曾比较繁荣。

西汉越王墓出土的船纹提筒及 1975 年在广州发现的秦造船工场——能造 30—60 吨大船的遗址互相印证，证明两千多年前，广州已拥有相当规模的造船能力与先进的技术水平。

徐闻出土的西洋文物铜碗
（图片来源于碧海银沙）

徐闻出土的汉代珠饰（2003 年 6 月出土于五里二桥灰场汉墓，工艺考究，中有穿孔，有玉石珠、水晶珠、琉璃珠、玛瑙珠等，均为海外来品）

古籍记载雷州海康郡（即今雷州市、徐闻县、遂溪县）"州在海岛上，地多沙卤，禾粟春种秋收，多被海雀所损，相承冬耕夏收，号芥禾少谷粒。又云：再熟稻五月，十一月再熟。徐闻县谚语：'欲拔贫，诣徐闻'。

---

① 广东省文物管理委员会、广东省博物馆、广东省文物考古研究所、广州市文物管理委员会编：《南海丝绸之路文物图集》，广东科技出版社 1991 年版，第 29—31、24、36、44 页。

银盒（波斯风格，海外舶来品。图片来自广州越王墓博物馆。）

不宜蚕桑，惟绩葛种纻为衣。"① 雷州半岛地多沙卤，禾粟难收，不宜蚕桑。汉代，这里是一个主要港口，周边有各地及外国人往来贸易，"郡常有高凉生口及海舶，每岁数至，外国贾人以通货易。"② 交趾人一度把这当成避风港，《太平寰宇记》引《岭表录异》云："交趾回人多舍舟取雷州陆岸而归，不惮辛苦，葢避海鳅之患也。"③ 越南、广西等地人可以沿着雷州半岛岸边而行，这样可以躲避鲨鱼进攻。雷州与东南各国、越南的关系密切，"廉之西，钦也。钦之西，安南也。"廉州即雷州半岛西北部至合浦海岸边，安南即今之越南，汉均属交趾郡。唐代在安南设立都护府，五代渐趋独立，入宋已为邻国，宋称其地为交趾，赐予种种官爵，初封其国君为交趾君王，后封南平王，后称安南国，今越南北部。"异时安南舟楫多至廉，后为溺舟，乃更来钦。"过去安南船多正向东驶到雷州，后来乱流之际，风涛多恶，沉船事件发生太多，改用小船"遵崖而行，不半里即入钦港"。④ 从安南境永安州（今越南芒街）至钦州，朝发夕至，还可以从陆地

---

① （宋）乐史：《太平寰宇记》卷一百六十九，据文渊阁四库全书电子版引。
② （唐）姚思廉：《梁书》卷三三王僧孺传，中华书局 1999 年版，第 326 页。
③ （宋）乐史：《太平寰宇记》卷一百六十九，据文渊阁四库全书电子版引。
④ （宋）周去非著，杨武泉校注：《岭外代答校注》，中华书局 1999 年版，第 53 页。

先抵钦州，再到雷州。

在南海一带航行的商人常说："自广州而东，其海易行；自广州而西，其海难行；自钦廉而西，则尤为难行。""盖福建、两浙滨海多港，忽遇恶风，则急投近港。若广西海岸皆砂土，无多港澳，暴风卒起，无所逃匿。至于钦廉之西南，海多巨石，尤为难行。"① 雷州半岛多沙石、巨石，港口少，船难行，如果遇到暴风雨，则难以躲避，故徐闻港是广州以南的重要港口。

徐闻港是汉朝进出口贸易的重要门户之一，一度曾是合浦郡治所在地，不久郡治就迁至今之合浦。海外运来的货物，从合浦经南流江可达西江畔水陆交通便利的苍梧、广信，故从合浦乘船出发进行海外贸易也就比以前频繁。随着造船与航海技术的提高和发展，新航线的开辟，徐闻港的重要位置逐渐被广州港取代。

总之，秦至两汉时期，虽然徐闻港是汉代重要的对外港口，对内、对外交通方便，但是雷州半岛"地带蛮夷，山川旷远，人物稀少，事力微薄，一郡不当浙郡一县"。② 雷州至合浦沿海以珍珠闻名，百姓以采珠为业，以珠换粮，种田的很少。当时，此地以渔业为主，以港口为主，不是以种植为主。

第四节　雷州半岛饮食记载

一　鬻发换粮

雷州半岛直到汉代才开发，正因为开发晚，才有一些较原生态的饮食习俗。

贵港罗泊湾两座汉墓的遗物中，都发现有植物叶和种实，经广西农学院和广西植物研究所鉴定，植物种实分别为青杨梅、橄榄、李、乌榄、桔子、瓜子、广东含笑、金银花、木瓜、黄瓜、香瓜、冬瓜、西瓜、葫芦、菜籽、花椒、大麻、稻、粟、姜、芋等。③ 这说明当时雷州半岛及周边地区

---

① （宋）周去非著，杨武泉校注：《岭外代答校注》，中华书局 1999 年版，第 37 页。
② 同上书，第 7 页。
③ 广西壮族自治区博物馆：《广西贵县罗泊湾汉墓》，文物出版社 1988 年版，第 87、111 页。

出产水稻及瓜果。佛山水田模型和连州犁田耙田模型，极其生动真实地反映了东汉时期珠江三角洲一带农业生产的情况。① 据此推测，古人沿江河发展，整个珠江流域种植都以水稻为主，但是海边情况却不太相同。

雷州半岛的饮食习惯，在《史记·货殖列传》中也有记载：

> 九疑、苍梧以南至儋耳者，与江南大同俗……楚越之地，地广人稀，饭稻羹鱼，或火耕而水耨，果隋蠃蛤，不待贾而足，地势饶食，无饥馑之患，以故呰窳偷生，无积聚而多贫。是故江淮以南，无冻饿之人，亦无千金之家。②

翻译过来的大意是：九疑、苍梧山以南至海南岛一带，与长江中下游地区民俗大致相同……但是楚越这些地方更加地广人稀，老百姓习惯刀耕火种，种水稻，吃海里或河里的螺、鱼、鳖等水产，喜欢捕获之后，摇选包裹煮而食之。楚越地势富饶，出产物品丰富，不用交换而能自给自足，没有挨饿受冻的人。所以，这些地方的人可能是吃多螺蛤等物，有足病，故多羸弱；或者是吃多蠃蛛之肉，多疹毒，人比较懒惰，积蓄不多比较贫穷。所以说，江淮以南无冻饿之人，也无千金之家。

直至秦汉，合浦郡包括雷州半岛人丁稀少，出产物丰富，但是土地贫瘠，农耕不兴，粮食靠珠市商贸调剂，这种状况在史籍中都有记述："合浦郡土地硗（坚硬，不肥沃）确，无有田农，百姓唯以采珠为业，商贾去来，以珠贸米。"③ 海边人更是以海里鲜贝、山里采摘物为主，遇到青黄不接时，人们卖发换粮。南海至珠崖一带，俚人喜欢用木灰洗头、猪油抹发，在每年五六月稻未熟之际，卖发换粮，实求生之计。"俚人在广州之南，苍梧、郁林、合浦、宁浦、高凉五郡……自岭以西，俚人渐贫，至或

---

① 水利部珠江水利委员会、《珠江志》编纂委员会编：《珠江志·第五卷》，广东科技出版社1994年版，第192页。

② （汉）司马迁：《史记》卷一百二十九，中华书局1959年版，第3268—3270页。

③ （唐）房玄龄等：《晋书》卷五十七陶璜传，吉林人民出版社1995年版，第920—923页。

鬻发于市。"①

但是，珠崖太守强取豪夺，则属暴虐。《林邑国记》曰："朱崖人多长发，汉时郡守贪残，缚妇女割头取发，由是叛乱不复宾伏。"② 郡守强行割妇女头发，是要贩到中原做假发，"长吏睹其好发，髡取为髲（假发）。"③可见，当时雷州的生活是很艰难的。

除了出产珠贝，雷州还以盐换粮，"则贩鬻鱼、盐为业"。④ 雷州古产盐遗址较多，据考证，徐闻县西南方滨海的港头、毛练村留有宋代官办盐场，盐场遗址说明：这里的先民在数千年前就开始制盐，经历了从人力加工制成咸盐，再到大规模生产加工贩运，再到国家设盐官对食盐专卖的过程。

二 祛瘴食物

（一）马援与薏仁

汉代，有一位对南越很有影响的人物马援，扶风茂陵（今陕西扶风茂陵）人，东汉大名鼎鼎的伏波将军，"因船涉江海，欲使波浪之伏息"而得名。他一生征战，英名流芳，古诗赞其"青山处处埋忠骨，何须马革裹尸还"。马援平定交趾之乱时，经徐闻沿海进军海南岛，所到之处，设郡县，立城郭，兴修水渠灌溉，用汉律教化当地人，与越人申明汉制，当地"自后骆越奉行马将军故事"。⑤ 雷州半岛至今流传着马将军的传奇故事，当地人为纪念伏波将军功德，在徐闻立伏波庙，祭祀至今。

马援将军在岭南征战，靠着当地的一种食物，让士兵生存下来，并且打了胜仗。这就是雷州半岛的一大特产——薏米。关于薏米，还有一段与伏波将军马援有关的传奇故事。

---

① （清）郝玉麟等：《广东通志》卷五十七，据文渊阁四库全书电子版引。
② （宋）李昉等：《太平御览》卷三百七十三，卷七百八十五，据文渊阁四库全书电子版引。
③ 惠士奇：《礼说》卷二，据文渊阁四库全书电子版引。
④ （明）林希元辑，陈秀南点校：《天一阁藏明代方志选刊·钦州志》，灵山县政协文史资料委员会编印 1990 年版，第 39 页。
⑤ （南朝宋）范晔撰，（唐）李贤等注：《后汉书·马援列传第十四》，中华书局 1965 年版，第 838—850 页。卷七十一·宋均传。

　　初，援在交趾，常饵薏苡实，用能轻身省欲，以胜瘴气。南方薏苡实大，援欲以为种。军还，载之一车。时人以为南土珍怪，权贵皆望之。援时方有宠，故莫以闻。及卒后，有上书谮之者，以为前所载还，皆明珠文犀。马武与于陵侯侯昱等皆以章言其状，帝益怒。援妻孥惶惧，不敢以丧还旧茔，裁买城西数亩地槁葬而已。宾客故人莫敢吊会。严与援妻子草索相连，诣阙请罪。帝乃出松书以示之，方知所坐，上书诉冤，前后六上，辞甚哀切，然后得葬。①

　　薏苡实又叫薏仁、薏米，交趾及雷州半岛均产。《神农本草经》曰："薏苡仁，味甘微寒，无毒，主……风湿痹下气，除筋骨邪气……久服轻身益气。"② 能去湿，防瘴气。薏仁久服之后，可以轻身辟瘴。马援在交趾作战时，学当地百姓，靠多吃薏仁让战士身轻如燕，战胜瘴气。马援军还京城时，载了一大车薏仁回来，打算到北方种植。南方的薏仁洁白粒大，这一车薏仁轰动京城，京城里的人从没见过薏仁，还以为马援从南方带回了奇珍异宝。当时马援深受皇上器重，权贵敢怒不敢言。这车薏仁在马援失宠时给他惹来大祸。马援去世后，有人上书诬陷他当初从交趾载回了一车珍珠文犀，皇上大怒。马援妻儿非常害怕，甚至不敢将马援棺木归葬祖茔，只好在城西草草埋葬，宾客故人也不敢来吊唁。马援的妻子和侄子马严不知道马援究竟犯了什么罪，他们用草绳把自己绑了，上朝请罪。光武帝把诉状给他们看，两人这才明白了事情的来龙去脉。于是，他们连连向皇帝上书诉冤，先后六次申诉冤情，陈述事情的真相，言辞凄切，光武帝这才命令安葬马援。这一事件，朝野都认为是一宗冤案，这也是成语"薏苡兴谤"、"薏苡明珠"的来历，意指无端蒙冤被谤。这是关于薏仁的最早记载。马援把薏仁用于个人保健养生并在军中防瘴疫，并引良种薏米种于中土，在医学上的贡献是很大的。

---

① （南朝宋）范晔撰，（唐）李贤等注：《后汉书·马援列传第十四》，中华书局1965年版，第838—850页。卷七十一宋均传。

② （明）缪希雍：《四库全书·子部·医家类·神农本草经疏》卷六，据文渊阁四库全书电子版引。

白居易诗中提到过此事。

人稀地僻医巫少，夏早秋霖瘴疟多。老去一身须爱惜，别来四体得如何。

侏儒饱笑东方朔，薏苡谗忧马伏波。莫遣沈愁结成病，时时一唱濯缨歌。[1]

雷州当地人至今喜欢用薏仁煲骨头汤或者遵循"薏苡仁粥除湿热利肠胃"[2] 的饮食习惯。

（二）枸酱与夜郎国

汉初，南越王赵佗据有岭南时，四川产的枸酱、蜀布输经牂柯江（即今之北盘江[3]）、红水河、西江，运到番禺等地。据《史记·西南夷列传》载：汉武帝建元六年（公元前135年），唐蒙出使南越，"南越食蒙蜀枸酱，蒙问所从来，曰：'道西北牂柯，牂柯江广数里，出番禺城下。'蒙归至长安，问蜀贾人，贾人曰：'独蜀出枸酱，多持窃出市夜郎。'"[4] 四川出产的枸酱，运到夜郎国，后经牂柯江销至番禺。"蒌，即扶留，味香辣，合灰食槟榔，用蜜浸甚美，故曰枸酱。廉《志》云："蒌者，扶留合声也。"[5] 食之亦可以胜瘴。《史记》集解引《汉书音义》："枸木似榖树，其叶如桑叶。用其叶作酱酢，美，蜀人以为珍味。""枸酱"就是用蒌叶做酱，这可能是关于"枸酱"为何物的最早记载。《广志》云："枸，色黑，味辛，下气消榖。"[6] 枸酱即蒟酱，产于蜀，盛行于岭南，究其原因，岭南、雷州瘴气更胜，食之祛瘴。西晋人左思《蜀都赋》亦云："蒟酱流味

① （唐）白居易：《白氏长庆集》卷十五"得微之到官后书备知通州之事怅然有感因成四章"，据文渊阁四库全书电子版引。
② （明）李时珍：《本草纲目》卷二十五，据文渊阁四库全书电子版引。
③ 颜建华：《牂柯江流何处寻？——〈史记〉中的牂柯江》，《贵阳学院学报》（社会科学版）2008年第1期。
④ （汉）司马迁：《史记·西南夷列传》卷一百一十六，中华书局1959年版，第2994页。
⑤ （明）林希元辑，陈秀南点校：《天一阁藏明代方志选刊·钦州志》，灵山县政协文史资料委员会编印1990年版，第56页。馆藏于广西壮族自治区图书馆。
⑥ （汉）司马迁：《史记·西南夷列传》卷一百一十六，中华书局1959年版，第2994页。

于番禺之乡"。唐蒙在京城与番禺都见到枸酱，于是知道有一条从蜀经夜郎国直到番禺的便道。唐蒙于是将收买夜郎国，借兵、借道牂柯江可灭南越国之计告诉汉王，汉王采用唐蒙建议后，派唐蒙经牂柯江到夜郎国借兵10万，从牂柯江顺流而下，成功偷袭了南越国，后将夜郎国设为牂柯郡，封夜郎国王为夜郎王。借兵、灭南越、收夜郎、通蜀道，一箭四雕，扩大了大汉江山。从这个意义上说，是枸酱引来了汉朝使臣唐蒙，导致了南越国和夜郎国的先后灭亡，难怪清代陈熙晋赋诗云"汉家枸酱知何物，赚得唐蒙习部来"。

三 食人之风

秦汉时期，岭南地区尚处于茹毛饮血的野蛮时代，猎头、食人之风十分流行。"猎头"即砍去人头以祭祀求福。《太平御览》引《临海水土志》云："得人头，斫去脑，驳其面肉，留置骨，取犬毛染之。"[1] 上述南越王墓船纹铜提筒，每艘船的船头都倒悬着一个首级，有武士作斩刺状；船后部高台上站着一指挥者，左手执钺，右手倒提一个首级。[2]

"食人"，即青黄不接，鬻子接食。汉朝杨孚《异物志》曰：南蛮"卖子以接衣食，若有宾客，易子而烹之"。[3]《南州异物志》曰："民俗蠢愚，唯知贪利，无有仁义道理。土俗不爱骨肉，而贪宝货及牛犊，若见贾人有财物水牛者，便以其子易之。夫或鬻妇，兄亦卖弟。"[4] 并非民不爱其骨肉，实为生活疾苦，只能易子求食。

还有吃小孩的习俗，"越之东有骇沐之国，其长子生，则解而食之，谓之宜弟。父死，则负其母而弃之，言鬼妻不可与同居。"[5] 这种食人习俗影响很大，甚至传到中原，《墨子》记载用相关习俗来说理，鲁阳文君语子墨子曰："楚南有啖人之国者，其国之长子生，则解而食之，谓之宜弟。

① （宋）李昉等：《太平御览》卷三百七十三、卷七百八十，据文渊阁四库全书电子版引。
② 西汉南越王博物馆编：《西汉南越王博物馆珍品图录》，文物出版社 2007 年版，第 126—127 页。
③ （宋）李昉等：《太平御览》卷一百六十六，据文渊阁四库全书电子版引。
④ （宋）李昉等：《太平御览》卷三百七十三、卷七百八十五，据文渊阁四库全书电子版引。
⑤ （晋）张华：《博物志》（外七种）卷二，上海古籍出版社 2012 年版。

美则以遗其君，君喜则赏其父，岂不恶俗哉?"墨子曰："虽中国之俗亦犹是也，杀其父而赏其子，何以异食其子而赏其父者哉? 苟不用仁义，何以非夷人食其子也。"① 墨子认为南方的食子习俗与中原"杀其父而赏其子"相同，不用仁义治国，泛杀无辜是一样的。《太平寰宇记》载钦州獠人，"得人一头，即得多妇"。② 在儋州"风俗"条说黎人"杀行人取齿牙贯之于项，以炫骁勇"。③ 这种食人习俗直到宋代才有所改变。

岭南还有"啖男胎衣"的习俗："桂州妇人产男者，取胞衣细切，五味煎调，召至亲合宴以啖之。不预者必忿争。"④ 食人之风既为岭南茹毛饮血之明证，也是当地饮食文化风俗的集中体现。

南越族的风俗习惯与汉族迥异者还有不少。出土于广州南越王墓西耳室的铜挂钩，共5件，中间为一倒置铃形，使用时，在铃内注水，就可以防止蚂蚁爬下吃挂钩上的食物。在广东农村，至今仍有"气死蚁"的器物，与之相似。还出土了两件一大一小的姜礤，如匙形，用以摩擦生姜，然后在漏孔处挤出姜汁。类似的工具在岭南至今仍有使用，主要用于磨取姜汁。姜能祛除异味，激发鱼肉的美味，所以烹制鱼肉离不开姜，它也是秦汉时重要的调味品，且能驱寒。⑤

在远古时代，人类食物之间的可持续性，来自人类与其他生物的友好和互惠关系：人类以其他生物为食物，其他生物也可能以人类为食物，人类间或也以自己的身体为食物。故食人俗几乎是人类远古时代的普遍现象。归结起来，这是人类对待生命的原则和态度上存在差异。"生"与"熟"是一种人类对待食物的态度，"生"与"熟"之间的关系远不只于对食物的处理方式和食物营养学的意义，"生"、"熟"成了人类种族族群分化的具体标准。在秦汉时期，越人吃生、吃人；中原人已经中规中矩，吃的是礼仪、文化。

---

① 《墨子》卷十三，据文渊阁四库全书电子版引。
② （宋）乐史：《太平寰宇记》卷一百六十七，卷一百六十九，据文渊阁四库全书电子版引。
③ 同上。
④ （宋）曾慥编纂，王汝涛等校注：《类说校注·倦游杂录》，福建人民出版社1996年版，第516页。
⑤ 李林娜主编：《南越藏珍》，中华书局2002年版，第132—133页。

四 汉化影响

岭南风俗与长江以南大同小异，因为开发较晚，风俗有不同之处。《后汉书》云："凡交趾所统，虽置郡县，而言语各异，重译乃通。人如禽兽，长幼无别。"秦帝国虽然征服了岭南，但也不可能把岭南的骆越人完全驱除，除了部分逃亡、西迁、南迁至更南方向的东南亚一带以及太平洋诸岛屿之外，南越仍以刀耕火种的越人为主。当时越人部落与部落杂处，语言不通，不懂耕犁，"长幼无别"，不知聘娶，没有媒官。"后颇徙中国罪人，使杂居其间，乃稍知言语，渐见礼化。"① 后来迁入的中原人以及交趾太守等官员大力推行"教其耕犁，使之冠履，为设媒官，使知聘娶，建立学校"，② 约四百年以后，中原的语言、礼仪文化才慢慢渗入岭南。其中影响较大的有南越王赵佗。

赵佗，河北真定人，他统一了南越以后，政治上逐步实行了"和集百粤""俗化百越"的政策。南越国的政治制度，大体上是袭秦仿汉。王室体制、王位世袭，与汉皇室相当；王国官制亦与汉朝官制相仿，地方建制，郡国并行。还采取了任用少数民族头领、和亲等亲和的统治方略。当时，不少越人的头领都进了王国当官，比如，越人"吕嘉年长矣，相三王，宗族官贵为长吏七十余人，男尽尚王女，女尽嫁王子弟宗室"。③ 赵佗自己也自觉融入当地生活，礼仪上遵循南俗。汉文帝时，朝廷派陆贾出使南越，"陆生至，尉佗魋结箕踞见陆生。"④ 将头发结成锥状，伸开两腿而坐，这是南越土著民俗，尉佗"魋结箕踞"已经越化。赵佗自己说"居蛮夷中久，殊失礼义"。⑤ 尉佗没有对南越实行高压政策，反而主动适应当地民俗。

经济上，南越向中原购置铁器，进行牲畜交易，发展生产。南越王墓

---

① （南朝宋）范晔撰，（唐）李贤等注：《后汉书》卷八十六南蛮西南夷列传，中华书局1965年版，第2836页。

② （元）郝经：《郝氏续后汉书》卷六十，据文渊阁四库全书电子版引。

③ （汉）司马迁：《史记》卷一百一十三，中华书局1959年版，第2972页。

④ 同上书，第2697页。

⑤ 同上书，第2698页。

出土大量的铁质工具，共 30 多种 190 余件，有铁镰刀、铁鱼钩等生产生活工具，铁镰刀，收割水稻的工具，与现代岭南农村使用的相类似，铁器物以稀为贵，所以用于陪葬。[①]

文化生活上，南越国统治者既尊重越俗，也推动汉文化在岭南的发展。如南越王墓葬遵循中原汉族厚葬之习俗，"事死如事生"，依照人活着时的样式安排地下生活。南越王墓后藏室是储存食物、放置炊具和储容器的库房，出土禽畜残骨和海产品贝壳，还有汉式铜鼎和楚式铜鼎等，说明秦汉时期岭南地区的饮食文化受临近的长沙国以及中原文化的影响。[②] 出土的铜承盘高足玉杯，放在南越王棺椁的头端，秦汉统治者迷信神仙，认为以甘露服食玉屑可以长生不死。该杯与五色药石同出，可能为南越王生前用来承聚甘露、服用长生不来药的器具。史书记载，汉武帝于元鼎二年（公元前 115 年）曾在长安建章宫修造一个仙人承露台，矗立于高台之上，用来承接甘露，和玉屑饮之以图长生。清朝乾隆皇帝依上述故事而修造的一个承露盘，至今还在北京北海公园内。[③] 南越王的尸体用丝缕玉衣牢牢包裹，丝缕玉衣由 2291 块玉片用丝线穿系和麻布黏贴编缀而成。[④] 汉代人迷信玉，认为玉殓藏能使尸体不腐。这与《后汉书·礼仪志》记载汉代皇帝死后使用金缕玉衣，诸侯王、列侯使用银缕玉衣，大贵人、长公主使用铜缕玉衣相符，反映南越国统治者与中原一致的崇玉观念和厚葬习俗。

南越国统治者既坚持独立施政，也愿意称臣于汉朝，维护了岭南的安定，促进了当地的民族融合；推行"军垦"、"民垦"，加快了岭南的开发。《西京杂记》载："尉佗献高祖鲛鱼、荔枝，高祖报以蒲桃锦四匹。"[⑤] 公元前 204 年至公元前 111 年，赵佗的南越国存在了九十三年，传国五世。

---

① 西汉南越王博物馆编：《西汉南越王博物馆珍品图录》，文物出版社 2007 年版，第 100—102 页。

② 同上书，第 112—117 页。

③ 李林娜主编：《南越藏珍》，中华书局 2002 年版，第 48—49 页。

④ 西汉南越王博物馆编：《西汉南越王博物馆珍品图录》，文物出版社 2007 年版，第 40—41 页。

⑤ （汉）刘歆撰，（晋）葛洪集，向新阳、刘克任校注：《西京杂记校注》，上海古籍出版社 1991 版，第 137 页。

南越国是汉帝国的藩属国，没有内属，终有后患。随着南越国当地士族、南迁贵族两种政治势力消长，冲突终于爆发，最后，还是汉帝国出兵，协助平叛，顺便也收编了南越国。

秦朝建立时间短，汉朝只在岭南郡县治所建立统治据点，委派汉族官吏任郡守或县令，然后任命当地少数民族酋长或首领为王、侯、君长、邑长等，采用"以其故俗治"的政策去直接统治当地人民。经济上采用少纳税或不纳税的办法，象征性地表明一种隶属关系的存在。汉武帝曾明确在南方民族中建立初郡时，实行"毋赋税"政策，"汉连兵三岁，诛羌，灭南越，番禺以西至蜀南者置初郡十七，且以其故俗治，毋赋税。"① 用这种方法拉拢巩固统治。移汉人罪人屯田，以给军粮，加强汉族与少数民族之间的关系。选派廉吏，传授文化，开凿道路，岭南及雷州半岛逐渐开化。

由上可知，古雷州具有战略地位、经济地位，是物品交换之港口。秦至两汉时期，雷州半岛不能算一个繁华的地方，虽有徐闻港，有对内对外、陆地与海上贸易通道，但是半岛人口稀少，自然条件艰苦，不以耕种为主要食物来源，以交换稻米、采集螺、蚌、蚬、牡蛎等水产品为生，而善于渔猎，南越王墓出土陶网坠（为渔网构建，是渔网下面的坠子）共620件，说明秦汉时期，捕鱼业在经济上占有重要地位。② 有丰富的食物来源，南越王墓有竹鼠和荷花雀等野味出土。③ 食俗粗朴，且有"生食之"习俗。这种以渔猎为主、水稻种植为辅的原始农业经济，很长一段时间一直是雷州半岛的主要经济方式。随着半岛上往来人员的增多，民族成分的改变，汉越楚以及海外民族文化融汇必定带来饮食的交流。

---

① （汉）司马迁：《史记》卷九十七，中华书局 1959 年版，第 1440 页。

② 西汉南越王博物馆编：《西汉南越王博物馆珍品图录》，文物出版社 2007 年版，第 100—102 页。

③ 李林娜主编：《南越藏珍》，中华书局 2002 年版，第 131 页。

第四章 魏晋南北朝时期雷州半岛的饮食

第一节 半岛归属及人口状况

三国初期，交州远避战乱，刘表先派人占据交州，后来吴国和蜀国交替接管，因此，交州归属名称经常变更。

三国时，雷州半岛分属于吴国交州合浦郡（包括廉江、合浦）、珠崖郡（孙权更名珠官郡，孙亮复旧。下辖徐闻、遂溪、海康及海南诸县）、广州高凉郡（今吴川、茂名、电白等地）。[①] 当时珠崖郡仅有"户九百三十八"。[②] 吴国对交州有短暂统治，约 60 年。

太康元年（280 年），武帝司马炎派兵灭吴，将珠崖郡并入交州合浦郡（包括廉江、遂溪、海康、徐闻），雷州半岛分属于交州合浦郡和广州高凉郡（包括今吴川、坡头等地）。[③]

东晋十六国时，雷州半岛属于交州合浦郡，南朝齐属于越州齐康郡（包括徐闻、海康、遂溪等）、高兴郡（包括今吴川、湛江市区东北部分）。[④] 时越州辖地东到茂名、南括雷州半岛、西接钦州，北达容县一带，人口"户一千五百二十二"。[⑤] 公元 471 年，"（南朝）时西江都护陈伯绍为刺史，始立州镇，凿山为城，以威俚、獠。"[⑥] 这个城就是当时的越州城，位于广西浦北县。这是个四周由山岭构成的地势北高南低、具有天然轮廓的

---

① 谭其骧：《中国历史地图集》（第三册），中国地图出版社 1982 年版，第 30—31 页。
② （梁）沈约：《宋书》卷三十八，据文渊阁四库全书电子版引。
③ 谭其骧：《中国历史地图集》（第三册），中国地图出版社 1982 年版，第 57—58 页。
④ 谭其骧：《中国历史地图集》（第四册），中国地图出版社 1982 年版，第 31—32 页。
⑤ （后晋）刘昫：《旧唐书·卷四十一·岭南道》，据文渊阁四库全书电子版引。
⑥ 同上。

古城，建城时凿山为门，依山筑城墙，说明当时这一带少数民族人数多，经常下山抢掠，影响当地人生活，需要威慑。据此推测，魏晋南北朝时期此处及雷州半岛一带仍是民族杂居之地，"俚人在广州之南，苍梧、郁林、合浦、宁浦、高凉五郡"，① 人口仍以"俚"、"僚"等少数民族为主。

第二节　豪门士族与饮食

三国时期，大批的汉人为逃避战乱、寻找土地而陆续南迁，其中不乏豪族世家。岭南地理位置远离当时的政治中心，加上群雄逐鹿中原，无暇南顾，鞭长莫及。中央政权在岭南俚、僚人地区仅设立越职官，管辖城镇或中心区域，大片边远山区仍归少数民族首领统治，其中有些人吸收汉族文化，在"俚僚"社会里推行汉民之礼，最有代表性的人物当推洗夫人。

洗夫人（又称洗太夫人，岭南圣母），出生于梁武帝天监十一年（512年）高凉郡（今广东省茂名地区）南越俚人洗氏首领家庭中。南越首领，辖地千里，统领部落十余万家。洗夫人少年聪慧，自幼追随父兄逞强斗勇，经历过多次部族之间的械斗，颇有男儿气概，深谙行军布阵之法，在父母家时已能抚循部众，深受本族人民的信赖，海南儋耳一带的俚人一千多洞也来归附。洗夫人 24 岁时，北燕王裔罗州（今化州境内）刺史"闻其志行"，聘为其子高凉（今广东茂名高州一带）太守冯宝妇。洗夫人婚后，为了帮助"他乡羁旅"而在本地"号令不行"的夫家推行政令，便"诫约本宗"以服从政令，又常协助丈夫断决案件，秉公无私，使得"政令有序，人莫敢违"。② 南北朝时期是统一的封建帝国经历二百七十多年的长期大分裂、大混战，然后再复统一的时代，是国内各民族趋于大融合的时代，洗夫人在政治上顺应历史潮流，维护岭南的稳定统一，促进俚人社会发展，推行汉族文化、儒家之礼，为岭南地区社会相对稳定和经济发展

---

① （清）郝玉麟等修：《广东通志》卷五十七，台湾商务印书馆 1986 年影印本。
② （唐）李延寿：《北史》卷九十一，据文渊阁四库全书电子版引。

作出了巨大贡献。

这一时期，豪族渐起，交州在豪族世袭制和少数民族首领共同管辖下得到暂时安宁，经济、文化得到很大发展。大批南迁的汉人不仅带来了发达的中原文化，汉人的饮食民俗文化也对当地产生了巨大的影响。

一 士燮家族

据《三国志》记载，从汉末至三国，士燮家族祖孙三代，在交州任太守超过五十年，对雷州影响甚大。其父兄子弟"并列州郡，雄长一州"，其父士赐任日南太守，其弟士壹，任合浦太守，弟士（黄有）居徐闻令，后改领九真太守，弟士武领南海太守。《三国志·士燮传》说：

> 燮兄弟并为列郡，雄长一州，偏在万里，威尊无上。出入鸣钟磬，备具威仪，笳箫鼓吹，车骑满道，胡人夹毂焚烧香者常有数十。妻妾乘辎軿，子弟从兵骑，当时贵重，震服百蛮，尉他不足踰也。①

这是士家鼎盛时期的写照。士燮家族在本州岛威尊无上，出入鸣钟击磬，备具威仪。士燮能使土著震服，胡人也烧香敬拜。胡人应是指因商贸、传教或由于生活关系来交趾的东南亚及其他国家的人，如印度、阿拉伯人等。与南越王赵佗相比，士燮也不逊色。士家一家人当权，成为家族统治岭南的典型例子。

> 士燮字威彦，苍梧广信人（今广西梧州）也。其先本鲁国汶阳人，至王莽之乱，避地交州。六世至燮父赐，桓帝时为日南太守。燮少游学京师，事颍川刘子奇，治《左氏春秋》。察孝廉，补尚书郎，公事免官。父赐丧阕后，举茂才，除巫令，迁交趾太守。
>
> 燮体器宽厚，谦虚下士，中国士人往依避难者以百数。耽玩《春

---

① （晋）陈寿撰，（宋）裴松之注：《三国志卷四十九·吴书·士燮传》，中华书局1959年版，第1192—1193页。

秋》，为之注解。陈国袁徽与尚书令荀彧书曰："交趾士府君既学问优博，又达于从政，处大乱之中，保全一郡，二十余年疆埸无事，民不失业，羁旅之徒，皆蒙其庆，虽窦融保河西，曷以加之？官事小阕，辄玩习书传，《春秋左氏传》尤简练精微，吾数以咨问传中诸疑，皆有师说，意思甚密。又尚书兼通古今，大义详备。闻京师古今之学，是非忿争，今欲条左氏、尚书长义上之。"其见称如此。①

我们从上述两段文字可以推测：

（1）西汉末年王莽之乱，有许多家族避乱岭南，士燮家族就是其中之一，到他这代已是第六代，变成苍梧广信人。其先祖本是山东鲁国汶阳人，史上称其为"土著"家族，表明汉人已自觉融入当地人中，自认为是其中一员。

（2）士燮少时游学京师，学中原文化，治《左氏春秋》，察孝廉，举茂才，除巫令，因为人品优秀，才被任命为交趾太守。那时，中原礼仪、文化（包括饮食文化）已经影响雷州半岛。中原风气渐入雷州。

（3）士燮因为谦虚礼待士人，身边聚集了一批避乱岭南的文化人与谙熟中原文化的"中国士人"。时人认为在群雄中原逐鹿时，他可以成就一番事业。

（4）交州在他的家族的治理下，二十多年"疆埸无事，民不失业，羁旅之徒，皆蒙其庆"，百姓安居乐业。

士燮家族一直与孙权保持友好关系，每年都给朝廷贡献奇珍异果。雷州半岛当时闻名的有明珠、大贝、琉璃、翡翠、玳瑁、犀、象之珍，蕉、椰子、龙眼等奇物异果。"燮每遣使诣权，致杂香细葛，辄以千数；明珠、大贝、流离、翡翠、玳瑁、犀、象之珍；奇物异果，蕉、邪、龙眼之属，无岁不至。"他的弟弟士壹"时贡马凡数百匹"。②孙权每次都赍书答礼，厚加宠赐，以答慰士氏兄弟。

---

① （晋）陈寿撰，（宋）裴松之注：《三国志卷四十九·吴书·士燮传》，中华书局1959年版，第1192—1193页。

② 同上。

当时，"越多桔柚，岁多桔税，谓之橙桔户。亦曰桔籍。"① 越州产桔子柚子，专门种桔柚的人称为橙桔户或者桔籍，中央政权每年向越州征收桔税，故自汉武帝开始，"交趾有桔官长一人，秩二百石，主贡御橘。吴黄武中，交趾太守士燮，献桔十七实同一蒂，以为瑞异，群臣毕贺。"②

士燮虽归附孙权，但他的部下、亲属却不断抗拒朝廷。后士燮之子士徽领九真郡，因不满新任命的交州刺吏的管辖，发动叛乱。孙权派薛综和刺史吕岱率兵三千，自广州南下，日夜渡海，经过合浦，攻九真，平息了那场叛乱。

二 薛综评价

关于南越的情况，自小避地交州并在交州作过多年郡守的薛综，描述最为详细。

薛综字敬文，沛郡竹邑人也，少时与族人一起避乱交州，士燮依附孙权后，聘请薛综为五官中郎（将），帮助士燮集团铲除合浦、交趾太守。当时岭南一带刚刚开化，"时交土始开"。③ 薛综在岭南待的时间较长，对当地情况比较了解。在他帮助士燮给孙权上疏介绍岭南、交州一代地理位置重要性及怀柔政策必要性时，对岭南、雷州有详细描述：

> 山川长远，习俗不齐。言语同异，重译乃通。民如禽兽，长幼无
> 别。椎结徒跣，贯头左衽。长吏之设，虽有若无。自斯以来，颇徙中
> 国罪人杂居其间，稍使学书，粗知言语，使驿往来，观见礼化。及后
> 锡光为交趾，任延为九真太守，乃教其耕犁，使之冠履；为设媒官，
> 始知聘娶；建立学校，导之经义。④

---

① （宋）曾慥编纂，王汝涛等校注：《类说校注·述异记》上册，福建人民出版社 1996 年版，第 244 页。

② （明）陶宗仪：《说郛》卷一百四下，据文渊阁四库全书电子版引。

③ （晋）陈寿撰，（宋）裴松之注：《三国志卷五十三·吴书·薛综传》，中华书局 1959 年版，第 1250—1253 页。

④ 同上。

交州一带原来习俗不齐，民风粗朴，言语不通，老百姓的生活与动物无异，没有长幼之别，官吏形同虚设，"民如禽兽，长幼无别"，"长吏之设，虽有若无"，衣着也以方便为主，"椎结徒跣，贯头左衽"，是一个多民族聚居地。"汉武帝诛吕嘉，开九郡"之后，派来的刺史、太守开始教导百姓耕稼，设置官媒，建立学校，着冠履，定聘娶，变风气，化风俗。但直到三国时并无多大改变，依然遵循男女自相婚配、兄死妻嫂等习俗，较之汉人父母主婚、寡妇守节更难约束。

当时，雷州半岛对中国的贡献主要是提供奇珍异宝，"贵致远珍名珠、香药、象牙、犀角、玳瑁、珊瑚、琉璃、鹦鹉、翡翠、孔雀，奇物充备宝玩，不必仰其赋入，以益中国也。"薛综认为，除了奇珍异宝，雷州地区对中国没有多少贡献。当地的饮食是"鱼一枚收稻一斛，"即饭稻羹鱼的生活。

后来果然因为这些奇珍异宝，孙权先后派布骘、吕岱把交州太守之权夺回来，掠夺人、财物，作为吴国的大后方。当地经常是"山贼并出，攻州突郡"，"强赋于民"，百姓是走了豺狼，又遇虎豹，战争、争夺不断，"百姓怨叛"。"今日交州虽名粗定，尚有高凉宿贼，其南海、苍梧、郁林、珠官四郡，界未绥，依作寇盗，专为亡叛逋逃之薮。"[1] 薛综指出，雷州半岛及周边地区既动荡未定，还是亡命之徒的躲藏地，他认为应慎选刺史，以检摄岭南。

三　陆胤改革

陆胤，吴郡吴（今江苏苏州）人，上大将军陆逊的族子。"胤为交州刺史、安南校尉"[2] 时，恩威并施，让流民归附，招降高凉渠帅黄吴等支党三千余家。又引军而南，重施招降手法，并向他们散发财币，"以恩信服人"。他在交州十多年，颇受好评：

---

[1] （晋）陈寿撰，（宋）裴松之注：《三国志卷五十三·吴书·薛综传》，中华书局1959年版，第1250—1253页。

[2] （晋）陈寿撰，（宋）裴松之注：《三国志卷六十一·吴书·陆胤传》，中华书局1959年版，第1409—1410页。

奉宣朝恩，流民归附，海隅肃清。苍梧、南海，岁有旧风瘴气之害，风则折木，飞砂转石；气则雾郁，飞鸟不经。自胤至州，风气绝息，商旅平行，民无疾疫，田稼丰稔。州治临海，海流秋咸，胤又畜水，民得甘食。惠风横被，化感人神，遂凭天威，招合遗散。①

交州自然条件恶劣，瘴气、台风能削木，飞沙转石，是一个"飞鸟不经"的地方。种田海水倒灌，过去钦州、雷州、珠崖一带，"其地无泉，民不作井，皆仰树汁为用。"② 真正是靠天吃饭。陆胤引导泉水灌溉农田，造福于当地百姓，交州的经济文化得到发展。直到现在，雷州还有用井水、泉水灌溉农田的习俗。

"（陆胤）衔命在州，十有余年，宾带殊俗，宝玩所生，而内无粉黛附珠之妾，家无文甲犀象之珍。"陆胤奉命在州府任职十多年，虽然他周围的官员、宾客都遵循当地独特的风俗，还是在珍宝赏玩之物的特产地，而陆胤的内室无装饰粉黛珠宝的妻妾，家中也无玳瑁、犀角、象牙之类的珍宝。及至他接到诏书将要离开交州时，百姓感念他的恩德，颂扬他忘却眷恋的故土，扶老携幼，甘心如影随行。"至被诏书当出，民感其恩，以忘恋土，负老携幼，甘心景从。"从来诸将集合民众，都以威力相胁迫，没有像陆胤这样能用恩德信义来笼住人心的。《三国志》评他为良牧，良吏："胤身絜事济，着称南土，可谓良牧矣。""方之今臣实难多得"。③

四　陶璜威恩

陶璜，字世英，丹阳秣陵人。"父基，吴交州刺史。璜仕吴历显位。"④

---

① （晋）陈寿撰，（宋）裴松之注：《三国志卷六十一·吴书·陆胤传》，中华书局1959年版，第1409—1410页。

② 江畲经编辑：《历代小说笔记选·（唐）段成式撰·酉阳杂俎》卷四，上海书店1983年版，第33页。

③ （晋）陈寿撰，（宋）裴松之注：《三国志卷六十一·吴书·陆胤传》，中华书局1959年版，第1409—1410页。

④ （唐）房玄龄等：《晋书》卷五十七陶璜传，吉林人民出版社1995年版，第920—923页。

从陶璜父亲开始，家族五人先后为交州刺史，传至四世，陶璜自己在任三十年。陶氏家族成为交州的世袭地方势力，朝廷无力过问，家族成员自相替换州刺史之位，或因父辈名声被人拥戴。

"璜有谋策，周穷好施，能得人心。滕修数讨南贼，不能制。璜曰：'南岸仰吾盐铁，断勿与市，皆坏为田器，如此二年，可一战而灭也。'修从之，果破贼。"① 陶璜对岭南非常了解，他知道南方缺铁和盐，在战无攻克时，他出主意断绝南方的铁和盐，让南方不战而降。这里的"南贼"，指的就是雷州半岛的俚僚之人。汉时雷州半岛居民以采珠为生，缺少铁器，农业生产落后，汉朝高后吕氏曾下令禁止向南越国流通金铁铜器，牲畜交易卖牡不卖牝，乘机削弱南越国的力量。到了晋代，雷州半岛的农业、种植业仍不发达，一直依赖与中原的交换。陶璜了解这一情况，他建议帮助滕修平定雷州半岛。后"刺史邓岳大开鼓铸，诸夷因此知造兵器"。② 从此，冶炼不发达的南土，不仅会造兵器，农业生产工具也多起来。

晋武帝平吴之后，以为天下大定，想减州郡兵，避免重蹈地方割据覆辙。陶璜上书反对，历数交州当时的情况：

> 交土荒裔，斗绝一方，或重译而言，连带山海。又南郡去州海行千有余里，外距林邑才七百里。夷帅范熊世为逋寇，自称为王，数攻百姓。且连接扶南，种类猥多，朋党相倚，负险不宾。往隶吴时，数作寇逆，攻破郡县，杀害长吏。臣以尫驽，昔为故国所采，偏戍在南，十有余年。虽前后征讨，翦其魁桀，深山僻穴，尚有遗窜。又臣所统之卒本七千余人，南土温湿，多有气毒，加累年征讨，死亡减耗，其见者二千四百二十人。今四海混同，无思不服，当卷甲消刃，礼乐是务。而此州之人，识义者寡，厌其安乐，好为祸乱。又广州南岸，周旋六千余里，不宾属者乃五万余户，及

---

① （唐）房玄龄等：《晋书》卷五十七陶璜传，吉林人民出版社 1995 年版，第 920—923 页。

② （唐）房玄龄等：《晋书》卷三七庾翼传，吉林人民出版社 1995 年版，第 625 页。

桂林不羁之辈，复当万户。至于服从官役，才五千余家。二州唇齿，唯兵是镇。①

陶璜不同意在交州减州郡兵，理由有下面几点：

（1）交州地处蛮荒，交通不便，内部情况复杂，距日南海行千余里，距林邑国才七百里。此处多次被寇逆攻破，他们杀害长吏、百姓，故须驻兵防守。

（2）自他任交州刺史后的十多年，虽对不臣服的各族多次征讨，尚有逃匿深山避入洞穴的，"深山僻穴，尚有逋窜。"

（3）南土温湿，多有"气毒"，这要人命的气候加上连年征讨，七千余士兵现剩下二千四百二十人。

（4）交、广二州之人，"好为祸乱"，不宾属者计有六万余户，服从官役的才五千余家，纳税少，服从管制的少；且二州唇齿相依，只能留兵驻守。

晋武帝后来同意了他的请求，交州成了不罢兵的特殊区域。

三国吴时，统治者为了独占好珠，实行珠禁。"吴时珠禁甚严，虑百姓私散好珠，禁绝来去，人以饥困。"② 除不准百姓私采珠外，还限制商贾往来合浦，百姓生活遭受很大困难。后交州刺史陶璜请求晋武帝解除珠禁，容许百姓采珠，恢复雷州、合浦以珠换米的生活习俗。他提出百姓采得珍珠分三等，按比例归官府和采珠者所得，如果不是上等珍珠，允许商贾往来自由买卖，"非采上珠之时，听商旅往来如旧。"③ 于是，雷州又恢复商贾往来的热闹景象。

陶璜在岭南三十年，推测还有不少德政，《晋书·陶璜传》说他"维恩着于殊俗。及卒，举州号哭，如丧慈亲"。④ 说明百姓记着他的好处。

由《三国志》、《晋书》等相关记载，我们还可以推测：经过上述几位

①　（唐）房玄龄等：《晋书》卷五十七陶璜传，吉林人民出版社 1995 年版，第 920—923 页。
②　同上。
③　同上。
④　同上。

良臣在岭南、交州的治理，南越生产、文化得到很大发展。虽然当时交州、雷州动乱，流动人口居多，种地的农民少，但是经过魏晋至南北朝开发，雷州半岛进入汉文化与百越文化的交融时代。

五　卢循蛋民

卢循本范阳大族，河北涿州人。卢循的父祖属于较晚渡江投奔东晋者，故未受朝廷重用。东晋安帝时，爆发了孙恩起义。后孙恩败死，众推孙恩妹夫卢循为首领。卢循破番禺（今广州），自称平南将军。卢循占领广州时，东晋统治集团内部也在惊心动魄地厮杀：桓玄禅代称帝，诛黜宰辅，肆行无道；刘裕自京口起兵，击败桓玄，重新迎立晋安帝。当刘裕掌握朝政后，在义熙元年（405 年）四月，卢循遣使建康，贡献礼品，以示臣服。刘裕因朝廷新定，无暇征讨，且岭南远离政治中心，于是顺势任命卢循为征虏将军、平越中郎将、广州刺史，这种任命和受命不过是双方的权宜之计。卢循向朝廷贡献时，也给刘裕送了一个特别的小礼物。《三十六国春秋》曰：

> 安帝义熙元年（405 年），卢循为广州刺史。循遗裕益智粽，裕乃答以续命汤。①

据《南方草物状》云："智子如笔毫，长七八分，二月花色若莲，着实五六月熟，味辛，杂五味，中芬芳，亦可盐曝，出交趾、合浦。"② 雷州海康郡（今雷州市、徐闻县、遂溪县）"出乌药，高良姜，益智子，海桐皮"③。"土产……廉水吴川中多益智子。"④ 可知益智子不仅是岭南特产，也是雷州半岛特产，还是贡品，仅海康县一年"贡益智子一百二

---

① （唐）欧阳询：《艺文类聚》卷八十七"益智"，据文渊阁四库全书电子版引。
② （晋）嵇含：《南方草木状》卷中，据文渊阁四库全书电子版引。
③ （宋）乐史：《太平寰宇记》卷一百六十九，卷一百六十七，据文渊阁四库全书电子版引。
④ 同上。

十斤。"① 之所以叫益智子，并不是吃了能益人智力，而是该物可以预测谷物丰歉，说它是一种有智植物罢了。益智子开花之后果实结成长穗，分为上中下三节，如果下节成熟，那么预示着早稻丰收，上节成熟预示着晚稻丰收，很少有三节果实一起成熟的，年成不好则都不结果实。顾徽《广州记》曰："益智叶如襄荷，茎如竹箭，子从心出，一枝有十子。子肉白滑，四破去之，取外皮，蜜煮为粽，味辛。"益智子粽在当时是岭南流行食品，常作馈赠之用，"建安八年，交州刺史张津尝以益智子粽饷魏武帝。"② 卢循也曾以益智粽赠慧远法师，慧远法师答卢循书曰："损饷六种，深抱情至。益智乃是一方异味，即于僧中行之。"③ 卢循赠所谓"益智粽"给刘裕，推测名为奉献，实为益智子辛辣，吞食不易的贬戏。刘裕亦反唇相讥，送还"续命汤"。俗以五月五日以五色丝系臂，可延年益寿，暗示兵机。《荆楚岁时记》云："五月五日以五色丝缠臂，曰长命缕。"④

　　岭南当时只种水稻，主食是米饭，没有面食。"卢循为广州，州无面，每得分饷，未周遍文武，则不食也，其人如此。"菜肴只有"菜及干鱼而已"。⑤ 干鱼是用海边的盐直接腌制，晒干，埋于地下，冬季随时取用，或者蒸食，不放盐油，或者煲汤。那时，鱼还有另一种吃法，颇费工时，即去骨存肉，"帐下人进鱼，每剔去骨存肉"。⑥

　　岭南人常喝羹。梁朝宗室萧劢在广州任刺史时，喜欢喝羹，"左右尝将羹至胸前翻之，颜色不异，徐呼更衣"。⑦ 因为夏天气候炎热，岭南州县现在仍有饭前喝汤、主食喝粥的习惯。

　　后刘裕派兵攻打广州，卢循向南撤退，攻克合浦，退往交州，"循乃

　　① （清）刘邦柄纂：《中国地方志集成 44·广东府县志辑·（嘉庆）海康县志》，上海书店出版社 2003 年版，第 31 页。
　　② （晋）稽含：《南方草木状》卷中，据文渊阁四库全书电子版引。
　　③ （唐）欧阳询：《艺文类聚》卷八十七"益智"，据文渊阁四库全书电子版引。
　　④ （宋）曾慥编纂，王汝涛等校注：《类说校注·荆楚岁时记》上册，福建人民出版社 1996 年版，第 171 页。
　　⑤ （宋）李昉等：《太平御览》卷 280"抚士"引，据文渊阁四库全书电子版引。
　　⑥ （唐）房玄龄等：《晋书》卷 90 吴隐之传，吉林人民出版社 1995 年版，第 1412—1415 页。
　　⑦ （唐）李延寿：《南史》卷五十一萧劢传，中华书局 1997 年版，第 841 页。

袭合浦，克之，进攻交州。至龙编（今越南慈仙、仙越地区），刺史杜慧度谲而败之。"① 卢循被刺史用计攻克，最后在龙编兵败，投水自尽。

据说卢循的溃兵，逃到海上继续抵抗，南方有被称为"疍民"的一族，传说为卢循余党的后裔。卢循与疍民的关系，《岭表录异》有记载："卢亭者，卢循。昔据广州，既败，余党奔如海岛。野居，唯食蚝蛎，迭壳为墙壁。"②《岭外代答》还说："广州有蜑一种，名曰卢停，善水战。"③岭南人认为，广州以南至雷州半岛一带的"卢亭"或"卢停"就是卢循的余党，他们溃败后奔向海岛，或停海边，"野居唯食蚝蛎"，或住船上，或住的是"迭壳为墙壁"，即用蚝壳砌成的墙为房屋，善于水中作战。也许本来也有少数民族在海岛、岸边居住，卢循的溃兵加入，加上卢循在广东的影响，人们合并附会讲述疍民的来历。

"蜒"与"蜑、疍、蛋"相通，蜒民即疍民，意即生活在水上的人，或从水上而来的人，历史上又称他们为蜒、蜒蛮、卢亭、蛋户、蛋民、蛋家。现代汉语词典的解释是"疍同蛋，疍民，水上居民的旧称"。指在广东、福建、广西沿海和内河上从事渔业或水上运输的居民，多以船为家。大约自先秦时代开始，在我国东南沿海地区，除越族之外，又出现了一种新的民族群体，便是"疍族"。关于"疍族"先祖的具体由来问题，学术界历来说法不一，大致认为是古越人的后代，逐渐被迫迁移至水上或海岛生活。蛋人俱善没水，旧时绣面文身，以像蛟龙，具有与古越族相同的断发文身习俗。因最初汉人见疍民使用一种特殊形式船只，船首尾皆尖高，船身平阔，其形似蛋，故称"疍船"。又因其生活在船上，以船为家，故又称"疍家"。清代学者屈大均在《广东新语》一书中曾经说过："诸蛋以艇为家，是曰疍家。"④ "蜒"在史书上的记载最早，《岭外代答》卷三："蜑蛮。以舟为室，视水如陆，浮生江海者，蜑也。钦之蜑有三：一为渔蜑，善举网第第垂纶。二为蚝蜑，善没海取蚝。三为木蜑，善伐山取材。

---

① （唐）房玄龄等：《晋书》卷100卢循传，吉林人民出版社1995年版，第1593—1595页。

② （唐）刘恂：《岭表录异》卷中，据文渊阁四库全书电子版引。

③ （宋）周去非著，杨武泉校注：《岭外代答校注》，中华书局1999年版，第116页。

④ （清）屈大均：《广东新语》下册，中华书局1985年版，第484页。

凡蜑极贫，衣皆鹑结。得掬米，妻子共之。"① "蜑"称为"蛮"，体现汉人对蜑的误解与歧视。唐代，把"猺"、"黎"、"蜑"都称为"蛮"，"曰猺，曰黎，曰蜑，通谓之蛮"。② 周去非在广西待的时间比较长，曾两次在钦州任教授，他对钦州的记载应该是准确的。故据此推测与钦州相近、地理环境相似的雷州也有"蜑"，主要是靠捕鱼、采珠为生。"蜑。海上水居蛮也。以舟楫为家，采海物为生，且生食之。入水能视，合浦珠池蚌蛤，唯蜑能没水探取。"③

早期的蜑民，游离于中央政府的"编户"之外，"晋时不宾服者，五万余户。自唐以来，计丁输粮，明洪武初，编户立里长，属河泊所，岁收鱼课。"④ 蛋家一直过着悲惨的生活："蛋家不与通婚，亦不许陆居，朝夕惟局蹐舟中，所得鱼仅充一饱，男女衣不盖肤。"⑤ 在船上煮食困难，蛋家于是形成了生食习俗，他们靠卖鱼买米过活，吃得差，常用小鱼、菜头、野菜、蟛蜞做饯；捕鱼所得仅能勉强维持生活，食不果腹，衣不遮体，难怪有首《蜑户》诗云："天公分付水生涯，从小教他踏浪花。煮蟹当粮那识米，缉蕉为布不须纱。"⑥ 不准他们上岸，不与陆地人通婚，早晚都蹲在局促的船上，还要缴纳鱼税。后来，蜑民同化于汉族的程度越来越深而逐渐失去了少数民族特色，自明代初年起，"蜑族"已不再属于少数民族，成为汉族的一部分。新中国成立后，蜑民划归汉族，享有通婚、岸上定居、上学的权利，于是蜑民陆续上岸定居。

1949 年以前，徐闻、雷州均有蜑民，如徐闻有蚝壳砌的房屋，沿海五里乡、角尾乡、西连镇等处分布不少珊瑚村、蚝壳屋，采用海中的珊瑚石、吃过的蚝壳作为建筑材料，一段段一节节一枚枚叠砌起来，构成屋墙。雷州有蜑民捕鲸队，他们或在浅海捕捞或深海冒险，捕得鱼虾靠近海

---

① （宋）周去非著，杨武泉校注：《岭外代答校注》，中华书局 1999 年版，第 115 页。

② （宋）范成大撰，孔凡礼点校：《范成大笔记六种·桂海虞衡志》，中华书局 2002 年版，第 134 页。

③ 同上书，第 160 页。

④ （清）郝玉麟等修：《广东通志》卷五十七，台湾商务印书馆 1986 年影印本。

⑤ 同上。

⑥ （宋）杨万里：《诚斋集》卷十六，据文渊阁四库全书电子版引。

岸叫卖，卖完又从岸上汲水返船，起锚归海。俗谚"出海三分命，上岸低头行，坐无立足所，死无葬身地"，这就是疍家人旧社会悲惨命运的写照。据考证，疍民祖籍多为阳江、番禺、顺德、南海等县的水上人家，现在主要分布在广东的番禺、顺德、南海、阳江、雷州，广西的北海、防城港，海南三亚等沿海地区。

　　总之，魏晋至南北朝时期，雷州半岛的主要居民是土著居民，是古越族人，主要是壮族、瑶族、黎族、疍民的先民，同时，中原人大量移居岭南、雷州半岛，他们起先觉得岭南风情异域，饮食风俗粗朴，觉得一切都很新奇，但是，随着定居时间延长至几代人，或者由于入乡随俗，或者由于治理的需要，中原人由客居逐渐自觉融入当地生活，自称当地士族大家，接受了具有异域风情的饮食习俗。

第五章 隋唐时期雷州半岛的饮食

第一节 政治归属与民族杂居

隋朝，前后约 37 年，虽然时间不长，却是一个多民族文化交融的统一国家。当时，雷州半岛属于岭南诸郡中的合浦郡和高凉郡。[①] 合浦郡"大业初改为禄州，寻改为合州"，[②] 不久又改为合浦。合浦郡当时统县十一，包括合浦、海康、隋康（徐闻）、扇沙（遂溪、湛江部分）、铁杷（今湛江市区）等雷州半岛大部分及今广西合浦、钦州地区，"户二万八千六百九十"，[③] 平均每县户二千六百零八。高凉郡统县九，包括现在的吴川、茂名部分等雷州半岛东北部地区，"户九千九百一十七"。[④] 开皇九年（589年），海康、吴川县名始用。

唐朝，前后约 300 年，"方舆志曰：雷州，海康郡，秦属象郡地，二汉以后并属合浦郡，梁分置合州，大同末为南合州，隋炀帝初废，唐为雷州。"[⑤] 雷州半岛唐时属于岭南道东部雷州（"雷州"名第一次出现，州址海康，包括徐闻、遂溪、海康三县）、罗州（包括廉江、吴川，唐武德五年属罗州，六年改为辩州[⑥]）、廉州（包括合浦、遂溪一部分）。雷州人口大约"户四千三百二十，口二万五百七十二"，[⑦] 加上半岛东北部的吴川、

---

① 谭其骧：《中国历史地图集》（第五册），中国地图出版社 1982 年版，第 24—25 页。
② （唐）魏征等：《隋书》卷三十一，据文渊阁四库全书电子版引。
③ 同上。
④ 同上。
⑤ （宋）李昉等：《太平御览》卷一百七十二，据文渊阁四库全书电子版引。
⑥ （宋）乐史：《太平寰宇记》卷一百六十七，据文渊阁四库全书电子版引。
⑦ （宋）欧阳修：《新唐书》卷四十三上，据文渊阁四库全书电子版引。

湛江市区等地，半岛人口约三万人。据《雷州府志》记载，"遂溪"是取"溪水合流，民利遂之"之意，自唐朝天宝二年（743年）始置县。雷州半岛现今使用的地域名称在唐代基本确立。

正因为人少地广，更多人落户岭南及雷州半岛。

> 晋自中原丧乱，元帝寓居江左，百姓之自拔南奔者，并谓之侨人。皆取旧壤之名，侨立郡县。往往散居，无有土著。……诸蛮陬俚洞，沾沐王化者，各随轻重，收其赆物，以禆国用。又岭外酋帅，因生口翡翠明珠犀象之饶，雄于乡曲者，朝廷多因而署之，以收其利。历宋、齐、梁、陈，皆因而不改。①

晋之后中原动乱，中央丧失对地方的控制，中原人流落岭南及雷州半岛，有些地方根本没有土著，汉人直接居住，用原住地的地名命名新地方，散落侨居在南方，自称"侨人"——侨居他乡之人。当地许多人"不乐州县编户者，谓之浮浪人"。② 汉人与少数民族开始形成大杂居、小聚居的格局。

唐朝延续汉代对南方民族实行"毋赋税"，或半赋税、轻赋税政策，"凡岭南诸州税米者……若夷獠之户，皆从半输"。③ 对诸蛮俚洞及岭外酋帅征税只是"乐输亦无定数"，④ 象征性地征收，他们想纳多少就纳多少。同时，朝廷还经常赏赐边疆部落首领，用以安抚边境。少数民族与汉族之间，少数民族之间，由于地域相邻，互相渗透，饮食风俗既有独特性，又慢慢融合到一起。

---

① （唐）魏征等：《隋书》卷二十四，据文渊阁四库全书电子版引。
② 同上。
③ （唐）张九龄等：《唐六典》卷三引，据文渊阁四库全书电子版引。
④ （唐）魏征等：《隋书》卷二十四，据文渊阁四库全书电子版引。

第二节 少数民族饮食风俗

一 雷州风俗

下面这段文字反映雷州半岛当时情况：

> 自岭已南二十余郡，大率土地下湿，皆多瘴厉，人尤夭折。南海、交趾，各一都会也，并所处近海，多犀、象、玳瑁、珠玑，奇异珍玮。故商贾至者，多取富焉。其人性并轻悍，易兴逆节；椎结踑踞，乃其旧风。其俚人则质直尚信，诸蛮则勇敢自立。皆重贿轻死，唯富为雄。巢居崖处，尽力农事。刻木以为符契，言誓则至死不改。父子别业，父贫，乃有质身于子，诸獠皆然。并铸铜为大鼓，初成，悬于庭中，置酒以招同类。来者有豪富子女，则以金银为大钗，执以叩鼓，竟乃留遗主人，名为铜鼓钗。俗好相杀，多构仇怨，欲相攻则鸣此鼓，到者如云。有鼓者号为"都老"，群情推服。①

从上面这段文字可以推测：

（1）气候：土地潮湿，"皆多瘴厉，人尤夭折"，长寿者不多。

（2）物产：珍宝众多，如犀牛角、象角、玳瑁、珍珠等，"故商贾至者，多取富焉。"除了避乱岭南的人员外，最早到这来的人是为了购买奇异珍宝的。

（3）人员构成：有"俚"、"诸蛮"、"商贾"，表明当地民族多样化。

（4）习俗："巢居崖处，尽力农事"，居处为干栏式建筑，主要从事农业生产活动。

南方旧俗："火耕水耨，土地卑湿，无有蓄积之资。"② 没有大富大贵之家，亦无饿莩于野。岭南人品行质朴守信，"言誓则至死不改"。好斗，

---

① （唐）魏征等：《隋书》卷三十一，据文渊阁四库全书电子版引。
② （唐）魏征等：《隋书》卷二十四，据文渊阁四库全书电子版引。

不怕死，"皆重贿轻死"，"俗好相杀，多构仇怨"。尊卑不分，长幼无别，"父子别业，父贫，乃有质身于子"。喜欢喝酒，喜欢聚饮，"铸铜为大鼓，初成，悬于庭中，置酒以招同类"。每每喝酒，还会击鼓为乐，女子也能参加集体聚会，豪富子女会用金银大钗击鼓，聚会后把这把大钗留下送给主人，这就叫"铜鼓钗"。"来者有豪富子女，则以金银为大钗，执以叩鼓，竟乃留遗主人，名为铜鼓钗。"

二　海产品

唐时，雷州半岛正处于民族融合时期，各民族习俗颇不相同，有更多的人注意到岭南风物与中原不同，因此撰写了一批关于岭南风情的著述，可惜多数散失，现存仅见刘恂的《岭表录异》与段公路的《北户录》，成为今人了解唐代岭南的重要著述。

《岭表录异》和《北户录》都是作者在岭南做官或游历期间所见所闻之记载，同系记述岭南的异物奇事，内容详尽、奇特，是了解唐代岭南社会风俗的重要资料。《岭表录异》百分之六十以上的内容与饮食有关，记载博赡，文章古雅，于虫鱼草木，所录尤繁。其中记载最多的是岭南人的食物，尤其是各种鱼虾、海蟹、蚌蛤的形状、滋味和烹制方法，反映当时南方人对水域生物的认识和食用已很广泛。岭南人喜食的各类水果、禽虫也有记述，是研究一千多年前我国南方饮食风貌的重要资料。《北户录》描述了各种动物、器物、植物等，还有当地各种独特的食品和民间各种占卜方法，在当时就已经很稀奇。其中有：

（一）海鳅鱼

海鳅，即海上最伟者也。其小者亦千余尺，吞舟之说固非谬也。每岁广州常发铜船过安南货易，路经调黎，深阔处或见十余山，或出或没。篙工曰："非山岛，鳅鱼背也。"双目闪烁，髻鬣若簇朱旗。日中忽雨霖霂，舟子曰：此鳅鱼喷气，水散于空，风势吹来若雨耳。近鱼即鼓船而噪，倏尔而没。交趾回，乃舍舟取雷州缘岸而归，不惮苦辛，盖避海鳅之难也。乃静思曰：设使老鳅瞋目张喙，我舟若一叶之坠窅井耳！宁得不皓首乎？①

"调黎"指的是雷州半岛沿海一带。海鳅即"海鳅鱼"，俗名"海龙翁"，或称"海公"，今学名叫"鲸"。海龙翁"大如屋宇"。这种鱼声如雷，气如风，喷沫如雨雾，最小的也有上千尺，能张口吞没小舟，往往母带子成群结队地出现，远远望见像海中小岛，可那不是岛是鲸鱼脊背。鲸鱼喷出的水雾就像晴空降雨，渔民避之犹恐不及。若不幸狭路相遇，即在船上播鼓驱赶，鱼怕鼓，可谓物类相克，一物降一物。

雷地的渔猎习俗也很有特色，捕"海龙翁"时，"蛋户（渔民）用长绳系铁枪掷击之，谓之下标。三下标乃得。次标最险，盖首标尚未知痛也，末标后犹负痛行数日，船而尾之，俟其困毙，连船曳绳至水浅处始屠……首下标者得头节，次得中节，三得尾节。"捕"海龙翁"用长绳系铁枪远远投掷，瞄准它的上、中、下三段投标，三标投中即可捕获鲸鱼。第二标最险，因为第一标鲸鱼未觉疼痛，第二标觉得疼痛难忍，拼命反抗，这时容易伤及捕鱼船。第三标投中之后，渔船尾随带标负痛的鲸鱼，直到鲸鱼精疲力竭，流血而死，渔民拽着三股带标绳把鲸拖到岸边宰割。"鱼之肉载十余船，货钱百万。"②在没有大型机械捕获巨鲸的时代，当地百姓从生活中找到最经济的捕获方法，我们不得不佩服他们的劳动智慧。"首下标者得头节，次得中节，三得尾节"，其余分而食之，谋食方式也保持原始饮食文化特点——平均分配。在原始狩猎阶段，猎获物属于公有，除部分用于奖励外，其余的参加狩猎的人或全氏族平均分配，雷州渔民在捕"海龙翁"时，就采取这种近乎平均分配的方式。

雷州半岛沿海多产鲸，鲸鱼出现在浅水区域，在历史上屡见不鲜。如《海康县续志》载，康熙年间，有鲸鱼乘潮进入南渡河内港，"触石而死"，村民用绳把它拉上岸，想争夺食之，为避"不祥"，雷州知府吴盛藻命将鲸鱼埋葬，并筑鱼冢（墓）于"南渡城之南十余里"，知府还为此撰写

---

① （唐）刘恂：《岭表录异》卷上，据文渊阁四库全书电子版引。

② （清）雷学海修，陈昌齐等纂：《中国地方志集成43·广东府县志辑·（嘉庆）雷州府志》，上海书店出版社2003年版，第95页。

《大鱼冢记》。① 近数十年，雷州海域及吴川近海，发现有数只鲸鱼在海岸搁浅死亡，这说明雷州沿海至今仍是鲸鱼活动频繁的地方。

自明朝起，雷州府的捕鲸已远近闻名。鲸鱼"无鳞，皮黑色，厚寸许，肉可炼油"，② 鲸鱼脂肪非常丰富，厚达十几至几十厘米，渔民很早已会用鲸脂制油，作为渔业实物税，向朝廷进贡。古时用鲸油点灯照明，无烟无臭耐用，是宫廷最为欢迎的贡品。据记载，明洪武二十四年（1391年），海康县税收鲸油就有"八百二十七斤五两六钱"，③ 遂溪县进贡最多，税收鱼油"一千五百一十二斤十两八钱"，④ 到明弘治十五年（1502年），海康县又加"鱼油三百二十五斤"。⑤

雷州过去还有鲸鱼斗"雷公"的趣事。《海康县志》这样记述："唐开元末，雷州有雷与鲸斗，时当白昼，天地晦冥，大雨淫注。海边居民从旁窥伺，只见雷公数十盘旋，或纵火，或下击，状甚可怖。海中波浪滔滔，鲸鱼出水者数，如海山之陡起也。逾时风平浪静，天宇亦晴朗，唯海水尽赤焉。"⑥ 距今1200年前的唐代开元末年，雷州半岛海面出现过一场鲸鱼斗"雷公"的奇异自然景观。那时，恰逢雷雨季节，天空乌云密布，暴雨如注，电闪雷鸣。"雷公"纵横数十里向游近浅海区域的鲸鱼群发动"攻击"，白昼转瞬变得天昏地暗；鲸鱼群也不甘示弱，它们以半身或全身跃出水面，似乎水中突然出现高山，它们鼻子朝天喷出"水柱"，开始反击。雷声、闪电屡屡从鲸鱼遨游区掠过。鲸鱼斗"雷公"的趣事虽然是大自然的安排，但也为天涯海角的古雷州涂上一层奇幻、神秘、有趣的色彩。

---

① 梁成久纂修，陈景棻续修：《中国地方志集成45·广东府县志辑·（民国）海康县续志》，上海书店出版社2003年版，第503页。

② （清）刘邦柄纂：《中国地方志集成44·广东府县志辑·（嘉庆）海康县志》，上海书店出版社2003年版，第49页。

③ 同上书，第30页。

④ 同上书，第31页。

⑤ （清）喻炳荣等：《中国地方志集成39·广东府县志辑·道光遂溪县志》，上海书店出版社2003年版，第575页。

⑥ 梁成久纂修，陈景棻续修：《中国地方志集成45·广东府县志辑·（民国）海康县续志》，上海书店出版社2003年版，第557页。

（二）狗瞌睡鱼

　　鲳鱼，形似鳊鱼而脑上突起，连背而圆身，肉甚厚，肉白如凝
脂，只有一脊骨，治之以姜葱，焦（音缶，蒸也）之粳米，其骨自
软，食者无所弃。鄙俚谓之"狗瞌睡鱼"，以其犬在盘下难伺其骨，
故云狗瞌睡鱼也。①

　　鲳鱼，肉厚，骨刺少，脑子突起，连背而圆，只有一根脊骨，用姜葱
和粳米一块蒸熟，能把鱼骨蒸软，鱼肉、鱼骨一块吃完，一点不剩，以至
于蹲在桌下的狗为了等吃这鱼骨头，等到乏困瞌睡了也没吃着，当地人把
这种鱼形象地称为"狗瞌睡鱼"。除了白鲳鱼，雷州还有一种黑鲳鱼，肉
质较粗，吃法类似，价格较白鲳鱼便宜。

　　（三）比目鱼

　　"比目鱼，南人谓之鞋底鱼，江淮谓之拖沙鱼。"②《尔雅》云"东
方有比目鱼焉，不比不行，其名谓之鲽。"郭璞注："状似牛脾，鳞
细，紫黑色，一眼，两片相合乃得行，今水中所在有之。"③

　　比目鱼的外形与其他鱼类不同，它在水中游动时不像其他鱼类那样
脊背向上，而是有眼睛的一侧向上，侧着身子游泳。它已经不太适应漂
浮生活，平时多平卧栖息在浅海的沙质海底，身上覆盖着一层砂子，露
出两只眼睛等待捕食小鱼虾，躲避被捕食，所以江淮人叫它"拖沙鱼"。
它并非古人认为的"一眼"，而是两只眼贴近长在一面。朝上一面有眼
睛有颜色，朝下一面无眼睛无颜色，朝上一面的颜色能随着周围环境颜
色的变化而变化，形成自我保护，有时颜色深些，呈紫黑色，有时浅

---

　　①　（唐）刘恂：《岭表录异》卷中，《太平御览》卷九百四十也记录相关内容。据文渊阁四库
全书电子版引。

　　②　（唐）刘恂：《岭表录异》卷上，据文渊阁四库全书电子版引。

　　③　（晋）郭璞注：《尔雅注疏》卷六，据文渊阁四库全书电子版引。

些，呈紫色。比目鱼的这一特殊形态和颜色是它在漫长的进化过程中，为了保护自己、抵御敌害而形成的特殊变态。新鲜的比目鱼颜色多呈紫色，鱼鳞细，像鞋底一样又扁又薄。在雷州，当地人至今称比目鱼为"鞋底鱼"，街市上称比目鱼则大多无人知晓，它们是雷州半岛海域重要的经济鱼类。

比目鱼还有美好的意象，古人认为它只有一面长眼睛，它们需要成双紧贴排列游泳，故"两片相合乃得行"，似夫妻并肩前进，有成双成对的含义，后泛指情侣，以喻形影不离，又被看作忠贞爱情的象征。古人留下了许多吟颂比目鱼的佳句："得成比目何辞死，愿作鸳鸯不羡仙"。①"不见沙上双飞鸟，莫取波中比目鱼。"② 鸳鸯和比目鱼成为古代爱情忠贞的意象。

比目鱼肉质细嫩而洁白，味鲜美而肥腴，补虚益气，雷州人喜欢煎着吃。但不宜多食，有动气作用。

（四）蚝

> 蚝即牡蛎也，其初生海岛边，如拳石，四面渐长，有高一二丈者，巉岩如山。每房内蚝肉一片，随其所生，前后大小不等。每潮来，诸蚝皆开房，见人即合之。海夷卢亭往往以斧楔取壳，烧以烈火，蚝即启房，挑取其肉，贮以小竹筐，赴墟市以易酒。大者腌为炙，小者炒食，肉中有滋味，食之即能壅肠胃。③

牡蛎，当地人称为蚝，长在海岛岩石边，有拳头大小，后来越积越多，牡蛎重叠像一座小山。每只蚝内有一片蚝肉，每当涨潮时，蚝打开壳，吞噬海里的浮游生物，见人就把壳合上。当地渔民食用蚝很有特点：首先用斧楔在蚝山凿取蚝，后用火烧，蚝壳打开，挑出其肉，用小

---

① 《全唐诗》卷四十一，卢照邻"长安古意"，据文渊阁四库全书电子版引。
② （宋）梅尧臣：《宛陵集》卷三十三，据文渊阁四库全书电子版引。
③ （唐）刘恂：《岭表录异》卷中，《太平御览》卷九百四十也记录相关内容。据文渊阁四库全书电子版引。

竹筐装好，拿到街圩换酒喝。卢亭（渔民）喜欢劳动一天之后喝酒解乏，或者把较大的蚝肉腌制之后烧烤着吃，小的炒着吃。现当地仍然有烧蚝、煎蚝饼、串鲜蚝肉和煮汤等多种吃法。配以适当调料烧蚝，可保持原汁原味；若食软炸鲜蚝，可将蚝肉加入少许黄酒略腌，然后

湛江蚝

将蚝肉蘸上面糊、鸡蛋，用油锅煎至金黄色，以酱油、醋佐食，鲜美可口。但是不能多吃，否则容易引起肠胃阻塞。韩愈有《初南食贻元十八协律》诗："蚝相黏为山，百十各自生。"① 苏轼亦有《和杂诗十一首》："蚝浦既黏山，暑路亦飞霜。"② 描写蚝山之壮观。

雷州半岛海边至今仍保留用蚝壳、珊瑚石建房的习俗

① （宋）王伯大重编：《别本韩文考异》卷六，据文渊阁四库全书电子版引。
② （宋）苏轼：《东坡全集》卷三十二，据文渊阁四库全书电子版引。

雷州半岛海边至今仍保留用蚝壳、珊瑚石建房的习俗

（图为徐闻角尾乡放坡村用蚝壳搭建厨房、杂物房、围院墙等。摄于 2014 年 2 月）

（五）天脔炙

> 瓦屋子，盖蚌蛤之类也。南中旧呼为蚶子头，因卢钧尚书作镇，遂改为瓦屋子。以其壳上有棱如瓦垄，故名焉。壳中有肉，紫色而满腹。广人尤重之，多烧以荐酒，俗呼为天脔炙。吃多即壅气，背膊烦疼，未测其本性也。①

天脔炙是什么？顾名思义，就是供天子或天上神仙吃的切成小块的美味佳肴，其实就是蚌蛤之类的水产品。以前，海边人称其为"蚶子头"，后来卢钧任岭南节度使，因避讳其字"子和"，就改叫"瓦屋子"，因其壳上的棱像瓦垄，故名。壳中是满满的肉，紫色的，岭南人很喜欢这道菜，

---

① （唐）刘恂：《岭表录异》卷中，《太平御览》卷九百四十也记录相关内容。据文渊阁四库全书电子版引。

一般是烧炙作下酒菜，味美称为"天脔炙"。但吃多胀气，胳膊酸疼、人烦躁，当时不知原因，现在看来应该是痛风病。

（六）蟹

　　水蟹，螯壳内皆咸水，自有味。广人取之淡煮，吸其咸汁下酒。黄膏蟹，壳内有膏，如黄酥，加以五味，和壳燁（同爆）之，食亦有味。赤蟹，壳内黄赤膏，如鸡鸭子黄，肉白，以和膏实其壳中，淋以五味，蒙以细面，为蟹铧（铧锣），珍美可尚。红蟹，壳殷红色，巨者可以装为酒杯也。虎蟹，壳上有虎斑，可装为酒器。与红蟹皆产琼岸海边。①

唐代岭南人已经懂得运用多种烹调方法对海河鲜进行加工烹饪，如煮、炙、炸、蒸、炒、烩、烧、煎、拌等，懂得使用各种调味料，如五味酱料、生姜、葱、韭、椒、桂等。吃水蟹时，螯壳内有海水的咸味，不用放任何调料，煮熟后就可以"吸其咸汁下酒"。如果吃黄膏蟹，就用五味姜、葱、韭、椒、桂等，和壳爆炒，吃起来很有味道。如果吃赤蟹，壳内黄赤膏有鸡鸭蛋黄那么大，肉呈白色，肉、膏和在一起，盛于壳中蒸熟，"淋以五味，蒙以细面"，就做成了蟹铧锣，味道珍美，是上等的美食。现在，雷州当地蟹的吃法也仍然是以上述清蒸、爆炒为主。

有些螃蟹很大，《太平广记》载《岭南异物志》云："常有行海得州渚，林木甚茂，乃维舟登岸，爨（烧火做饭）于水旁。半炊而林没于水，遽（仓促）断其缆，乃得去。详视之，大蟹也。"② 说的是有人在海中航行，远远看见小洲，林木茂盛，似小岛，就靠岸系舟下船，在水边烧火做饭。做到一半，突然感觉周围的树林往下沉，没在水中，连忙斩断缆绳，跳上船离去。惊魂未定，回头一看，原来刚才的小洲是一只大蟹，慢慢沉没海中虽然是夸张，但是足以说明岭南海蟹之大。《本草纲目》曰："（蟹）气味

---

　　① （唐）刘恂：《岭表录异》卷中，《太平御览》卷九百四十也记录相关内容。据文渊阁四库全书电子版引。

　　② （宋）李昉等：《太平广记》卷四百六十六，据文渊阁四库全书电子版引。

咸寒，有小毒，主治胸中邪气，热结痛。"① 过去有"男虾女蟹"之说。

爆炒黄膏蟹

蟹汤

（七）蟛蜞

招潮子亦蟛蜞之属，壳带白色，海畔多。潮潮欲来，皆出坎，举螯如望，故俗呼招潮也。②

蟛蜞

蟛蜞即海边滩涂上极小的招潮蟹。这种蟹的名称很有意思，它们生长在海边滩涂地，每当涨潮时都从滩涂钻出来，冲着潮水方向，举着双螯观望，好像招呼潮水一样，于是就有了这么一个形象的名字——"招潮子"。雷州本地有"竹笋芋横蘸蟛蜞"的说法，"蟛蜞"即"蟛蜞汁"或

---

① （明）李时珍：《本草纲目》卷四十五，卷三十一，据文渊阁四库全书电子版引。

② （唐）刘恂：《岭表录异》卷中，《太平御览》卷九百四十也记录相关内容。据文渊阁四库全书电子版引。

"蟛蜞酱"，过去，家家户户都腌制蟛蜞汁，用招潮蟹碾碎腌制而成。现在，雷州半岛腌制蟛蜞汁也很讲究技巧，先将蟛蜞洗干净，然后调上适量的盐，放在碓上捣烂如浆状，若要更细便再放在磨盅上磨，磨好了就调上一点姜和米酒之类的佐料，调好料将蟛蜞汁倒进一个小瓷罐里，盖好盖子，用黄泥拌成浆，把盖口密封储存起来，就算腌制完成了。存放的时间越长，蟛蜞汁便越醇香。吃的时候打开罐口，一股浓郁的香味扑鼻而来，喝一口粥蘸一点蟛蜞汁，或者吃豆腐、吃开水中烫过的嫩番薯叶、萝卜叶时蘸蟛蜞汁吃，当地人觉得味道极佳。"芋横"，长得像芋头苗；竹笋，当地人喜食，有数十种。这是雷州半岛简单生食的明证。"蟛蜞气味咸冷，有毒，主治取膏涂湿癣疽疮。"①《周礼·天官·膳夫》记载：周天子的饮食分饭、饮、膳、馐、珍、酱六大类，酱则有一百二十瓮。酱多，调味品多，生食才有味。

吴川贩卖自制蟛蜞汁的三轮车　　　　招潮子：生长在海边滩涂地

（八）虾

　　　南人多买虾之细者，生切倬莱兰香蓼等，用浓酱醋先泼活虾，盖似生菜。以热釜覆其上，就口跑出，亦有跳出醋楪者，谓之"虾生"。鄙俚重之，以为异馔也。②

———————————

①（明）李时珍：《本草纲目》卷四十五，卷三十一，据文渊阁四库全书电子版引。
②（唐）刘恂：《岭表录异》卷中，《太平御览》卷九百四十也记录相关内容。据文渊阁四库全书电子版引。

海边人都有喜欢食用生猛海鲜的习惯，醉虾、生鱼片就是他们经常食用的家常菜，他们认为味道鲜美，别有滋味。其制作方法也别有一番艺术情趣。他们专门挑一些很小的活虾，生切倬莱、兰香、蓼草等，然后用浓酱醋腌制，把活虾泼下，上盖生菜，再用热锅盖捂一会，因虾未死，吃时小虾从锅边跑出，从醋碟跳出，这就是传说中的"虾生"，南人认为美味之极。当地人非常看重这道菜，认为是"异馔"。海边人认为这种"古法虾生"能壮阳。雷州半岛生食原料主要是鱼、虾、贝类，认为能滋补身体。

雷州海边居民自古就有生食的习俗，"采海物为生，且生食之"。① 许多民族把生食作为一种风味食品沿袭下来，生食配料往往比生肉还多，因为后人习惯了熟食，对生食异味较难接受，故多配香料掩盖生食的腥膻味。生食作为一种文化习俗，人们赋予生食种种观念，这些观念支持生食习俗沿袭和发展。生食、熟食，吃与不吃，蕴含两种文化，成为人类群体关系的一条界线，在鲜明的对比中，对熟食文化的抬举不言而喻。烹调食用的方法与当地居民的文明程度有关，与生产力发展有关。

三　特殊食材

扑鼻的异味来自特殊的食材，以"行虫走兽"为食。此俗，源于岭南百越及其后裔喜食"异味"之俗。早期最富代表性的记载，当推宋人范成大与周去非。

（一）象鼻炙

> 广之属城循州、雷州皆产黑象，牙小而红，堪为笏裁，亦不下舶上来者。土人捕之，争食其鼻，云肥脆，偏堪为炙，滋味小类猪之含消（今之炙也）。……《藏器》云：唯鼻是其本肉，诸即杂肉。②

"象鼻炙"是唐代岭南少数民族的风味食品。象鼻十分美味，《吕氏春

---

① （宋）范成大撰，孔凡礼点校：《范成大笔记六种·桂海虞衡志》，中华书局 2002 年版，第 160 页。

② （唐）段公路：《北户录》卷二"象鼻炙"、桄榔炙，据文渊阁四库全书电子版引。

秋·本味》就有"旄象之约"的记载，"约"就是象鼻。象这种动物，上古时期，中原一带也有，到了唐朝，北方很少见到，但是广东循州、雷州都还出产黑象，象牙小而红，可以裁制为大臣上朝用的朝笏，并不逊色于海外运来的象牙。当地人捕获大象，争吃象鼻，据说肥脆甘美，最好是烤着吃，味道有点像烤猪肉。有人说，象有十二肉，只有鼻子部分是它的本肉，其余部分是杂肉。

（二）蚺蛇胆

古人对蚺蛇胆十分重视，描述也相当传奇：

> 雷州有养蛇户，每岁五月五日即担蚺蛇入官以取胆。每一蛇，皆二人担舁，致大蓝笼中，藉以软草，屈盘其中。将取之，则出置地上，用杈拐十数，翻转蛇腹，旋复按之，使不得转侧。约分寸于腹间，剖出蛇胆。胆状约鸭子大，切取之。复内肝腹中，以线缝合创口。蛇亦复活，舁归，放于川泽。其胆暴干以充土贡。或云：蛇被取胆，它日见扑者，则远远露腹疮，明以无胆，以此自脱。或云此蛇至难死，剖胆复能活三年，未知的否耳？①

蚺蛇是一类体型巨大的蛇，即蟒蛇。《淮南子·精神训》曰："越人得蚺蛇以为上肴，中国得而弃之无用。"② 广东、广西、越南一带食蛇风俗盛行。过去，这种蛇在雷州半岛乡间比较常见，"生在深山大涧边"。③ 雷州过去有养蛇户，每年五月五日，即担蚺蛇入官取胆，每条蛇需要两人才能担得动。将装蛇的大笼打开，把盘曲在笼里的蟒蛇取出，用数十支杈拐把蟒蛇翻转杈住，不让它动弹，随后在蟒蛇腹间用小刀剖开，取出蛇胆，蛇胆如鸭蛋大小。取出蛇胆后用线把腹部缝合，放归川泽，蛇还可以活。有人说，曾见过被取出蛇胆的蛇，远远看见捕蛇者，露出腹部伤疤，表示已

---

① （宋）唐慎微：《证类本草》卷二十二，引《岭表录异》，据文渊阁四库全书电子版引。
② 杨有礼注说：《淮南子》卷七，河南大学出版社 2010 年版。
③ 梁成久纂修，陈景棻续修：《中国地方志集成45·广东府县志辑·（民国）海康县续志》，上海书店出版社 2003 年版，第 314 页。

无蛇胆可取，捕蛇者即放过它，由此得活。也有人说，取出蛇胆的蛇只能活三年，上述说法没有考证，但这种活蛇取胆在雷州半岛及岭南一带十分普遍。

蛇胆或晒干当药用，或生吞治病，"取其胆及膏为药"。[1] 当代医学研究表明，蚺蛇胆是一种珍贵的中药材，具有杀虫除疳、明目去翳、消肿止痛等功能，对小儿疳积、久痢、脘腹虫痛、惊痫、目翳肿痛、男子下疳、痔疮、疬风等均有很好的疗效。生吃蛇胆这种习俗现在岭南仍然流行，仅文字记载就已有 2000 多年的历史了。

过去蛇胆常作贡品，"高州高凉郡，土贡：银、蚺蛇胆。"[2] 据《海康县续志》引《酉阳杂俎》载："其胆最良，亦曰胆蚺，上旬胆近头，中旬胆在心，下旬胆近尾"，"价过千金。"[3] 蛇胆价超过黄金价。

(三) 吃蚂蚁

> 岭南蚁类极多，有席袋贮蚁子窠，鬻于市者。蚁窠如薄絮囊，皆连带枝叶在其中，和窠而卖之。有黄色大于常蚁而脚长者。
>
> 交、广溪洞间，酋长多收蚁卵，淘泽令净，卤以为酱。或云其味酷似肉酱。非官客亲友，不可得也。[4]

岭南蚁类极多，过去就有人专门用竹编篓子抓蚂蚁，然后拿到集市上出卖。蚁窠薄如棉絮囊，整个蚁巢夹杂枝叶一块出售。还有酋长专门收购蚁卵，淘洗干净，卤之后做酱，味道酷似肉酱，非常鲜美，专门用来招待亲朋好友和贵客，这就是蚁子酱。直至唐代，岭南仍有掘取大蚁卵为酱的习俗。

岭南不但吃蚂蚁还用蚂蚁，这一习俗非常环保，一物多用。

---

① (宋) 唐慎微：《证类本草》卷二十二，引《岭表录异》，据文渊阁四库全书电子版引。

② (宋) 欧阳修：《新唐书》卷四十三上，据文渊阁四库全书电子版引。

③ 梁成久纂修，陈景菜续修：《中国地方志集成 45·广东府县志辑·(民国)海康县续志》，上海书店出版社 2003 年版，第 314 页。

④ (唐) 刘恂：《岭表录异》卷上，据文渊阁四库全书电子版引。

广南可耕之地少，民多种柑橘以图利。常患小虫损食其实，惟树多蚁则虫不能生，故园户之家，买蚁于人。遂有收蚁而贩者，用猪羊脬盛脂其中，张口置蚁穴傍，俟蚁入中则持之而去，谓之"养柑蚁"。①

岭南南部即雷州半岛一带耕地少，过去老百姓多种植柑橘出卖获利。柑橘树蚂蚁多就不长虫，果实饱满，所以种橘人经常向贩卖蚂蚁的人购买。贩蚁人用猪羊尿泡装油脂，放入袋中，张开袋口等着蚂蚁爬进去。这种蚂蚁叫作"养柑蚁"。《岭表录异》也有相似记载："南中柑子树，无蚁者实多蛀。故人竞买之，以养柑子也。"② 这种蚂蚁颜色黄，脚长，个子大于常蚁，放在柑树上，让它吃掉树中的蛀虫，保证柑子的丰收。这是我国劳动人民利用生物防治果树病虫害的最早记载。利用天敌防治农业害虫的方法，其特点是天敌资源丰富，能长期控制害虫。天敌能广泛扩散，防虫效果好，成本低。天敌对作物、益虫、人、畜基本无害。这是岭南304年前后的记载。

（四）吃树干

桄榔茎叶与波斯枣、古散（古散亦木名，堪为拄杖）、椰子、槟榔，小异其木，如莎树，皮穰木皮出面，可食。……木理有文，堪为握塑局。其心似藤心，为炙，滋腴极美。其须可为帚，香润绝胜棕榈。③

吃树干即桄榔炙。桄榔树生长在温湿地区的石灰岩山林中。过去雷州半岛及广东、广西、云南、马来西亚、印度等地均有栽种。桄榔树与椰子、槟榔树同属于棕榈科，因为它木似槟榔而光利故名桄榔，俗名桄榔木、铁木、面木。桄榔树外形"似棕榈，有节如大竹，青绿耸直，高十余

① （宋）庄绰：《鸡肋编》卷下，据文渊阁四库全书电子版引。
② （唐）刘恂：《岭表录异》卷上，据文渊阁四库全书电子版引。
③ （唐）段公路：《北户录》卷二"象鼻炙"、桄榔炙，据文渊阁四库全书电子版引。

丈。有叶无枝，荫绿茂盛，佛庙神祠，亭亭列立如宝林然。结子叶间，数十穗下垂，长可丈余。翠绿点缀，有如缨络，极堪观玩"。① 桄榔树也种植于庭院后面或佛庙神祠两边，树木挺拔，有如士兵列队，极具观赏性。桄榔树植物茎干髓心部分富含淀粉，故称面木。传统的做法是每年夏季，在桄榔树开花之前，把它砍倒后剥外皮，取树干，砍成小段，放到石臼中舂烂，再用石磨磨成粉，置缸中用清水搅拌后滤去粗渣，然后放入布袋里，在清水缸中反复搓洗，使淀粉自布眼渗出，晒干后即为桄榔粉。像面粉一样，桄榔粉可以做饼，可以煮成糊状，顶饱。"作饼炙食腴美，令人不饥。"②《吴录地志》也记载了它的做法："交趾望县有穰木，皮中有如白米

桄榔树

屑者，干捣之，水淋似面，可作饼。"③《华阳国志》记载他的另一种吃法："郡少穀，取桄榔面，以牛酪食之。"④ 用牛乳和着桄榔面一块吃。《南方草木状》亦云："桄榔树似栟榈。皮中有屑如面，多者至数斛。食之与常面无异。"⑤ 桄榔树的树心最软的部分像藤心，烧着吃，"滋腴极美"。桄榔木质有纹理，可以作古代的棋子，"其须可为帚"，并且有香气，香味超过棕榈、楠木。

《本草纲目》云"（桄榔）面，甘，平，无毒""补益虚羸损乏，腰脚无力。久服轻身辟谷。"⑥ 具有祛湿热及益胃肠之功，且对胃肠道疾病有显著的疗效，长期服用身轻如燕，

---

① （宋）周去非著，杨武泉校注：《岭外代答校注》，中华书局1999年版，第293—294页。
② （明）李时珍：《本草纲目》卷四十五，卷三十一，据文渊阁四库全书电子版引。
③ （唐）段公路：《北户录》卷二"象鼻炙"、桄榔炙，据文渊阁四库全书电子版引。
④ 同上。
⑤ （晋）嵇含：《南方草木状》卷中，据文渊阁四库全书电子版引。
⑥ （明）李时珍：《本草纲目》卷四十五，卷三十一，据文渊阁四库全书电子版引。

是森林营养食品中之珍品。

　　现雷州半岛有桄榔树却无人采集桄榔粉，但相邻的广西龙州县，还保持着制作桄榔粉的传统，且有产品供应市场。

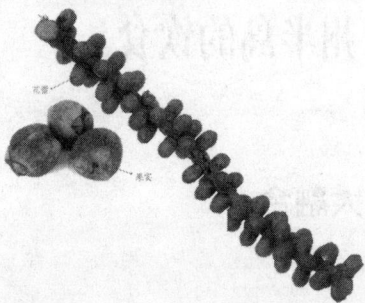

桄榔子　　　　　　　　　　　　　　　桄榔粉食品

　　隋唐时期，虽有大量汉人移居岭南、雷州半岛，但是当地仍有许多少数民族居住，他们的饮食具有独特性、民族性，饮食以汉人自觉融入少数民族为主。那时，雷州人已能熟练运用多种烹调方法来制作海鲜，并且能因原材料不同而施用不同配料和手法。更为重要的是，海鲜已经进入了寻常百姓家。另外，上述介绍的许多吃法，如蛇胆、生虾的吃法，保存至今已有两千多年的历史。雷州半岛吃得可谓原始、淳朴、传统、历史。古代的吃法更配得上"生猛海鲜"四个字。

第六章 宋元时期雷州半岛的饮食

第一节 民族大融合

一 外族迁入

宋代，雷州半岛属于广南西路的雷州（公元 971 年改为雷州军，州治、军治在今海康县城。主要包括半岛中南部）、廉州（雷州半岛西北部）、化州（雷州半岛东北部）。[①]

宋以后，岭南不再是越人地盘、蛮荒之地，南宋高宗"建炎（1127—1130 年）之后，江、浙、湖、湘、闽、广，西北流寓之人遍满"。[②] 自唐代，朝廷有计划地"徙闽民于合州"，[③] 开始了闽民开发雷州半岛的历史。宋以前雷州是汉越杂处，宋元以后"耕者多闽人"。"雷州穷服，岭并南海，平田沃壤，海道通闽浙。其俗人多栏居以避时郁，风淳向学……极南，倍热，州杂黎俗。"[④] 当时有海路从闽浙直达雷州，雷州半岛赤坎埠开始形成。闽浙人到此学习黎俗，以干栏而居以避潮湿气候。那时雷州半岛人口也有巨大的变化："宋雷州户九万一千二百三。"[⑤] 人口激增，必定带来农业的精耕细作，客家人从中原辗转闽浙再迁徙而来，带来了先进的农耕技术和丰富的物种，"民凿井耕田"，改变了岭南人口结构的同时，也改

---

① 谭其骧：《中国历史地图集》（第六册）中国地图出版社 1982 年版，第 34—35、65—66 页。

② （宋）庄绰：《鸡肋编》卷下，据文渊阁四库全书电子版引。

③ 湛江市志总编室编：《湛江两千年》，广东高等教育出版社 1993 年版，第 2 页。

④ （清）郝玉麟等修：《广东通志》卷十九，卷四十，卷五十一，卷五十二，卷五十七，台湾商务印书馆 1986 年影印本。

⑤ 同上。

变了雷州古郡千百年间单一的物产结构，于是有"田畴盈眺，绿荫蔽野"①的景象。

宋代人流寓此地的原因有多种，或迁移、或流刑、或贬臣、或求学经商等，秦汉时期主要是流刑及经商，南北朝是迁移，宋代则更多的是迁移和贬臣。湛江市坡头区井头村南张氏墓群《奉天诰命》碑文显示了宋末元初福建一些人滞留此地的原因。②

雷州市的南渡河中上游两岸，发现有 50 多处宋元时期窑址，出土瓷器以褐彩瓷为主。在遂溪县杨柑镇新埠沿海和廉江市营仔镇窑头山，也有数量不少的相似的宋代窑址。出土褐彩瓷技术源自于磁州窑（磁州窑是我国古代北方最大的一个民窑体系，窑址在今河北邯郸磁县）的传统工艺，也受到福建窑的影响，这说明当时雷州半岛已不再闭塞，无论是技术还是人员，与中原及福建一带均有交流。

宋代的廉州团练使陶弼在《寄石康县曹元道》一诗中写道："屡与南僧谈瘴溪，独推君县好封圻。不同合浦人民众，虽接交州寇盗稀。"曹元道是石康县县令，陶弼是负责州府治安的军事长官，他在诗中称赞曹元道治下的石康县"虽接交州寇盗稀"，当然不是阿谀之辞。合浦县石康镇曾设过县，起止时间从宋朝的开宝五年（972 年）至明朝成化八年（1472年），历宋、元、明三朝约五百年，仅管辖今天的广西合浦县石康、常乐一带。宋代石康县设立的长沙盐署，负责着十九个州的盐运专卖，当时石康县属于廉州，毗邻雷州半岛。这表明与广西西北等地相比，在宋代，合浦、雷州已经汉化较多。

二　民族融合

岭南的开发，直到北宋中叶特别是宋高宗赵构南渡以后，广东的人口才大为增加。宋代，人们往往根据语言划分种属，紧邻雷州半岛的钦州把人分为五种。

---

① （清）郝玉麟等修：《广东通志》卷五十一，卷十九，卷五十七，卷四十，卷五十二，台湾商务印书馆 1986 年影印本。

② 湛江市文物志编委会：《湛江市文物志》，中国文史出版社 2009 年版，第 65 页。

钦民有五种：一曰土人，自昔骆越种类也，居于村落，容貌鄙野，以唇舌杂为音声，殊不可晓，谓之蒌语。二曰北人，语言平易而杂以南音，本西北流民，自五代之乱，占籍于钦者也。三曰俚人，史称俚獠者是也，此种自蛮峒出居，专事妖怪，若禽兽然，语音尤不可晓。四曰射耕人，本福建人，射地而耕也，子孙尽闽音。五曰蜑人，以舟为室，浮海而生，语似福、广，杂以广东西之音。①

《岭外代答》的作者周去非，温州永嘉人，南宋地理学家，先后两次在钦州任教授。他在自序中称，在广西时，"盖尝随事笔记，得四百余条。秩满束担东归，避近与他书弃遗，置勿复称也"。② 途中遗失笔记，靠回忆写成，记钦州尤多，对广东及海南岛若干地区也略有稽考。他能够靠回忆清楚地分清语言特征，表明他对当地情况非常了解，记忆犹新。他记录钦州共有五种人：第一种是本地土著，古时的"骆越种类"，居于村落，以唇舌音为主；第二种是西北、中原流民，自五代之乱，避乱于此，操中原话夹杂南方音；第三种是俚人，"史称俚獠"，即壮、瑶、黎族，语言难懂；第四种是善于躬耕的福建移民，操闽方言；第五种是蜑人，即海边渔民。从这一段表述看，钦州当时已经不是秦汉时期的"骆越"之地，而是夹杂许多中原、闽、蜑之人。钦州紧邻合浦、雷州、廉州，推测雷州半岛人口成分与钦州应该大略相同。

宋代黎族主要居住在海南岛，"黎，海南四郡岛上蛮也。岛直雷州，由徐闻渡，半日至。"③ 因为海南岛距离雷州半岛只有半天的海上路程，最窄处仅18公里，随着外来人员在雷州半岛的增多，半岛的黎族更多迁往海南岛。同时，雷州半岛仍有猺獞等少数民族，"猺乃蛮荆，獞则旧越人也。猺本盘瓠之种，产于湖广溪峒间，即古长沙、黔中五溪蛮也……獞性

---

① （宋）周去非著，杨武泉校注：《岭外代答校注》，中华书局1999年版，第1、144、237—238页。
② 同上。
③ （宋）范成大撰，孔凡礼点校：《范成大笔记六种·桂海虞衡志》，中华书局2002年版，第103、110、111、117、145、156页。

质粗悍，露顶跣足，花衣短裙，鸟言鹄面。自耕而食，又谓之山人。出湖南溪洞，后稍入广西古田等县，佃耕荒田聚种……肇、高、廉三府与广州雷州亦数县有之"。①

从上述资料推测，宋代雷州半岛仍是民族融合之地，少数民族或者迁居到更远的海南岛、云贵蛮峒处，或者成为熟黎、熟獠，或者本地汉化。"自贞元以来，衣冠得罪流放岭表者，因而物固，子孙贫悴，虽遇赦不能自还……由是山越之俗，服其德义，令不严而人化。"②宋朝政府治理岭南采用"令不严而人化"的政策，加上滞留在岭南的流寓后代生活艰难，无能力回归本土，遂尊粤俗，以"德义"影响周围土著，靠"人化"治理边疆。

宋代，雷州海康郡（今雷州市、徐闻县、遂溪县）客家、蜑户人口占总人口2％—5％，且汉人与少数民族形成大杂居小聚居的格局，"人杂夷獠"。"皇朝，户主一百一，客五，蜑户二。风俗……人杂夷獠。"③从晋代至明代的漫长的历史中，雷州半岛少数民族由多变少，不断骚扰汉人；汉人则由少变多，逐渐成为半岛的主要居民。

第二节　贬臣与饮馔

雷州半岛长期是贬谪之地，尤以唐宋为最。宋代文人被贬多由前代的粤中、粤东、粤北向粤西及海南岛等更为偏僻落后的地域转移。"送人之雷州"描述了当时雷州的风土人情："庾岭去犹赊，居黎半杂华，山藏椰子树，溪落蒟苗花。望月应千嶂，窥天自一涯。"④民族是汉黎杂居，树木既有椰子树等高大植物，也有枸杞花落在溪边，气候千障，自在天涯，这些都让流寓之人感叹。流寓文化与雷州少数民族习俗屡屡发生碰撞，流落

　　①　（清）郝玉麟等修：《广东通志》卷十九，卷四十，卷五十一，卷五十二，卷五十七，台湾商务印书馆1986年影印本。
　　②　（后晋）刘昫：《旧唐书》卷一七七，据文渊阁四库全书电子版引。
　　③　（宋）乐史：《太平寰宇记》卷一百六十九，卷一百六十七，据文渊阁四库全书电子版引。
　　④　（清）胡文学编：《甬上耆旧诗》卷十八，据文渊阁四库全书电子版引。

到雷州的汉人对当地气候、文化由不适应、不习惯到适应、习惯，甚至有人致力于改变当地文化，移风易俗。宋代贬臣用儒家文化影响穷乡僻壤，初始表现出人与地域的隔阂感，接受以后表现为歌咏异地的风物民情。流寓文化，不仅为雷州带来了中原先进的文化，包括观念文化和应用文化，还带来了先进的教育思想和行之有效的教育方法。

一 雷州"十贤"

南宋咸淳十年（1274 年），位于雷州市雷城镇雷州西湖边，雷州人兴建"十贤祠"，供奉十位先后谪居雷州或贬经雷州的名臣：寇准、苏轼、苏辙、秦观、王岩叟、任伯雨、李纲、赵鼎、李光、胡铨。清嘉庆九年（1804 年）重建，文天祥撰姚文田手书《雷州十贤堂记》勒石嵌于祠内东壁，1984 年重修。这"十贤"只是宋代众多先后谪居雷州或贬谪琼崖路过雷州的名相贤臣的代表。这些贤臣、文章千古的词人，抱负和才干在中原被忽视，在雷州却得以施展。他们在雷州体恤民情，倡办教育，把本土本乡文化带到雷州，传播中原文化，促进了雷州半岛文化的发展，备受当地人爱戴。雷州人感其恩德，建祠纪念，昭示当地人"敬贤如师，疾恶如仇"。[①]"敬贤如师"是因为过去当地无榜样之师，"疾恶如仇"是过去少数民族长期靠械斗解决问题的特性。贬臣文化使雷州大大受益，成为岭南大邑、文化中心。

宰相寇准（961—1023 年），今陕西省渭南人，于干兴元年（1022年）被贬为雷州司户参军。雷州地处南荒，十年九旱，兼之往往受海潮侵袭，寇准看在眼里，痛在心里，他带领雷州人民兴修水利。《广东通志》这样记载：明永乐间，名宦王泰上疏言，宋"寇准于雷州开渠，引（特）侣塘灌东洋田万顷，胜国元帅府以兵守闸"。[②] 寇准不但带领雷州人民开渠引特侣塘水溉灌东洋万顷良田，还带领雷州人民修筑海堤，防止海水倒灌农田。据说，寇准贬来雷州后，看到雷州方言与外面联

---

① （清）吴盛藻修，洪泮洙纂：《雷州府志》，中国书店 2002 年版，第 262 页。

② （清）郝玉麟等修：《广东通志》卷十九，卷四十，卷五十一，卷五十二，卷五十七，台湾商务印书馆 1986 年影印本。

络不便，故亲为雷州士子讲学，亲授中州正音。"查遂境话语皆习乡谈，惟读书则与中土正音相近，听之呖呖可晰，与说话迥殊。询厥所由，佥称昔寇莱公寓此，亲为口授。后来教者循习递传，至今不改。"① 之后，雷州士子读书入仕者层出不穷。寇准的名声，早为雷州人仰慕，寇准被贬雷州时，在没有公家房居住的情况下，百姓自发为他建房。康熙《海康县志》记载："寇准公，无公宇居，百姓闻之，争荷瓦木，不督而成。"② 寇准在雷州18个月，殚精竭虑为雷州人民做了不少好事。雷民仰其功，感其德，悼其屈，哀其忠，将他居住过的天宁寺西馆改建为寇公祠。

寇准被贬为雷州司户参军，受邀到当地人陈司马家中作客，陈司马在芭蕉树下设满席美酒佳肴，其中离不开鱼虾蟹等海产品，寇准赋诗突出南国情调："颖川公子重宾僚，花竹开筵远见招。饮至夜深人欲去，飕飕风雨响芭蕉"。③ 诗中未流露被放逐的苦楚，而是展现一幅融入他乡，悠然自得的生活场景。

南宋高宗建炎宰相李纲上疏抗金，但遭弹劾，被贬海南万安军，后蒙恩北归，经海康时与儿子李宗之在海康天宁寺宝华堂对饮，写下了"九日与宗之对酌怀梁溪诸季"的诗作，其中有"且把红醪尝紫蟹，何须白发对黄花……山果海鲜多不识，却须传与北人夸"。④ 他将与儿子在当地把酒品蟹以及所见所闻的奇珍异果都融进醉诗里，恨不得将他此时此刻品尝美食的心情告知远方的亲朋好友。在中原地区，只有少数统治者才能偶尔享用的甚至享用不到的一些海产品，沿海一带人们却是常食常用的。当李氏父子身处其中，才发现雷州并非皆化外之民，除了一些生活习惯与中原有

---

① （清）喻炳荣等：《中国地方志集成39·广东府县志辑·道光遂溪县志》，上海书店出版社2003年版，卷七，第622页。卷十二，第728页。

② （明）欧阳保：《日本藏中国罕见地方志丛刊·（万历）雷州府志》卷十六，书目文献出版社1990年版，第196、197、204、404、506页。据日本尊经阁文库藏明万历四十二年刻本影印。

③ （清）喻炳荣等：《中国地方志集成39·广东府县志辑·道光遂溪县志》，上海书店出版社2003年版，卷七，第622页。卷十二，第728页。

④ 梁成久纂修，陈景棻续修：《中国地方志集成45·广东府县志辑·（民国）海康县续志》，上海书店出版社2003年版，第413、417、423—424、425页。

异，其余的大致相同。土地平旷，屋舍俨然，近海则多奇花异树，别有一番景致。二人在雷州抛开战事政事，不时游览附近的山水古迹，饮酒结友，题诗作画，好不惬意。

北宋"苏门四学士"之一的著名诗人秦观，绍圣四年（1097 年）贬谪雷州，以酒来发泄对现实的极端不满，他一边饮酒一边执着蟹螯，高呼"左手执蟹螯，举觞属云汉，天生此神物，为我洗忧患"。① 雷州半岛的蟹佐酒，洗掉了他多少忧患和烦恼。他在《海康书事十首》中咏唱道："粤女市无常，所至辄成区。一日三四迁，处处售虾鱼。青裙脚不袜，臭味猿与狙。孰云风土恶？白洲生绿珠。"② 好一幅女人天足、天生丽质、贩卖虾鱼的海鲜之乡图景啊！天涯海角的雷州美食让多少愁苦之人忘掉烦恼。

二 二苏饮食记载

南迁之人感觉雷州天气怎样？苏轼在与雷一海之隔的海南岛写下了对南方气候的深刻体会："岭南天气卑陋，气蒸溽而海南尤甚。秋夏之交，物无不腐坏者，人非金石，其何以能久然？儋耳颇有老人，百有余岁者往往皆是，八九十岁者不论也。乃知寿夭无定，习而安之，则冰蚕火鼠皆可以生……九月二十七日，秋霖不已，顾视帏帐间，有蝼蚁，帐已腐烂，感叹不已。"③ 虽然潮湿，蝼蚁横行，但是并不影响人们的生活质量，海南岛长寿之人颇多。地处雷州半岛最南端的徐闻县西连镇金土村，也是著名的长寿村，现有住户 400 多人，80 岁以上的 150 多人，100 岁以上的 7 人，居住珊瑚屋、蚝壳屋，冬暖夏凉，长饮井水米酒，他们很少吃肉，常吃青菜、海鲜、螺蚌肉和番薯饭。"岭南气候不常，吾尝云：菊花开时乃重阳，凉天佳月即中秋。不须以日月为断也。"④ 雷

---

① 梁成久纂修，陈景棻续修：《中国地方志集成 45 · 广东府县志辑 ·（民国）海康县续志》，上海书店出版社 2003 年版，第 413、417、423—424、425 页。
② 同上。
③ （宋）苏轼：《东坡志林》卷八，据文渊阁四库全书电子版引。
④ （宋）苏轼：《东坡全集》卷二十三。卷四"杂兴答鲜于子骏"。据文渊阁四库全书电子版引。

州就是这样的气候，"四时俱是夏，一雨便成秋"；一年四季如春，"岭南万户皆春色"。①

苏轼贬儋州后遇赦北归，曾驻足雷州半岛。陆游在《老学庵笔记》中记录了一件在雷州发生的"东坡食汤饼"的趣事："东坡先生与黄门公（苏辙）南迁，相遇于梧、藤（雷州）间。道旁有鬻汤饼者，共买食之，粗恶不可食。黄门置箸而叹，东坡已尽之矣。徐谓黄门曰：'九三郎，尔尚欲咀嚼耶？'大笑而起。秦少游闻之曰：'此先生饮酒，但饮湿而已。'"②苏轼被贬海南遇赦北归时，弟弟苏辙贬谪雷州，兄弟"相遇于藤，同行至雷"，③"居数月而别"，④在路边有卖汤饼的人，于是兄弟二人买了汤饼吃。当地的汤饼，指的是南方的米粉、饼之类，而不是北方的面条、饼子。汤饼粗陋难以下咽，苏辙放下筷子叹气，但是苏轼已经很快吃光了，他慢悠悠地对苏辙说："九三郎，你还想细细咀嚼吗？"说完大笑着站起来。秦少游听说这件事后说："这是东坡先生饮酒如饮水，漱漱口，不管味道的随遇而安风格罢了。"这件趣事的其他细节有待考证，但是可以印证苏辙被贬雷饮食不习惯之事，同时描述雷州喜食"汤饼"的习俗。苏轼虽然以"老饕餮"自居，但是追求的不是奇珍异味，更多的是一种难得的乐趣。

苏轼虽然在"雷城只有 5 天的时间，加上往返雷境的时间也就是 20 天左右，不到 1 个月"，⑤可是，雷州半岛有文明书院、松明书院、苏公楼、苏公亭、怀坡堂（天宁寺内）等后世纪念他的建筑，有众多纪念、凭吊他的诗义，还有苏二村的命名，足见他影响之深远。在民间，苏东坡被奉为神明，人们附会在他身上的东西并不少，除了实物、地点、故事，还

---

① （清）郝玉麟等修：《广东通志》卷十九，卷四十，卷五十一，卷五十二，卷五十七，台湾商务印书馆 1986 年影印本。

② （宋）陆游：《老学庵笔记》卷一，青岛出版社 2002 年版，第 24 页。

③ 苏轼著，傅成、穆俦标点：《苏轼全集·诗集卷四十一》，上海古籍出版社 2000 年版，第510 页。

④ （明）欧阳保：《日本藏中国罕见地方志丛刊·（万历）雷州府志》卷十六，书目文献出版社 1990 年版，第 196、197、204、404、506 页。据日本尊经阁文库藏明万历四十二年刻本影印。

⑤ 张学松、彭洁莹：《苏东坡雷州行迹考辨》，《文学遗产》2011 年第 4 期。

有文化。

由于元佑党争，绍圣四年（1097年），苏辙被贬为化州别驾，雷州安置。元符元年（1098年），迁循州（广东龙川县），苏辙在雷州仅一年。由于初来乍到，他在雷州水土不服，仅十来天就瘦得"帽宽带落惊僮仆"。①他在《雷州谢表》中描述自己从居庙堂之高到处江湖之远的悲凉心境与处境："皮骨仅存，身锢陋邦，地穷南服，夷言莫辨，海气常昏。出有践蛇茹蛊之忧，处有阳淫阴伏之病。艰虞所迫，性命岂常，念咎之余，待尽而已。"②他还特别描述初来乍到对雷州的不适应：

> 自筠徙雷，自雷徙循……言语不通，饮食异和，瘴雾昏翳，医药无有，岁行方闰，气候殊恶，昼热如汤，夜寒如冰，行道殭仆，居室困瘁，始自仆隶，浸淫不已。……南北异俗，伏腊几废，燔炙豚鱼，渐渍果蔬，承祀宁宾，不异中夏。③

语言不通，饮食不同，"燔炙豚鱼，渐渍果蔬"。瘴疫严重，医药没有。白天暑热如汤，夜晚寒凉如冰。所幸的是，雷州当地官员百姓对他爱戴有加。据记载，雷州知县张逢、海康县令陈谔对苏辙非常友善，根本不把他当作贬臣，以诚相待，礼遇有加。朝廷禁令犯官住官舍，"又贬雷州司户参军。初苏辙谪雷州，不许占官舍，遂僦民屋。"④"郡人吴国銮鉴造屋居之。"⑤陈谔也派人加以修葺，并每月亲携酒食款待苏辙。雷州人民的厚义，苏辙感激涕零，在《次韵子瞻和渊明拟古》中赞道："邑中有佳士，忠信可与友。相逢话禅寂，落日共杯酒。……米尽鬻衣衾，时

---

① （宋）苏轼撰，（宋）施元之原注：《北宋建隆至靖康·施注苏诗》卷三十七，据文渊阁四库全书电子版引。

② （宋）苏辙：《栾城集》后集卷十八"雷州谢表"，后集卷二十"祭八新妇黄氏文"，据文渊阁四库全书电子版引。

③ 同上。

④ （元）托克托等修：《宋史》卷四百七十一，据文渊阁四库全书电子版引。

⑤ （清）喻炳荣等：《中国地方志集成39·广东府县志辑·道光遂溪县志》，上海书店出版社2003年版，卷七，第622页。卷十二，第728页。

劳问无有。"①

雷州百姓的质朴感化了他，苏辙由最初不适应，到后来主动致力传播先进的中原文化，启发民智，破除迷信，教民治穷致富。他在《和子瞻次韵陶渊明劝农诗》中说："我迁海康（今雷州），实编于民，少而躬耕，老复其真。……愿以所知，施及斯人。"② 表现苏辙体察民情，关心民众的民本思想。该诗也是研究雷州当时风土习俗的重要史料。苏辙来到雷州，经历了对比—隔阂—接受三个阶段。

第三节　饮食的相互交融

宋代，走南闯北的人较多，有考学、为官、做买卖、遭贬，人们已经总结出南北饮食差异：

　　以食味而言，南北方又各自不同：大率南食多盐，北食多酸，四夷及村落人食甘，中州及城市人食淡，五味中惟苦不可食。③

　　大底南人嗜咸，北人嗜甘，鱼蟹加糖蜜，盖便于北俗也。④

　　南方无好羊泪酪，惟鱼稻为佳，故南人嗜之。北方鱼稍不多，而肉面为佳，故北人嗜之。易地则皆然，不必相非笑也。⑤

宋代饮食形成了"南咸北酸"、"南咸北甘"、"南米北面"、"南鱼北肉"的南北口味差异，这种南北迥异的食味偏好可能与当时的地埋环境有一定关系。由于北方的昼夜温差较大，有利于植物的糖分积累。北人长期食用这些食物，日积月累，很容易形成嗜食甜食的饮食习惯。南方气候炎热，人体大量出汗，很容易造成盐分丧失，因此，南人一般嗜咸。南方江

---

① 梁成久纂修，陈景棻续修：《中国地方志集成45·广东府县志辑·（民国）海康县续志》，上海书店出版社2003年版，第413、417、423—424、425页。

② 同上。

③ （宋）朱彧：《萍洲可谈》卷二，据文渊阁四库全书电子版引。

④ （宋）沈括：《梦溪笔谈》卷二十四，上海书店出版社2003年版，第204页。

⑤ （宋）江少虞：《事实类苑》卷六十二，据文渊阁四库全书电子版引。

河密布，加之东南沿海享有鱼盐之利，出产大量海鱼河鱼，为防止食物腐烂，需要用盐对食物进行防腐处理，咸鱼、腊肉制品较多，因而形成了南人嗜咸嗜鱼的饮食习惯。

宋代，南北交往频繁，岭南的少数民族部落首领到达京城，受到皇上的礼遇，"南蛮五姓番，皆椎髻乌毡并如僧人礼拜入见，旋赐汉装锦袄之类"。① 南方的食物在北方如何被接受？

一　南方饮食的北传

从秦汉到宋代，南北饮食一直相互影响，宋代，形成饮食南北融合的第一个高潮。

（一）南方食物在北方

京城元旦，"宣和年间，自十二月于酸枣门，门上如宣德门，元夜点照。门下亦置露台……都下卖……鸡架、金橘、橄榄、龙眼、荔枝，诸般市合，团团密摆"。② 北方的京城，能在十二月仍摆放南方的这些水果，说明当时南方水果在北方很受欢迎。汉以后，南方的水果就开始运到北方，丰富了中原的饮食原料。

欧阳修讲了一段金橘传到北方的趣事：

> 金橘产于江西，以远难致，都人初不识。明道景祐初，始与竹子俱至京师。竹子味酸，人不甚喜，后遂不至。而金橘香清味美，置之罇俎间，光彩灼烁，如金弹丸，诚珍果也。都人初亦不甚贵，其后因温成皇后尤好食之，由是价重京师。③

最初，竹子（此处应为竹笋）和金橘一块传到北方，因为北方人不喜欢竹笋淡淡的酸味，所以竹笋在北方没有市场。但是金橘不同，人们喜欢它"香清味美"，同时摆放家中像金弹丸，光彩灼烁。后来因为温成皇后

---

① （宋）孟元老撰，邓之诚注：《东京梦华录注》卷之六，卷之三，中华书局 1982 年版。
② 同上。
③ （宋）欧阳修：《归田录》卷下，据文渊阁四库全书电子版引。

特别喜欢吃，于是京城价贵。其实金橘不仅产于江西，岭南及雷州半岛也有种植。岭南多橘园，"汉武帝时，交趾有橘官长一人，秩一百石。其民谓之橘籍。岁以柑橘进御"。[①] 雷州半岛的吴川、海康种植并制作金橘食品，"可浸蜜，善制者叶青而不变"。[②] 古人把金橘留在绿豆中保存，橘性不变。用金橘治疗咳嗽，咽喉肿痛有疗效，以广东化州橘红（橘皮呈红色故为橘红）为最好。橘皮熬汤或泡水喝，可消食，药食同源，古已有之。《逸史》记载着"两盘糕糜"的故事：

> 明皇时，有术士判人食物，一一先定。李栖筠曰："明日某食何物？"曰："大夫合食两盘糕糜，二十碗橘皮汤。"平明，有勑诏对，上以金盘盛新糯米糕糜赐之。栖筠对御，不敢不尽。帝大喜曰："卿飡甚美。"更赐一盘，又尽。既归，病霍乱，诸物皆绝口，饮橘皮汤，仅二十碗方愈。[③]

玄宗在位的时候，有一个术士，有一种特殊技能，可以预先判断别人吃何种食物。大夫李栖筠不信他的话，把术士召来问："你看看我明天吃什么东西？"术士思考了半天才说："你吃两盘糕糜，二十碗桔皮汤。"第二天天刚亮，有诏书下让李大夫进宫。皇上用金盘盛来新糯米做的糕糜，请李大夫吃。李大夫面对皇上吃得一干二净。皇上很高兴，说："我看你吃得挺香"，再赐他一盘，他勉强吃光了。回到府上，肚痛腹泻，什么东西也吃不下去，只有喝桔皮汤，喝了二十碗才好。橘皮汤至今仍是中医治疗消化不良、肚痛腹泻的良方。

据《三辅黄图》所载：汉武帝在元鼎六年（前111年）破南越之后，在长安建起一座扶荔宫（宫以荔枝得名），用来栽植从南方移来的奇草异

---

①　（清）屈大均：《广东新语》下册卷二十五，中华书局1985年版，第558—560、632页。

②　（明）欧阳保：《日本藏中国罕见地方志丛刊·（万历）雷州府志》卷十六，书目文献出版社1990年版，第196、197、204、404、506页。据日本尊经阁文库藏明万历四十二年刻本影印。

③　（宋）曾慥编纂，王汝涛等校注：《类说校注》卷二十七"逸史"，福建人民出版社1996年版，第809页。

木，其中包括山姜十本、甘蔗十二本、龙眼、荔枝、槟榔、橄榄、千岁子、柑橘各百余本。虽然这些植物大都不到一年就凋零，但是武帝仍然连年移植，派人看护，倍加珍惜。可惜这些北移的果树很少开花结果，偶尔有一两株稍稍繁茂的，皇上就非常珍惜，一旦枯死，守卫扶荔宫的官员数十人都得连诛。后移植不行改为年年进贡，但长途运输劳民伤财。再后来，交趾太守陈述利弊才停止进贡。① 进贡是暂时停止了，但是北方人对南方水果的喜爱却与日俱增。现在，岭南人对金橘也情有独钟，特别喜欢过年在店门口或家里摆几棵桔树，因为“桔”、“吉”同音，讨个口彩。

南方物产传到北方，也闹了不少笑话，《启颜录》记载了一则“煮箦为笋”的笑谈：“汉人适吴，吴人设笋。问何物？曰：‘竹也。’归煮其箦，不熟。曰：‘吴人䡾辘，欺我如此。’”② 长江以南均产竹子，而北人不识。有一次，一位汉人到吴地，当地人请他吃竹笋，他问吃的啥，对方回答“竹子”。汉人回来后，把竹子编的箱子煮熟吃，却没有吴地的味道。于是，汉人说吴地人太狡猾了，欺负我。其实，别人并没有欺负他，只不过吃的是嫩竹子，用的是老竹子罢了。

目前，甘蔗传播的具体时间和路线无法考证，大约在周朝周宣王时从交趾传入中国南方。东晋著名画家顾恺之，世称他的才、画、痴三绝。他吃甘蔗与常人的办法不同，是从不太甜的梢头开始，渐至根部，越吃越甜，并且说这叫作“渐入佳境”。因为温度和日照的关系，雷州坡地适应种甘蔗，用甘蔗榨糖。“糖：名颇繁，不外乌白两种，乌者糖块，白者糖霜。……雷人婚嫁之礼必须糖，故糖价与米价等。雷之乌糖其行不远，白糖则货至苏州天津等处。”③ 种甘蔗的利润等于种稻的利润，当时糖价与米价一样贵，所以“雷人婚嫁之礼必须糖”，既表示美满婚姻像蔗糖一样甜，也是财富的象征。清代雷糖还远销苏州、天津等地。雷州半岛的遂溪县因

---

① 《三辅黄图》卷三，据文渊阁四库全书电子版引。

② （宋）曾慥编纂，王汝涛等校注：《类说校注》卷十四“启颜录”，福建人民出版社 1996 年版，第 426 页。

③ （清）雷学海修，陈昌齐等纂：《中国地方志集成 43·广东府县志辑·雷州府志》，上海书店出版社 2003 年版，第 89—90 页。

甘蔗产量大，甚至有"全国第一甜县"的美称。

南方的鲥鱼，以其鲜美闻名中原，一直是皇家贡品，《万历野获编》载："南京入贡船……系文皇帝初迁北平所设……其最急冰鲜，则尚膳监之。鲜梅、枇杷、鲜笋、鲥鱼等物，然诸味尚可稍迟，惟鲜鲥则以五月十五日进鲜于孝陵。始开船，限定六月末旬到京，以七月初一日荐太庙，然后供御膳。其船昼夜前征，所至求冰易换，急如星火。"① 在入贡船时，有皇家官员亲自监察，直接掌握鲥鱼的保鲜程度，沿途不断换冰，急如星火。皇族成员品尝鲥鱼之后，为示恩宠也将鲥鱼分赐给大臣们。那些得赐鲥鱼的宠臣们无不欣喜若狂，拱手称贺。

有诗云："五月鲥鱼已至燕，荔枝卢橘未应先。银鳞细骨堪怜汝，玉箸金盘敢望传。"②

皇家的穷奢极欲，客观上加速了南方物产在北方的传播速度，传播了优良作物品种，丰富了北方的物质构成。史料所反映出来的多为南方水果、海产的北运。

（二）南方食俗在北方

宋代，南方食俗不断被介绍到中原地区，南方饮食文化对中原的影响也越来越大。

两广人包括客家人吃"鱼生"之俗，乃是上古越人"不火食"（即生吃）的遗习流存。食"鱼生"有"理论"根据，冬天吃"鱼生"，因鱼为阳类，故有进补之用，以调和阴阳。屈大均云："凡有鳞之鱼，喜游水生，阳类也。冬至——阳生，生食之所以助阳也。"谚云："冬至鱼生，夏至犬肉。"岭南人制作"鱼生"最为精致。对此，屈大均在《广东新语》作了详尽的描述："粤俗嗜鱼生，以鲈、以鲩、以鳝白、以黄鱼、以青鲚、以雪鲮、以鲩为上。鲩，又以白鲩为上。以初出水泼刺者，去其皮剑，洗其血腥，细剑之为片。细肌白理，轻可吹起，薄如蝉翼，两两相比。沃以老醪，和以椒芷，入口冰融，至甘旨矣。而鲥与嘉鱼尤美……岭外人不知此

---

① （明）沈德符：《万历野获编》卷十七，中华书局1959年版，第431页。
② （清）姚之骃：《元明事类钞》卷三十九，据文渊阁四库全书电子版引。

味，不足与之言也。"① 可见，吃"鱼生"，从鱼的品种选择、刀法运用、佐料配制，都极有讲究，其质其味则"入口冰融，至甘美矣"。屈大均竟自豪得有点忘形宣称：北方人不知此味，"不足与之言也"。

但是，美食总是不分地域的被人们喜爱和接受，随着时间的推移，北方人逐渐接受南方的吃法。叶梦得在《避暑录话》也谈到与欧阳修相关的一段关于"鱼生"的佳话：

> 往时南馔未通，京师无有能斫鲙者，以为珍味。梅圣俞家有老婢，独能为之。欧阳文忠公、刘原甫诸人，每思食鲙，必提鱼往过圣俞。②

"鲙"同"脍"，细切的鱼肉，特指生食的鱼片。在南食未达京师前，人们是很少食"鱼生"的，更不用说会制作鱼肴了。鱼脍制作对刀工要求较高，梅家有老婢会此佳肴，欧阳修、刘原甫等人想吃"鱼生"，就提鱼上梅府。此类南馔还被荐为首味，可知南食之于北食的影响实非同一般。

据《东京梦华录》载，汴梁人在清明时节，都涌到城外郊游，钓得的鱼当即高价卖给游人，游人随时带烩具，乘鲜临水斫烩，用以佐酒，称为"一时珍味"。由生食到食鲜，鲜美是一脉相承且因地制宜的。

北宋科学家沈括，杭州人，晚年所作的《梦溪笔谈》谈到北方人烹调不得法而不得美食之事："如今之北方人喜用麻油煎物，不问何物，皆用油煎。庆历中，群学士会于玉堂，使人置得生蛤蜊一篑，令饔人烹之，久且不至。客讶之，使人检视，则曰：'煎之已焦黑而尚未烂。'坐客莫不大笑。"又有一次，沈括曾到一人家做客，馔品中有一品油煎鱼，但鱼鳞和鱼鳍事先没有去掉，让人不知如何下嘴。"余尝过亲家设馔，有油煎法，鱼鳞鬣虬然，无下筯处。主人则捧而横啮，终不能咀嚼而罢。"③ 主人夹起一条鱼横着啃起来，可是觉得不是滋味，咬了一口，只好作罢。

---

① （清）屈大均：《广东新语》下册卷二十五，中华书局 1985 年版，第 558—560、632 页。
② （宋）叶梦得：《避暑录话》卷下，据文渊阁四库全书电子版引。
③ （宋）沈括：《梦溪笔谈》卷二十四，上海书店出版社 2003 年版，第 204 页。

据孟元老《东京梦华录》记载，当时在北宋东京，经营地方风味的食店可分为三类：北食店、南食店和川饭店。其中，南食店供应有鱼兜子、桐皮熟脍面、煎鱼饭。有些街区，经营地方风味食品的食店比较集中，如东京城内寺东门大街的小甜水巷，"巷内南食店甚盛"。① 这些南食店之所以集中于此巷，可能是这一街区居住了大量南方人的缘故。

二 北方饮食的南传

南北朝时期，南方政权相对于北方来说更为稳定，北方人口的南迁不仅为南方带来了丰富的劳动力资源，还带来了北方的耕种方式，饮食习惯和栽培技术，在这一背景下，南方政权便大力推广种植北方粮食品种。首先，麦的种植在魏晋南北朝时期的南方得到了推广。东晋政府曾以法令推广种麦，太兴元年（318 年）下诏，"徐、扬二州，土宜三麦，可督令旱地投秋下种。至夏而熟，继新故之交，予以周济，所益甚大。"② 唐代，小麦初引种岭南，但"广州地热，种麦则苗而不实，北人将蔓菁子就彼种者，出土即变为芥"。③ "苗而不实"，未获成功。宋代，"岭南诸县，令劝民种四种豆及粟、大麦、小麦，以备水旱，官给种与之，仍免其税"。④ 政府推广种麦，不仅免费提供种子、技术，还免缴税，于是，岭南出现种麦景象。令人难以想象的是在大陆最南端的雷州半岛也产小麦，"九月种二月熟，徐闻最多，海康、遂溪少种……岭南麦罕佳者，唯雷最名。"雷州半岛出产的小麦在岭南属于最好的，逢年过节做各式面点，馈赠亲朋好友。"山坡多植麦，岁时遗馈糇饵粉糍，俱精细可嗜。"⑤

南宋时期，大量北方人南下，南北饮食习惯逐渐融合。吴自牧《梦粱录》中记载："向者汴京开南食面店，川饭、分茶，以备江南往来大夫，

---

① （宋）孟元老撰，邓之诚注：《东京梦华录注》卷之六，卷之三，中华书局 1982 年版。
② （唐）房玄龄等：《晋书》卷二十六"食货志"，吉林人民出版社 1995 年版。
③ （唐）刘恂：《岭表录异》卷上，卷中，卷下，据文渊阁四库全书电子版引。
④ 徐松：《宋会要辑稿·食货（一）》卷十六，中华书局 1997 年版。
⑤ （明）欧阳保：《日本藏中国罕见地方志丛刊·（万历）雷州府志》卷十六，书目文献出版社 1990 年版，第 196、197、204、404、506 页。据日本尊经阁文库藏明万历四十二年刻本影印。

谓其不便北食故耳。南渡以来，凡二百余年，则水土既惯，饮食混淆，无南北之分矣。"① 由此可见，早在北宋时，北方都城汴京（开封）已有专门为南方人开的面馆，南宋的面食店在临安（杭州）也已经十分普遍，食用人群不限于北方人。

随着小麦种植面积的增大，汤饼受到了广泛欢迎。唐代以前，中国的面食品笼统称为饼，汤饼，如三国时期魏国张揖的《广雅》中有明确的记载："馄饨，饼也。"② 《荆楚岁时记》载："六月……伏日，并作汤饼，名为辟恶饼。"③ 进入唐宋以后，面食制品日益增多，仅用"饼"一种称呼，已经无法区别不同的面食品种了，宋人黄朝英《靖康细素杂记》卷二专门有对"汤饼"的解释："凡以面为餐具者皆谓之饼，故火烧而食者，呼为烧饼，水瀹而食者呼为汤饼，笼蒸而食者呼为蒸饼，而馒头谓之笼饼宜矣。"④ 其中，"饼饵"是饼类食品的统称。《荆楚岁时记》六月的"汤饼"，可能是今天的面条，热乎乎地吃下可以出一身汗，以避暑湿。

汉武帝平定百越之前，雷州人以土著越人为主，饮食多反映岭南越人特色，平定百越之后，汉的饮食风俗习惯南渐，影响到了南方。今贵港市罗泊湾一号汉墓出土了许多农具及芋、甜瓜、木瓜、西瓜、葫芦、花椒、银花、桃、李、橄榄、梅子等许多农产品。"据考证，黄瓜、西瓜原产自西域，汉代才传入中原，葫芦瓜原产自北方。广西贵县罗泊湾出土的这些文物极有可能说明是从北方传入的。"⑤

宋代，南方接受北方以烧、烤、炸为主的烹饪方法并加以改良，如狗肉先烤后煮、烤乳猪、烧猪肉等，还结合中原的"炮"——于炭火中烘熟的烹饪方法，如烧蚝，形成独特的南方饮食习惯。

① （宋）吴自牧：《梦粱录》卷十六，据文渊阁四库全书电子版引。
② 王先谦：《释名疏证补》，上海古籍出版社1984年版，第205页。
③ （梁）宗懔撰，宋金龙校注：《荆楚岁时记》，山西人民出版社1987年版，第53页。
④ （宋）黄朝英：《靖康细素杂记》卷二，据文渊阁四库全书电子版引。
⑤ 安鲁、张小明、王雯、李奔：《秦至南北朝时期南北饮食文化的交流》，《安徽农业大学学报》（社会科学版）2004年第2期。

第四节 特殊食俗

岭南人饮食观念极为开放，敢于尝试创新，主要表现为饮食"奇特"，在食物原料的广泛汲取上，"虫豸能蠕动者均可食"，[①] 蛇、虫、鼠、蛤蟆、蚁等无所不食，还被冠以好听的名称。《岭外代答》"异味"概括比较全面：

> 深广及溪峒人，不问鸟兽蛇虫，无不食之。其间异味，有好有丑。山有鳖名蛰，竹有鼠名（鼠留），鸽鹳之足，腊而煮之。鲟鱼之唇，活而脔之，谓之鱼魂，此其至珍者也。至于遇蛇必捕，不问短长；遇鼠必执，不别小大。蝙蝠之可恶，蛤蚧之可畏，蝗虫之微生，悉取而燎食之。蜂房之毒，麻虫之秽，悉炒而食之。蝗虫之卵，天虾之翼，悉鲊而食之。……乃鲊莺哥而腊孔雀矣！[②]

岭南人吃的食物很杂，天上飞的如蝗虫之卵、天虾之翼，以及蜂房、麻虫、蝙蝠等，都"鲊而食之"；地上爬的如蛇、鼠、鸽鹳、鲟鱼、蛤蚧，不论大小，悉"燎食之"。

一 山珍

（一）蛇羹

"岭南人好啖蛇，易其名曰茅鳝，草虫曰茅虾，鼠曰家鹿，虾蟆曰蛤蚧，皆常所食者。"[③] 岭南人把蛇叫茅鳝，草虫叫茅虾，鼠叫家鹿，虾蟆叫蛤蚧，这些都是他们经常食用的东西。岭南还有卖蛇羹的，据说苏东坡携

---

① （宋）范成大撰，孔凡礼点校：《范成大笔记六种·桂海虞衡志》，中华书局 2002 年版，第 103、110、111、117、145、156 页。

② （宋）周去非著，杨武泉校注：《岭外代答校注》，中华书局 1999 年版，第 1、144、237—238 页。

③ （清）汪森编：《粤西诗载——粤西丛载》卷十八，引张师正《倦游杂录》，据文渊阁四库全书电子版引。

家眷到了广东惠州，"广南食蛇，市中鬻蛇羹"，他的小妾朝云每天吃买回来的"海鲜"羹，无甚异议，后来得知这"海鲜"羹竟是蛇羹时，"哇之，病数日竟死"，① 呕吐不止，没几天就死了。不是被毒死的，是被吓死的。蛇羹是剥皮、剔骨，切去蛇头、毒牙后制成的。岭南人把蛇肉称为佳肴，中原人却从不看重它。苏轼自己对蛇还能接受："平生嗜羊炙，识味肯轻饱。烹蛇啖蛙蛤，颇讶能稍稍。"②

岭南人吃蛇，也善于捕蛇：

> 蚺蛇……南人腊其皮，刮去鳞，以鞔鼓。蛇常出逐鹿食，寨兵善捕之。数辈满头插花，趋赴蛇。蛇喜花，必驻视，渐近，竞扚其首，大呼红娘子，蛇头益俛不动。壮士大刀断其首，众悉奔散，远伺之。有顷，蛇省觉，奋迅腾掷，傍小木尽拔，力竭乃毙。数十人舁之，一村饱其肉。③

捕获蟒蛇的方法很奇特，村寨的壮男围捕蟒蛇，须满头插花，蛇随即欢喜，大呼"红娘子"，蛇头就不会动了，壮士大刀断其头，众人散开，远远观察。蛇过一会才醒悟，奋力腾掷，把周围的树木拔尽，最后力竭而死。众人一哄而上，数十人抬着蛇回去，全村分而食之。蛇皮刮去鳞可以蒙成鼓面。

广人以蛇为珍品，不仅因其味美肉鲜，且传说可防生疮，有清热鲜毒之奇效。蛇的全身，无论是皮、肉、胆均可食用或上药。越俗食蛇法，以煲汤为盛。

（二）孔雀

岭南大地产孔雀，"南郡出孔雀，常以二月来翔，月余而去"。④ 雷州

---

① （宋）朱彧：《萍洲可谈》卷二，据文渊阁四库全书电子版引。

② （宋）苏轼：《东坡全集》卷二十三。卷四"杂兴答鲜于子骏"。据文渊阁四库全书电子版引。

③ （宋）范成大撰，孔凡礼点校：《范成大笔记六种·桂海虞衡志》，中华书局 2002 年版，第 103、110、111、117、145、156 页。

④ （宋）李昉等：《太平御览》卷九百二十四，引《华阳国志》卷七百五十九，卷一百七十二，卷九百四十二《南越志》。据文渊阁四库全书电子版引。

过去也产孔雀，《异物志》云："交趾、雷、罗诸州甚多。"① 作为贡品进贡朝廷："雷州海康郡土贡：丝电、斑竹、孔雀。"② 孔雀的生活情态很有意思：

> 都护罗州山中多孔雀，群飞者数十为偶。雌者尾短，无金翠。雄者生三年有小尾，五年成大尾，始春而生，三四月后复凋，与花萼相荣衰。然自喜其尾而甚妒，凡欲山栖，必先择有置尾之地，然后止焉。南人生捕者候甚雨往，尾沾而重，不能高翔。人虽至，且爱其尾，恐人所伤，不复骞翔也。虽驯养颇久，见美妇人好衣裳与童子丝服者，必逐而喙之。芳时媚景，闻管弦笙歌必舒张翅尾盻睐而舞，若有意焉。③

孔雀喜欢群居，以偶数配对。雌孔雀尾短，没有金翠的羽毛。雄孔雀长到三年，长短尾，五年后尾巴的羽毛就变得花枝招展，可以与百花争艳了。雄孔雀特别在乎它的羽毛，凡停下来，一定会找一处合适放置它长尾巴的地方。南方人往往等大雨后，孔雀尾巴重得不宜飞行时再捕获它。驯养很久的孔雀也不能改其爱美的个性，见到美妇人的漂亮衣服或绚丽童装，一定会追逐啄其芳香。孔雀颇有灵性，听到管弦乐声一定会随之起舞，好像听懂了音乐似的，"解人语，弹指应声起舞"。④

孔雀"喜卧沙中，以沙自浴，拍拍甚适"。⑤ 这是它的生活习性。

孔雀在中原人看来是吉祥的象征，瑞鸟，"宋武帝大明五年，广郡献白孔雀以为中瑞"。⑥ 中原人得孔雀，金屋藏之。南方人却把它看作寻常之

---

① （明）李时珍：《本草纲目》卷四十九，卷三十，卷四十二，卷三十二。据文渊阁四库全书电子版引。

② （宋）欧阳修：《新唐书》卷四十三上，据文渊阁四库全书电子版引。

③ （明）陈耀文：《天中记》卷五十八，据文渊阁四库全书电子版引。

④ 同上。

⑤ （宋）范成大撰，范凡礼点校：《范成大笔记六种·桂海虞衡志》，中华书局 2002 年版，第 103、110、111、117、145、156 页。

⑥ （梁）任昉：《述异记》卷下，据文渊阁四库全书电子版引。

鸟，腊成干肉吃掉，物以稀为贵罢了。《桂海虞衡志》第一次记载孔雀、鹦鹉为肉食："民或以鹦鹉为鲊，又以孔雀为腊，皆以其易得故也。此二事，载籍所未纪，自予始志之。"①

交趾郡人捕孔雀、养孔雀，都是为了饱口福。"交趾郡人多养孔雀，或遗人以充口腹，或杀之以为脯腊。""山谷夷民烹而食之，味如鹅，解百毒。人食其肉，饮药不能愈病。其血与其首，解大毒。"② 山民喜欢煮孔雀肉吃，味道像鹅肉，能解百毒。但是吃了孔雀肉之后，其他药就不管用了。孔雀血与孔雀头解毒药效最好。李时珍《本草纲目》说它，"肉气味咸凉，微毒，主治解药毒、蛊毒"。③

捕获孔雀要讲究方式方法："人又养其雏为媒，傍施网罝捕野孔雀，伺其飞下，则牵网横掩之"。人们用饲养的小孔雀叫声引诱大孔雀，在傍晚张网捕之，大功告成。用孔雀羽制成羽扇或者衣物，绚丽多彩。"齐文惠太子萧长懋性奢丽，制珍珍之物，织孔雀毛为裘，光彩金翠过于雉头远矣。"④ "交趾人多养孔雀，采金翠毛为扇。"⑤ 但是孔雀毛要从孔雀身上一根根活生生拔下来，否则毛色暗淡。"土人取其尾者，持刀于丛篁可隐之处自蔽，伺过急断其尾，若不即断，回首一顾，金翠无复光彩。"⑥

孔雀是瑞鸟，对人有感情。"孔雀衔衣"讲述了一个悲惨的故事：

> 檀道济元嘉中镇浔阳，十二年入朝，与家分别，顾瞻城阙，嘘欷涕零深，识者是知道济之不南旋也。故时人为其歌曰："生人作死别，荼毒当奈何？"济将发舟，所养孔雀，来衔其衣，驱去复至，如此数焉。以十三年三月伏诛。⑦

---

① （宋）范成大撰，孔凡礼点校：《范成大笔记六种·桂海虞衡志》，中华书局 2002 年版，第 103、110、111、117、145、156 页。
② （明）陈耀文：《天中记》卷五十八，据文渊阁四库全书电子版引。
③ （明）李时珍：《本草纲目》卷四十九，卷三十，卷四十二，卷三十二。据文渊阁四库全书电子版引。
④ （明）陈耀文：《天中记》卷五十八，据文渊阁四库全书电子版引。
⑤ （唐）刘恂：《岭表录异》卷上，卷中，卷下，据文渊阁四库全书电子版引。
⑥ （明）陈耀文：《天中记》卷五十八，据文渊阁四库全书电子版引。
⑦ 同上。

元嘉中，檀道济镇守浔阳，元嘉十二年入朝，与家人分别，也许预感他再也回不来了，船将起航时，他养的孔雀衔住他的衣服，驱赶几次又飞回衔其衣。第二年，檀道济果然在京城被杀。有时候，孔雀比人还有感情，更有灵性，真是令人唏嘘不已。

（三）天虾

"天虾。状如大飞蚁。秋社后，有风雨，则群堕水中，有小翅，人候其堕，掠取之为鲜。"[1] 秋天，如果有风雨，大飞蚁从天降落水面，人们争相捞起炒食或油炸，谓之"天虾"。天上飞的，地上爬的，只要没有毒，岭南人都敢于尝试，足见岭南人在开发食源上极具创造力且声名远播，这也是现今粤菜以食料广泛为一大特色的根源所在。

（四）蜈蚣

雷州半岛的蜈蚣特别大，《交州记》云："大蜈蚣出徐闻界，取其皮可以冒鼓。"《南越志》记载："大蜈蚣长数丈，能噉牛，或遇之，则鸣鼓燃火炬以驱逐之。取其肉曝为脯，美于牛肉。"[2] 大蜈蚣有几丈长，能吃掉一头牛。人如果遇到它，敲锣打鼓点火把驱赶它。大蜈蚣的肉晒成肉干，味道比牛肉还美。

（五）蜂蛹

岭南人吃蜂蛹，一般直接食用，那就是原生态的蜂王浆。蜂蛹烧烤，味道与蚕蛹相似。《本草图经》云："蜜蜂在蜜，脾中如蛹，白色。大黄蜂即人家屋上作房，及大木间（侯瓜）（娄瓜）蜂子也，岭南人作馔食之，黄色比蜜蜂更大。土蜂即穴上居者，最人螫人或至死。"[3] 蜂的种类很多，除了蜜蜂，还有个头较大的大黄蜂，栖息于房屋上或者瓜蒌间，当地人最喜欢食用，还有一种土蜂，最大的可以蜇死人。

（六）蜜唧

古书记载："岭南獠民好为蜜唧，即鼠胎未瞬，通身赤蠕者，饲之以

---

① （宋）范成大撰，孔凡礼点校：《范成大笔记六种·桂海虞衡志》，中华书局 2002 年版，第 103、110、111、117、145、156 页。

② （清）郝玉麟等修：《广东通志》卷十九，卷四十，卷五十一，卷五十二，卷五十七，台湾商务印书馆 1986 年影印本。

③ （明）冯复京：《六家诗名物疏》卷五十三，据文渊阁四库全书电子版引。

蜜，钉之宴上，嗖嗖而行，以箸挟取，啖之唧唧作声，故曰'蜜唧'。"① 即把未睁眼的小老鼠用蜂蜜喂养，钉在宴桌上，它拼命地往前爬，但是声音轻细，用筷子夹取，生食"唧唧作响"，叫作"蜜唧"。这是自然天成的工艺菜，能爬会走的艺术品。然而，这道好菜只有尊贵的客人来了，主人才上。像猫一样大小的老鼠不能生食，只能腌制成鼠肉干。苏轼在"闻子由瘦"中还劝苏辙在雷州入乡随俗："五日一见花猪肉，十日一遇黄鸡粥。土人顿顿食薯芋，荐以熏鼠烧蝙蝠。旧闻蜜唧尝呕吐，稍近虾蟆缘习俗。"② 蛤蟆（青蛙和蟾蜍的统称）也被越人视为上等佳肴，他们喜欢用芋头来煮蛤蟆，称为"抱芋羹"。另一种做法是用细长的竹笋来煮，蛤蟆煮熟后，瞪眼张口，竹笋插入口中，这道菜称为"卖灯心"。③

（七）秋风鸟

"秋风鸟出雷州，至八月中秋前五日，水中鱼化为鸟，从风而起，土人网得肥美可食，中秋后则无之，故曰秋风鸟。"④ "水中鱼化为鸟"不可信，但是，海边岛屿是鸟类的乐园，是各种海鸥、鹭类等海鸟生儿育女的场所，滩涂上大量的螺、蚝、贝类是海鸟的食物。秋风吹起的时候，这些鸟儿正肥，当地人以时间命名"秋风鸟"。现当地农贸市场偶尔还有卖。

二 海味

《投荒录》"岭南女工"条载："岭南无问贫富之家，教女不以针缕绩纺为功，但躬庖厨勤刀机而已。善酰醢菹者，得为大好女矣。斯岂遐裔之天性欤。故俚民争婚聘者，相与语曰：'我女裁袍朴袄，即灼然不会；若修治水蛇、黄鳝，则一条必胜一条矣'"。⑤ 岭南人家无论贫富，培养女孩子不注重纺织、女红，却把善于厨艺定为"好女"的标准，把善于烹饪水产与善治水蛇、黄鳝作为争相"婚聘"的基本条件。虽属形

---

① （清）陈元龙：《格致镜原》卷八十八，据文渊阁四库全书电子版引。

② （宋）苏轼：《东坡全集》卷二十四，卷十三，卷九十三，卷八十三，卷二十二，卷九十八。据文渊阁四库全书电子版引。

③ （宋）李昉等：《太平广记》卷四百八十三，据文渊阁四库全书电子版引。

④ （清）吴绮：《岭南风物记》，据文渊阁四库全书电子版引。

⑤ （宋）李昉等：《太平广记》卷四百八十三，据文渊阁四库全书电子版引。

象笔法，但却反映了岭南人好食水族的历史事实。岭南此风，源于越人古俗。

（一）贝子

海边贝子种类繁多，"大者如拳，上有紫斑，小者指面大，白如玉。"是海边居民日常食物。清水煮贝子汤、炒贝子是两种最常见的做法。

（二）石蟹

"生海南，形真是蟹。云是海沫所化，理不可诘。又有石虾，亦其类。"石蟹就是海中蟹，过去解释它们是海水泡沫变化而为，不可信，不可信的解释却反映出一个道理：神话般的解释来源于人类社会早期对某一物质的不理解、不认识。

（三）嘉鱼

"状如小鲫鱼，多脂，味极腴美。出梧州火山，人以为鲊，以饷远。"① 雷州半岛也有火山湖，也有此小鱼，一般把它腌制后，作为馈赠亲友的佳品。

（四）虾姑

"状如蜈蚣，食虾。"② 本地人把"虾姑"称为"虾爬"，这名称更能表现它们在水中划动的样子，当地人喜欢用胡椒焖煮。

（五）鲎

"鲎背上有骨如扇，乘风而行，名鲎帆。其众如簰筏，名鲎簰。"③ 鲎的外形让初到海边的人惊奇。吴曾《能改斋漫录》引《文选》左太冲《吴都赋》曰："乘鲎鼋鼍，同罛共罗。"又引刘渊林注云："鲎形如惠文冠，青黑色，十二足，似蟹，足悉在腹下，长五六寸。雌尝负雄，行渔者取之必得其双，故曰乘鲎。南海、朱崖、合浦诸郡皆有之。"④ 鲎、鼋、鼍成群

---

① （宋）范成大撰，孔凡礼点校：《范成大笔记六种·桂海虞衡志》，中华书局 2002 年版，第 103、110、111、117、145、156 页。

② （宋）曾慥编纂，王汝涛等校注：《类说校注》下册《酉阳杂俎》卷四十二，福建人民出版社 1996 年版，第 1267、1268 页。

③ （宋）曾慥编纂，王汝涛等校注：《类说校注·番禺杂记》上册，福建人民出版社 1996 年版，第 102、103、104 页。

④ （宋）吴曾：《能改斋漫录》卷十五"辨鲎"，据文渊阁四库全书电子版引。

出行，远看像"鲨帆"，又像"簸箕"。外形如惠文冠，惠文冠即秦冠也，身体呈青褐色或暗褐色板状，包被硬质甲壳。如果是成年鲨可以食虾和小鱼。春夏季是鲨的繁殖季节，雌雄一旦结为夫妻，便形影不离，肥大的雌鲨常驮着瘦小的丈夫蹒跚而行，此时捉到一只鲨，提起来便是一对，故鲨享有"海底鸳鸯"之美称。

鲨的祖先出现比恐龙还早大约 4 亿年，其原始而古老的相貌一直不变，故有动物"活化石"之称。鲨的血是蓝色的，鲨的肉、卵均可食用，其壳、尾、卵、肉和血均可入药，是止血、清热解毒的良药。鲨肉内含有一种大分子非特异蛋白致敏性物质，吃鲨可引发皮肤过敏性斑疹、红肿和搔痒，严重时可导致过敏性休克或致死性毒性反应，中毒的死亡率较高。[①]鲨肉的口感较差，食用后容易发生机体过敏和中毒性休克等现象。雷州本地现在还有专人烹饪，少量人品尝。

三 特色水果

啖荔枝、尝鲜果，宋人笔记对岭南佳果记载较多，也最羡慕。

（一）荔枝

岭南各地均产荔枝。"自湖南界入桂林，才百余里，便有之，亦未甚多。昭平出榧核、临贺出绿色者尤胜。自此而南，诸郡皆有之，悉不宜干，肉薄味浅，不及闽中所产。"[②] 岭南荔枝种类繁多，有焦核荔枝、绿皮荔枝、红皮荔枝等，但岭南荔枝肉薄味浅，过去人们认为不及闽中所产。但是雷州半岛荔枝"产徐闻者大而美"。[③] 清康熙进士雷州人陈瑸有"玳瑁远来随汉使，荔枝新入纪秦碑"[④] 的记载：海龟类动物玳瑁装饰品是汉代由使臣从外洋引入的，荔枝在雷州半岛种植则是先秦时期便铭刻在碑上

---

① 广西海洋研究所梁广耀：《北部湾鲨资源的初步调查》，《广西农业科学》1985 年第 2 期。《中国鲨人工育苗的初步研究》，《海洋科学》1987 年第 1 期。

② （宋）范成大撰，孔凡礼点校：《范成大笔记六种·桂海虞衡志》，中华书局 2002 年版，第 103、110、111、117、145、156 页。

③ （清）郑俊修、宋绍启：《中国方志丛书·华南地方 185·（康熙）海康县志·地理志上卷》，成文出版社 1974 年版，第 73 页。

④ 邓碧泉编选·校注：《陈瑸诗文集》，人民日报出版社 2004 年版，第 157 页。

的，见证了荔枝在秦汉以前本地就有种植的历史。20 世纪 60 年代，雷州半岛的廉江县保存了我国内陆唯一的百亩连片的野生荔枝林，据科普作家贾祖璋的《南州六月荔枝丹》一文介绍，"荔枝原产于我国，是我国的特产。海南岛和廉江有野生的荔枝林，可为我国是原产地的明证。"① 这也是荔枝为雷州半岛原产地的明证。

荔枝最好是新鲜吃，干荔枝就没有了特殊的鲜味。鲜荔枝味美无与伦比，历代文人墨客吟诵佳果，大多会提到荔枝。曾子固有"解笑诗人夸博物，只知红果味酸甜"；白乐天有"津液甘酸如醴酪"；杜子美有"红颗甜酸只自知。"②

荔枝红色外衣，肉色白嫩，味道甜中带酸，让人总把它跟美女联系在一起。"一骑红尘妃子笑，无人知是荔枝来"，让岭南鲜果与江山美女一起融入历史，更加深人们对荔枝的厚爱。《杨妃外传》还记载："贵妃生日，上命小部音声于长生殿奏新曲，未有名，会南海进新荔枝，因以曲名荔枝香。"③ 把新奏曲命名为"荔枝香"，将听觉、味觉、视觉巧妙地结合。

每年荔枝成熟时，雷州半岛家家户户设"红云宴"招待客人，那满眼的红点缀在一片绿海中，真是美妙无比。

荔枝性热，不能多吃，否则容易上火，"荔多而醉者，以壳浸水饮之则解，粤人或以苦瓜或以蜜以盐"。④ 吃多了荔枝叫"荔枝醉"，吃时连同壳下的假皮一块吃，或者吃苦瓜、喝蜂蜜水、盐水可以减少热性。雷州本地人用金弹子解决，"金弹子，俗名黄皮果，大如龙眼……啖荔枝太多者，食此可以解之。"谚曰："饥食荔枝，饱食黄皮。"⑤

荔枝采摘也有讲究，最好在中午，因为"荔枝熟，人未采，则一日

① 贾祖璋：《花鸟虫鱼与文学》，湖南教育出版社 2002 年版，第 8 页。

② （宋）张邦基：《墨庄漫录》卷四，据文渊阁四库全书电子版引。

③ （宋）曾慥编纂，王汝涛等校注：《类说校注》上册，《杨妃外传》（卷一），福建人民出版社 1996 年版，第 27 页。《东斋记事》（卷二十二），第 699 页。

④ （明）方以智：《物理小识》卷六，据文渊阁四库全书电子版引。

⑤ （清）雷学海修，陈昌齐等纂：《中国地方志集成 43·广东府县志辑·雷州府志》，上海书店出版社 2003 年版，第 90 页。

虫不敢近。人采则虫、鸟、蝙蝠之类无不残伤者。故采荔枝者，日中而
采之"。①

荔枝林和荔枝

（二）椰子

史料中有关椰子的记载亦有很多，对椰子的性状、功能等皆详细记
载，如：

> 椰子生安南及海外诸国，木如棕榈，大者高百余尺，花白，如千
> 叶芙蓉。一本花不过三五颗，其大如斗至差小。外有黄毛软皮，中有
> 壳，正类槟榔，故有人为诗云："百果之中尔最珍，槟榔应是汝玄孙。"
> 沈佺期亦有《题椰子》诗云："丛生雕胡首，圆实槟榔身。"壳止有二
> 冗，牙出冗中。壳内类罗菔，皮味苦，肉极甘脆。蛮人甚珍之。②

椰子与棕榈、槟榔同属于棕榈科，"子生叶间，一穗数枚，枚大如五
升器。"椰子一身都是宝，椰子壳可以作器皿，瓤可以吃，干脆，味如牛
乳，"子中瓤白如玉，味美如牛乳"。③ 椰子汁可以喝，"中有汁大者一二

---

① （宋）曾慥编纂，王汝涛等校注：《类说校注》上册，《杨妃外传》（卷一），福建人民出版
社 1996 年版，第 27 页。《东斋记事》（卷二十二），第 699 页。

② （宋）王辟之：《渑水燕谈录》卷九，据文渊阁四库全书电子版引。

③ （宋）范成大撰，孔凡礼点校：《范成大笔记六种·桂海虞衡志》，中华书局 2002 年版，
第 103、110、111、117、145、156 页。

升，蛮人谓之椰子酒，饮之得醉"。① 椰子酒其实是椰子汁，喝多了古人认为也会醉。苏颂《本草图经》载："南人取其肉，糖饴渍之，寄至北中作果。"② 椰子肉还可以用糖制成干果储存或寄到中原。椰子皮煮汁能止血，也可以治疗呃逆呕吐，椰肉益气生风。"椰子，雷间种之，然不如他郡之盛。"③ 相比之下徐闻较多。

（三）龙眼

"荔枝过即龙眼熟，故谓之荔枝奴。"④ 雷州一年四季水果不断，荔枝过后龙眼上市，运到远方味道即变，只能吃到龙眼干——桂圆肉。雷州产量不大，遂溪最甜。

（四）橄榄

苏东坡流寓岭南，对橄榄格外看重，有两首诗为证：

> 纷纷青子落红盐，正味森森苦且严。待得微甘回齿颊，已输崖蜜十分甜。⑤
>
> 风前橄榄星宿落，月下枇榔羽扇开。静嘿堂中有相忆，清江或遣化人来。⑥

橄榄别名青果，因果实呈青绿色时即可鲜食而得名。又称谏果，因初吃时味涩，久嚼后，满口甘香，回味无穷，比喻忠谏之言，虽逆耳，而于人终有益，也喻做人先苦后甜。南人夸奖云："比至尔回味时，我已甜讫。"⑦

---

① （宋）王辟之：《渑水燕谈录》卷九，据文渊阁四库全书电子版引。
② （宋）唐慎微：《证类本草》卷十四，据文渊阁四库全书电子版引。
③ （清）刘邦柄等：《中国地方志集成44·广东府县志辑·（嘉庆）海康县志》，上海书店出版社 2003 年版，第 46 页。
④ （晋）嵇含：《南方草木状》卷下，卷上。卷中。据文渊阁四库全书电子版引。
⑤ （宋）苏轼：《东坡全集》卷二十四，卷十三，卷九十三，卷八十三，卷二十二，卷九十八。据文渊阁四库全书电子版引。
⑥ （宋）苏轼：《东坡全集》卷三十"和黄龙清老三首"，据文渊阁四库全书电子版引。
⑦ （宋）曾慥编纂，王汝涛等校注：《类说校注·西清诗话》（卷五十七）下册，福建人民出版社 1996 年版，第 1699 页。

中医认为橄榄有清热解毒、利咽化痰、生津止渴等功效，可以治疗咽炎及喉咙不适等症，还能解暑热烦渴，醒酒，解食轻微鱼蟹中毒等不适。冬春季节，每日嚼食2—3枚鲜橄榄，可防止上呼吸道感染。橄榄与盐同食，则无苦味。秋季果实饱满采收，晾晒干燥用，或以盐水浸渍后晒干用。盐腌制过的橄榄，一样有利咽消炎的功效，口感会比新鲜的易入口。

雷州半岛各县均种植橄榄，人们采摘橄榄也很有意思：于"数根深广寸许，入盐于中，则其子自落"。① 橄榄木高难采，如果想催熟橄榄，只要在树根处用盐擦树身，橄榄熟了会自然落下来，苏东坡诗"纷纷青子落红盐"写的就是这一景象。

青橄榄煲猪肺汤是广东人的家常汤品。青橄榄煲白萝卜汤，又称"青龙白虎汤"，用于治疗喉症，消炎。

（五）柚子

雷州半岛北部产柚子，"柚子，南州名臭柚，大如瓜，人亦食之。皮甚厚，打碑者卷皮蘸墨，以代毡刷，宜墨而不损纸，极便于使用。此法可传，但北州无许大柚耳"。② 柚子大如冬瓜，尚有"臭柚"之称，出南方，它在每年的农历八月十五左右成熟，所以也是中秋节的应景水果。柚子外形浑圆，象征团圆。柚子的"柚"和庇佑的"佑"同音，柚子即佑子，被认为有吉祥的含义。柚子因皮厚耐藏，一般可存放三个月而不失香味，故有"天然水果罐头"之称。过年的时候吃柚子，象征着金玉满堂，柚和"有"谐音，是"大柚大有"的意思，预示除去霉运，带来来年好运势。

柚子清香、酸甜、凉润，营养丰富，药用价值很高，也是医学界公认的最具食疗效果的水果。中医认为，柚子果肉性寒，味甘、酸，有止咳平喘、清热化痰、健脾消食、解酒除烦的医疗作用。现代医药学研究发现，柚肉中含有非常丰富的维生素C以及类胰岛素等成分，故有降血糖、降血脂、减肥、美肤养容等功效。经常食用，对高血压、糖尿病、血管硬化等

---

① （清）刘邦柄等：《中国地方志集成44·广东府县志辑·（嘉庆）海康县志》，上海书店出版社2003年版，第46页。

② （宋）范成大撰，孔凡礼点校：《范成大笔记六种·桂海虞衡志》，中华书局2002年版，第98、101、118、137页。

疾病有辅助治疗作用。古代柚子皮可以用来代替毡刷，蘸墨打碑。当代，用柚皮制成柚皮糖，是馈赠佳品。柚皮营养丰富，具有暖胃、化痰、健脾、润喉、清火通便、降脂降糖等食疗作用，特别适合于中老年人和糖尿病患者。《本草纲目》中说柚皮有"消食快膈，散愤懑之气，化痰"① 等作用。

（六）余甘子

余甘子，"其子先苦后甘，故曰'余甘'"。② 其果鲜食酸甜酥脆而微涩，回味甘甜，又名喉甘子、庵罗果、牛甘果等。具有化痰、生津、止咳、解毒的功效。能治疗感冒发热、咳嗽咽痛、白喉、烦热口干等。

"南方余甘子，风味过于橄榄，多贩入北州。方实时零落藉地，如槐子榆荚，土人干以合汤，意味极佳。其木可以制器，钦阳所产为最，盖大如桃李，清芬尤甚也。世间百果无不软熟，唯此与橄榄虽腐尤坚脆，可以比德君子。"③ 余甘子很特别，口味超过橄榄，有些地方也称为橄榄。世间百果熟透就软，而橄榄与余甘子即使熟透了也仍然坚脆，有人用他们比喻君子之德——清廉、刚直不阿。雷州半岛产余甘子，"圆如龙眼，味似橄榄，产遂溪。"④ 当地人喜欢晒干之后煲汤。

（七）菠萝蜜

"菠萝蜜：树高，生子圆，有刺附枝干，生者大，味甜性最热。"⑤ 菠萝蜜又名木菠萝、树菠萝、大树菠萝、蜜冬瓜，隋唐时从印度传入中国，称为"频那挲"（梵文 Panasa），宋代改称菠萝蜜，沿用至今。我国海南、广东、广西等地有栽培。菠萝蜜是世界上最重、最大的水果，一般重达5—20公斤，最重超过50公斤，加之果实肥厚柔软，清甜可口，香味浓

---

① （明）李时珍：《本草纲目》卷四十九，卷三十，卷四十二，卷三十二。据文渊阁四库全书电子版引。
② （宋）曾慥编纂：《类说》卷三十五，据文渊阁四库全书电子版引。
③ （宋）周去非著，杨武泉校注：《岭外代答校注》，中华书局 1999 年版，第 203、204、237、303、420、437、442、444、447、448 页。
④ （清）郑俊修、宋绍启：《中国方志丛书·华南地方 185·（康熙）海康县志·地理志上卷》，成文出版社 1974 年版，第 73 页。
⑤ 同上。

郁,被誉为"热带水果皇后"。菠萝蜜皮像锯齿,有六角形瘤,突起,坚硬有软刺,如"佛髻";果肉被乳白色的软皮包裹着,有数十个淡黄色果囊,鲜果肉香甜爽滑,"削其皮食之,味极甘";[①]有特殊的蜜香味,吃完后不仅口齿留芳,手上香味更是久久不退。在雷州半岛的徐闻,人们经常会用蜂蜜和菠萝蜜的果实泡浸成菠萝蜜酒,这种液体金黄的甜酒被人称为"徐闻液";除此之外,当地人还用米汤泡上菠萝蜜树叶配成偏方来治肚痛等疾病。有雷谣赞"一层刺,二层墙,中间有个靓新娘"。现雷州市种植4万多株,有"干包"、"水包"两种,年产约1000吨。[②]

菠萝蜜树木高大,遮天蔽日

菠萝蜜甜、软、香

还有一道在雷州半岛能吃到的名菜——炒菠萝蜜,即用百合、腰果、酥炸花生配合菠萝蜜一起制作;百合清香,菠萝蜜淡香,花生腰果清脆,吃着口感清新,香味浓郁。但菠萝蜜不能多吃,性极热。菠萝蜜树干强健,高大,适合作行道树、园景树。

雷州半岛还有一些特殊的水果,如倒捻子、梦想。倒捻子因"倒捻其蒂以去心而后食之,故名。"果汁颜色、树根均呈绛紫色,且沾染上衣服洗不掉,所以苏东坡说这是一种"海漆",当地人用来作绘画颜料。[③]"梦想出雷州,不知何木,大如鸭卵,以其实切片泡汤,只用一二片即满一

① (宋)范成大撰,孔凡礼点校:《范成大笔记六种·桂海虞衡志》,中华书局2002年版,第98、101、118、137页。

② 牧野主编:《雷州历史文化大观》,花城出版社2006年版,第63页。

③ (清)雷学海修,陈昌齐等纂:《中国地方志集成43·广东府县志辑·雷州府志》,上海书店出版社2003年版,第90页。

碗，甘美殊异常品。"①

四　奇特吃法

（一）鼻饮

　　邕州溪峒及钦州村落，俗多鼻饮。鼻饮之法，以瓢盛少水，置盐
及山姜汁数滴于水中，瓢则有窍，施小管如瓶嘴，插诸鼻中，导水升
脑，循脑而下入喉。富者以银为之，次以锡，次陶器，次瓢。饮时必
口嚼鱼鲊一片，然后水安流入鼻，不与气相激。既饮必噫气，以为凉
脑快膈，莫若此也。止可饮水，谓饮酒者，非也。谓以手掬水吸饮，
亦非也。史称越人相习以鼻饮，得非此乎？②

　　越人过去都有鼻饮习俗，宋代周去非在钦州还看见这种风俗并详细记
载下来：用瓢盛水，在水里放盐或者几滴山姜汁，插小吸管到瓢中，用鼻
吸水，水升脑再入喉，这就是鼻饮，他们认为这样饮水可以"凉脑快膈"，
让头脑与胸中迅速凉快下来，谓"水自鼻入，咽快不可言。"③ 富贵之家用
银，小户人家用锡，一般人家用陶制成盛水的器皿，贫穷人家只能用瓜瓢
了。在鼻饮时，口咀嚼腌鱼一片，避免口、鼻之气相通。周去非在此处更
正两个说法：有人认为越人饮水饮酒都用鼻饮，其实不然，此法只限于饮
用水，饮酒不用此法。鼻饮也不是用手"掬水吸饮"，而是"以瓢盛少
水"，"施小管如瓶嘴，插诸鼻中"。

　　（二）不乃羹

　　交趾之人重不乃羹，羹以羊鹿鸡猪肉和骨同一釜煮之，令极肥

---

　　① （清）吴绮：《岭南风物记》，据文渊阁四库全书电子版引。
　　② （宋）周去非著，杨武泉校注：《岭外代答校注》，中华书局1999年版，第203、204、
237、303、420、437、442、444、447、448页。
　　③ （宋）范成大撰，孔凡礼点校：《范成大笔记六种·桂海虞衡志》，中华书局2002年版，
第98、101、118、137页。

浓，漉去肉，进葱姜，调以五味，贮以盆器，置之盘中。羹中有嘴银杓，可受一升。即揖让，多自主人先举，即满斟一杓，内嘴入鼻，仰首徐倾之，饮尽。传杓如酒巡行之，吃羹了然，后续以诸馔，谓之不乃会。交趾人或经营事务，弥缝权要，但备此会，无不谐者。①

羹，就是汤之类，广东人现在也爱喝汤；乃，只，仅仅之意。据刘恂《岭表录异》载，交趾那边的人最看重这不乃羹了，他们把羊、鹿、鸡、猪肉和骨头一锅煮，一直煮熬直至那锅汤极为浓酽，然后再把肉捞去，加入葱姜，调出五味，盛入汤碗，端上盘来，然后开吃。一般是主人先来，拿一个大得可以盛一升的大银勺，装满，"内嘴入鼻"，仰着头慢慢吸净。主人吃完，大家再像饮酒一样巡过。等不乃羹吃完，再上别的菜。那时，交趾人凡办大事、经营事务、结交权贵、修复关系，都要备这"不乃会"。"不乃羹"、"不乃会"的意思不仅仅是"羹"，不仅仅是"宴会"，还是一种交际方式。

（三）骨羹

真宗时。有人奉使交趾。以骨羹配笼饼而食，羹中血皆如皂荚子，虽味不甚佳，莫知其何以致然。洎回，苦求其法，乃取牛蝉沦而去其皮耳。②

"骨羹"红似血，推测是当地煲汤喜欢放中草药如鸡血藤，汤呈红色所致。雷州当地喜用各种中草药熬骨头汤，谓之去湿降火。"土人……杂羹中谓之骨董羹。"③ 岭南人熬制骨头汤、煲老火靓汤的习俗至今不改。

（四）抱羊羹

百越人以虾蟆为上味，先于釜中置小羊，候汤沸，虾蟆皆抱羊而

---

① （唐）刘恂：《岭表录异》卷上，卷中，卷下，据文渊阁四库全书电子版引。
② （宋）江少虞：《事实类苑》卷六十二，据文渊阁四库全书电子版引。
③ （清）郝玉麟等修：《广东通志》卷五十一，卷十九，卷五十七，卷四十，卷五十二，台湾商务印书馆 1986 年影印本。

熟，谓之"抱羊羹"。又云：瘠者皮最佳，故人云，切不可脱去，此乃"锦袄子"。①

百越人喜欢煲汤，尤其喜欢喝鲜汤，如用虾蟆和小羊放在釜中，汤熟可见虾蟆皆抱羊，这汤因形象而得名"抱羊羹"。虾蟆又名虎纹蛙、水鸡，虾蟆皮越疙瘩越难看越好，这层"锦袄子"不能脱掉，因为它具有清热解毒，健脾消积的作用，能治痈肿、热疖、口疮、瘰疬、泻痢、疳积。《本草衍义补遗》云："虾蟆味甘性寒，南人多食之，《本草》言服之不患热病，由是病人亦煮食之。"② 虾蟆体型硕大，肉质鲜美，是南方居民喜欢食用的蛙类。

（五）老鲊

> 南人以鱼为鲊，有十年不坏者。其法以鳞及盐面杂渍，盛之以瓮，瓮口周为水池，覆之以椀，封之以水，水耗则续。如是，故不透风。鲊数年生白花，似损坏者。凡亲戚赠遗，悉用酒鲊，唯以老鲊为至爱。③

这里介绍的是腌制咸鱼的方法，雷州本地居民现在仍用此法，即用盐把鱼里外涂抹一遍，装进罐子里，灌口用碗覆盖，用水封口，封口水干了再续，不让里面透风。这种腌鱼可以保存几年不坏，是南人最看重的鲊。老酒鲊鱼是南人的至爱，用来赠送亲戚朋友。还可以直接用盐面涂抹鲜鱼内外，埋入地下，吃时翻出。雷州半岛有"咸鱼蒸猪肉，不用盐不用油"的俗语，且当地人认为吃咸鱼下火。"咸鱼翻身"被认为是不可能的事情。

食物不丰富，稀少食物的精细加工成为招待贵客的首选，这种腌鱼习

---

① （宋）曾慥编纂，王汝涛等校注：《类说校注·南楚新闻》（卷四十五）下册，福建人民出版社1996年版，第1366页。

② （明）李时珍：《本草纲目》卷四十九，卷三十，卷四十二，卷三十二。据文渊阁四库全书电子版引。

③ （宋）周去非著，杨武泉校注：《岭外代答校注》，中华书局1999年版，第203、204、237、303、420、437、442、444、447、448页。

俗现今在广西、贵州等少数民族地区仍然盛行，侗族有"十年酸鱼送老酒，做人一世也低得"的俗语。

鱼鲊是中国一种具有特殊风味的传统佳肴，两千多年间一直是人们下酒佐饭的美味，不唯岭南独有，长江以南都有大同小异的各种做法。吴中多用龙溪池中莲叶包，腌制几日后比放在瓮中别有一番风味，故白居易有诗句赞美："就荷叶上包鱼鲊，当石渠中浸酒瓶。生计悠悠身兀兀，甘从妻唤作刘伶。"① 魏晋至隋唐时期尤为盛行，东晋名将谢玄于军务之余钓鱼，自制成鱼鲊，寄给远方的爱妻，遂被传为风流佳话。《大业拾遗记》载，隋大业间，吴郡官员曾向隋炀帝进贡过鲤鱼鲊，炀帝对此味很感兴趣。

上述这些熬汤、腌鱼的吃法至今有上千年的历史，可谓吃得古老，这是雷州半岛饮食风俗的历史传承。

第五节 酒茶习俗

一 饮酒习俗

（一）打壁

溪峒及邕、钦、琼、廉村落间，不饮清酒，以小瓮干酝为浓糟而贮留之。每筵客，先布席于地，以糟瓮置宾主间，别设水一盉，副之以杓。开瓮，酌水入糟。插一竹管，管长二尺，中有关捩，状如小鱼，以银为之。宾主共管吸饮，管中鱼闭，则酒不升。故吸之太缓与太急，皆足以闭鱼，酒不得而饮矣。主饮鱼闭，取管埋之以授客。客复吸饮，再埋管以授主。饮将竭，再酌水搅糟，更饮至甚醨而止。其为寿也，不别设酒，主人妻子同寿客。其妻先酌水入瓮，致词，以管授客。饮已，男若女迭酌水为寿。客之多饮寿酒也，实多饮水耳。名

---

① 《御定佩文斋咏物诗选》卷二百四十三，据文渊阁四库全书电子版引。

曰打甏，南人谓瓮为甏。①

打有击、敲、注入等意；甏指瓮一类的器皿。打甏就是不断用清水注入酒瓮、用同一吸管轮流饮酒以延客之俗，是古代岭南少数民族的一种祝寿饮酒法。在宋以前，邕、钦、琼、廉村落间及溪峒，少数民族喜欢饮清酒，即用小坛酿酒，酒糟与酒一块存在坛中。每每请客，先把竹席铺在地上，酒坛放在主宾之间，旁边有一盆水和一木勺；把酒坛打开，舀一勺水放到酒坛里，插一根二尺长的竹管入酒坛中吸酒，管中有一个银质的小鱼形状的开关，吸酒太急或太缓，"鱼开关"都会自动关闭。主人吸一口后交给客人吸，客人吸一口后又交还给主人。酒薄后往里加水搅拌，直至宴会结束。饮寿酒也是同理。男女聚会名为喝酒，其实是喝水罢了。

这是古代遗留下来的独特的饮酒方式。在喜庆的日子或招待宾客时，用这种独特的饮酒方式，可以加强人与人之间的感情交流，增添热烈气氛，这是社会发展进入到家庭生活时代，人们保留古代集体狩猎集体享用食物的生活印记。

（二）自酿老酒

岭南旧时兴自酿老酒待贵客，"老酒……密封藏之，可数年。士人家尤贵重。每岁腊中，家家造鲊，使可为卒岁计。有贵客，则设老酒、冬鲊以示勤。婚娶亦以老酒为厚礼。"② 逢年过节，婚丧嫁娶，素以陈年老酒、冬鲊为厚礼。

宋代岭南不禁酒，故家家酿酒，饮酒成风，苏轼到此也入乡随俗："今岭南法不禁酒，予既得自酿，月用米一斛得酒六斗，而南雄、广、惠、循、梅五太守间复以酒遗予，略计其所获，殆过于东皋子矣。"③ 苏轼喜欢饮酒，更喜欢招待朋友，自己酿酒加上五位太守的馈赠，日子过得比要求

---

① （宋）周去非著，杨武泉校注：《岭外代答校注》，中华书局 1999 年版，第 203、204、237、303、420、437、442、444、447、448 页。

② （宋）范成大撰，孔凡礼点校：《范成大笔记六种·桂海虞衡志》，中华书局 2002 年版，第 98、101、118、137 页。

③ （宋）苏轼：《东坡全集》卷二十四，卷十三，卷九十三，卷八十三，卷二十二，卷九十八。据文渊阁四库全书电子版引。

“日给酒三升”的东皋子还美，这给他的贬谪生活带来极大的精神安慰。

酿酒方法：“草曲。南海多美酒，不用曲蘖，但杵米粉杂以众草叶冶葛汁滫（淘米水）溲之，大如卵，置蓬蒿中，荫蔽之，经月而成。用此合糯为酒故剧，饮之，既醒犹头热涔涔，以其有毒草故也。南人有女数岁，即大酿酒，既漉候冬陂池竭时，寘酒罂中，密固其上，瘗陂中，至春潴水满，亦不复发矣。女将嫁，乃发陂取酒，以供贺客，谓之‘女酒’，其味绝美。”[①] 南方酿酒很特别，不用酒曲，而用米粉、草曲（多种草）、淘米水发酵做成酒曲。家里女儿年幼时，即用此酒曲和糯米酿许多酒，密封口部，放在山坡上发酵，等到女儿出嫁时用来款待客人，味道极佳，这就是“女酒”，与江南的“女儿红”相似。

（三）喜饮果酒

岭南一年四季瓜果飘香，最早出现、老百姓饮用最多的还是果酒，比如椰子酒、槟榔酒、石榴酒、钩藤酒、甘蔗酒等。只要当地大量出产，老百姓就用这些东西酿酒。

1. 荔枝酒

“荔枝……俗尚蒸酒。”[②]《广东新语》介绍说，荔枝成熟季节，当地人拿着酿酒器具到荔枝树下，把荔枝放到火上烤一宿荔枝酒就速成了，“则土人赍持酿具，就树下以荔枝煏酒一宿而成者”。[③]

2. 倒秥子酒

倒秥子又叫捻子、棯子，学名桃金娘，成熟果实为紫黑色浆果，可食，也可酿酒，“六月熟，蒸酒味极佳。”[④] 俗语说：“六月六，山棯熟。”中医认为，以棯子酿制的酒具有健脾益血，补虚补血，去湿强筋骨的作用。

3. 番薯酒

雷州干旱，土地贫瘠，但是种番薯却经常丰收，清嘉庆《雷州府志》

---

① （晋）嵇含：《南方草木状》卷下，卷上。卷中。据文渊阁四库全书电子版引。

② （明）欧阳保：《日本藏中国罕见地方志丛刊·（万历）雷州府志》卷五，书目文献出版社1990年版，第197、199页。据日本尊经阁文库藏明万历四十二年刻本影印。

③ （清）屈大均：《广东新语》下册卷二十五，中华书局1985年版，第386页。

④ （清）郑俊修、宋绍启：《中国方志丛书·华南地方185·（康熙）海康县志·地理志上卷》，成文出版社1974年版，第73页。

云："惟番薯有红皮、白皮、黄皮数种，可以酿酒……种着甚多，随种随收，约四月而一熟。"① 雷州种番薯不受时节限制，"随种随收"，约四个月就能成熟，难怪当地人用它酿酒。

（四）喜饮药酒

1. 桂酒

东坡爱酒，人尽皆知，他被贬到惠州，从别人处得到一种桂酒酿制方，于是自己酿制。这桂酒不啻人间仙露，让他的谪居生活平添喜事。他在给朋友的信中十分高兴地说："近得一桂酒法，酿成不减王晋卿家碧香，亦谪居一喜事也。"② 在《桂酒颂》序中道出酒方来源和美酒色、香、味俱全："有隐者以桂酒方授吾，酿成而玉色，香味超然，非人间物也。"③ 他还作了《桂酒颂》和《新酿桂酒》两首诗称赞它："大夫芝兰士蕙蘅，桂君独立冬鲜荣。无所摄畏时靡争，酿为我醪淳而清。甘终不坏醉不醒，辅安五神伐三彭。""烂煮葵羹斟桂醑，风流可惜在蛮村。"④ 苏东坡还将桂酒的酿造法，刻在石头上，藏在罗浮铁桥之下，给后世忘世求道居于此处的人。"故为之颂，以遗后之有道而居夷者。其法盖刻石置之罗浮铁桥之下，非忘世求道者莫至焉。"⑤

《楚辞·九歌·东皇太一》有："蕙肴蒸兮兰藉，奠桂酒兮椒浆。"王逸注："桂酒，切桂置酒中也；椒浆，以椒置浆中也。"⑥ 桂酒就是用玉桂浸制的美酒。玉桂别名牡桂、菌桂、辣桂、桂皮等，产于广东、广西、福建等地，为樟科植物肉桂的树皮，性大热，味辛、甘，有补火助阳，引火归源，散寒止痛，温经通脉等功效，既为常用中药，又为食品香料或烹饪调料。

---

① （清）雷学海修，陈昌齐等纂：《中国地方志集成43·广东府县志辑·雷州府志》，上海书店出版社 2003 年版，第 88—89 页。

② （宋）苏轼：《东坡全集》卷二十四，卷十三，卷九十三，卷八十三，卷二十二，卷九十八。据文渊阁四库全书电子版引。

③ 同上。

④ 同上。

⑤ 同上。

⑥ （汉）王逸：《楚辞章句》卷二，据文渊阁四库全书电子版引。

桂酒异香，酒微微带甜而不上头，能益气补神，使人容颜焕发。苏轼在《桂酒颂》序中引《本草》曰："大略皆主温中，利肝肺气，杀三虫，轻身坚骨，养神发色，使常如童子。"苏东坡用孙思邈的话夸奖此酒："久服，可行水上，此轻身之效也。"如果此酒能经常畅饮，会感到浑身轻灵飘逸，可飞行空中而不沉，步行水面而不溺。苏轼在岭南饮此酒的目的是"御瘴"，"吾谪居海上，法当数饮酒以御瘴，"宋时禁酒，酒都是官酿专卖，只有岭南因为是烟瘴之地而不禁酒，所以名贤谪居岭南，均有美酒以解忧愁。可谓失之桑榆，收之东隅。古称蜀姜越桂，"越桂以高州肉桂为珍"。① 雷州产桂不多，偶有桂酒。

2. 菖蒲酒

"菖蒲：五月取，浸酒饮以去毒，曰菖蒲酒。"② 农历五月初五端午节，各地喜欢饮用菖蒲酒以避五毒，雷州也不例外。

3. 蛇酒

"青蚺蛇俗曰瓜蛇，酿酒入药最除风湿。"③ 雷州蛇多，酿造蛇酒可谓就地取材。

4. 霹雳醉

"暑月，候大雷霆时，收雨水，掬米炊饭，酿酒，名'霹雳醉'。"④ 雷州半岛多雷，人们普遍认为大雷霆时收雨水酿酒，是来自上天的眷顾，一定会对身体有益，能辟邪。

二 饮茶习俗

古人救渴用浆，解忧用酒，提神清心用茶。唐代顾况在《茶赋》中说饮茶的好处："滋饭蔬之精素，攻肉食之膻腻，发当暑之清吟，涤通宵之

---

① （清）屈大均：《广东新语》下册卷二十五，中华书局1985年版，第614页。

② （明）欧阳保：《日本藏中国罕见地方志丛刊·（万历）雷州府志》卷五，书目文献出版社1990年版，第197、199页。据日本尊经阁文库藏明万历四十二年刻本影印。

③ （清）雷学海修，陈昌齐等纂：《中国地方志集成43·广东府县志辑·雷州府志》，上海书店出版社2003年版，第97页。

④ （宋）曾慥编纂，王汝涛等校注：《类说校注·醉乡日月》（卷四十三）下册，福建人民出版社1996年版，第1323页。

昏寐。"① 饮茶是为了清肠道、化解油腻助消化，夏天清热、夜晚提神。当今科学家们通过研究，发现茶叶还可以抑制和预防癌细胞的产生。

> 雷州铁工甚巧，制茶碾、汤瓯、汤匮之属，皆若铸就。余以比之建宁所出，不能相上下也。夫建宁名茶所出，俗亦雅尚，无不善分茶者。雷州方啜登茶，奚以茶器为哉？②

周去非在岭南生活时，发现雷州的铁匠打制茶具做工精巧，善于制作茶碾、汤瓯、汤匮，这些都是煮茶用具，他比较当时最有名的茶——福建建宁（福建建瓯县）茶，发现建宁茶雅俗共赏，建宁人善于品茶、饮茶，但是煮茶用具没有雷州讲究，为何雷州人只会喝"登茶"却那么讲究茶具呢？原来雷州当地喝的是一种苦丁茶，又名登茶、苦登、皋卢、瓜芦，此茶"叶状如茗而大如手掌，挼碎泡饮最苦而色浊，风味比茶不及远矣"，③但是能清热降火。煎煮苦丁茶需要时间较长才出味，故注重煮茶用具。古时的茶要煎煮时间较长，直到茶色变成蟹眼般黄才能品茗。后世喝茶，用沸汤冲泡，稍滚即可，色淡味涩。这是古今煮法不同，后世茶只沏而不煎，故无汤匮等器皿。雷州苦丁茶保留古法煎煮茶水，故讲究汤匮器皿。

《宋史·崔与之传》记载："朱崖地产苦登，民或取叶以代茗。州郡征之，岁五百缗。"④ 海南岛苦丁茶产量大，当地百姓以此代茶，需要向州郡纳税。雷州近珠崖，自然啜登茶成俗。

客来先敬此茶，有时喝酒也叫"打茶"。雷州婚礼当大傍晚，新郎新娘饮合卺酒后，侍女（或姊妹）扶着新娘出来，娶亲太太在前面引导到各

---

① （宋）李昉等编：《文苑英华》卷八十三，卷二百五，卷二百一，据文渊阁四库全书电子版引。

② （宋）周去非著，杨武泉校注：《岭外代答校注》，中华书局1999年版，第203、204、237、303、420、437、442、444、447、448页。

③ （明）李时珍：《本草纲目》卷四十九，卷三十，卷四十二，卷三十二。据文渊阁四库全书电子版引。

④ （宋）周去非著，杨武泉校注：《岭外代答校注》，中华书局1999年版，第203、204、237、303、420、437、442、444、447、448页。

座筵席，给来宾们敬酒，新娘敬完酒退回新房，这个环节叫"打外茶"。

三　多彩的碗盏

人们在山上、海边长时间劳作，需要就近解决吃的问题，山上做饭，海边烧烤，为避免食物变质，餐具以方便为好。沿海渔民使用餐具更特别，有海螺餐具、角质餐具等。

（一）竹筒木椀

竹筒饭现在是一种具有民族特色的主食，但是，历史上竹与木则是因为缺少金属、陶瓷炊具而不得不使用的餐具。最早"俚人 …… 食用手抟"。① 手抟即手捏饭团而食，没有碗筷。最早得到的炊具餐具应该是截取竹筒而为之，炊具、餐具合二为一。范成大《桂海虞衡志·志器》云："竹釜。猺人所用。截大竹管以当铛鼎，食物熟而竹不熠，盖物理自尔，非异也。"② 瑶人"截竹筒而炊"，煮出来的食物就是竹筒饭，在田边就解决了炊具、餐具的问题。那个时候，食物也不用保鲜，随做随吃，杜甫诗云："醉倒终同卧竹根"，③ 盖以竹根为饮器也。

宋代岭南食用的"蛮椀"是木质餐具，故最初的碗写成椀。"蛮椀，以木刻，朱黑间漆之，侈腹而有足，如敦瓴之形。"④ 还有更简单的餐具，就是"木叶盛食"、"竹箕盛肉"。"坐少椅桌，食少盘皿，乡间宴会多以木叶盛食。"⑤ "宴客以肉，盛木具或竹箕，均人数而分置之。"⑥

芭蕉叶也可作为餐具，芭蕉叶隔火，可防治炙烤时鱼脂滴于火上，"嘉鱼形如鳟 …… 每炙以芭蕉叶隔火，盖虑脂滴火灭耳。"⑦ 竹筒、木椀、

---

① （宋）乐史：《太平寰宇记》卷一百六十九，卷一百六十七，据文渊阁四库全书电子版引。

② （宋）范成大撰，孔凡礼点校：《范成大笔记六种·桂海虞衡志》，中华书局 2002 年版，第 98、101、118、137 页。

③ （宋）曾慥编纂，王汝涛等校注：《类说校注·酒谱》（卷五十九）下册，福建人民出版社 1996 年版，第 1774 页。

④ （宋）范成大撰，孔凡礼点校：《范成大笔记六种·桂海虞衡志》，中华书局 2002 年版，第 98、101、118、137 页。

⑤ 林希元辑，陈秀南点校：《天一阁藏明代方志选刊·钦州志》，灵山县政协文史资料委员会编印 1990 年版，第 41 页。馆藏于广西图书馆。

⑥ 《广西通志》卷九十二，据文渊阁四库全书电子版引。

⑦ （唐）刘恂：《岭表录异》卷上，卷中，卷下，据文渊阁四库全书电子版引。

竹箕、芭蕉叶，在雷州半岛比比皆是，雷州现在仍有小吃木叶夹，即用木菠萝叶或者大叶榕叶夹米饼，是缺少碗筷、"抟饭掬水以食"[①] 的饮食传承。

（二）螺杯

> 南海出大螺，南人以为酒杯。螺之类不一，有哆口（大口）而圆长者，曰螺杯；有阔而浅，形如荷叶者，则曰潋滟杯；有剖半螺色红润者，曰红螺杯；有形似鹦鹉之睡、朱喙绿首者，曰鹦鹉杯。[②]

南海出产的螺各式各样，姿态万千：大而圆长的叫螺杯，扁浅如荷叶的称潋滟杯，螺色红润的是红螺杯，最神奇耀眼的是嘴红头绿、外形如鹦鹉熟睡般、下面用小螺粘为杯足、漆上彩色的鹦鹉杯。古诗文中常见鹦鹉杯的芳容，初唐诗人卢照邻的《长安古意一首》："汉代金吾千骑来，翡翠屠苏鹦鹉杯。"[③] 诗仙李白的《襄阳歌》："鸬鹚杓，鹦鹉杯，百年三万六千日，一日须倾三百杯。"[④] 诗中可见其珍贵。事实上，鹦鹉杯确曾为御用贡品，《武林旧事》记载说太上皇宋高宗曾亲手用一只翡翠鹦鹉杯赐酒与宋孝宗。[⑤]《晋咸康起居注》曰："诏送辽东使段辽等鹦鹉杯。"[⑥] 看来，岭南出产的鹦鹉杯在古代就享誉全国。

> 鹦鹉螺，旋尖处屈而朱，如鹦鹉嘴，故以此名。壳上青绿斑文，大者可受三升，壳内光莹如云母，装为酒杯，奇而可玩。又，红螺大

---

① （宋）范成大撰，孔凡礼点校：《范成大笔记六种·桂海虞衡志》，中华书局 2002 年版，第 98、101、118、137 页。

② （宋）周去非著，杨武泉校注：《岭外代答校注》，中华书局 1999 年版，第 203、204、237、303、420、437、442、444、447、448 页。

③ （宋）李昉等编：《文苑英华》卷八十三，卷二百五，卷二百一，据文渊阁四库全书电子版引。

④ 同上。

⑤ （宋）周密：《武林旧事》卷七，据文渊阁四库全书电子版引。

⑥ （宋）李昉等：《太平御览》卷九百二十四，引《华阳国志》卷七百五十九，卷一百七十二，卷九百四十二《南越志》。据文渊阁四库全书电子版引。

小亦类鹦鹉螺，壳薄而红，亦堪为酒器。刳小螺为足，缀以胶漆，尤可佳尚。①

海边人因地制宜，把鹦鹉螺掏空里面的肉做成酒杯，大的可以容纳三升，外表红绿交辉，像鹦鹉嘴，里边光洁如云母，可以把玩。红螺也可制成酒器。如果更精致些，可以用挖空的小螺粘成酒杯足，做成高脚酒杯，那就更漂亮了。从汉代开始，人们饮酒一般席地而坐，酒樽放在中间，里面放着挹酒的勺，饮酒器具也置于地上，故高脚酒杯来源于古代席地而坐的饮食习惯。食用后的贝螺一物多用，非常环保。

明代汤显祖与友人熊明府开怀畅饮时，欣然作诗一首《徐闻熊明府以鸡舌赠别》："鹦螺杯尖易行酒，鱼子笺灰难草麻。三省郎官事已往，与君吞却沉香花。"② 好一幅风物画卷，用鹦鹉螺作杯，以当地沉香花酿的酒共醉阔别，能不让人流连忘返吗？有海螺杯沽酒，能没有丰富的海鲜宴吗？这鸡舌鹦螺沉香酒，是徐闻留给汤显祖的绝美记忆。

青螺也可以做酒杯，"青螺：状如田螺，其大两拳。揩磨去粗皮，如翡翠色，雕琢为酒杯。"③

大螃蟹的壳也可以作酒杯，如红蟹、虎蟹等，虎蟹壳上有虎斑，作酒器非常漂亮。海南岛及雷州半岛海岸边都产大螃蟹。

（三）牛角杯

"海旁人截牛角，令平以饮酒，亦古兕觥遗意。"④ 相传犀牛角做的酒杯可以溶解毒物。

广州西汉南越王墓出土一只精美的玉角杯，呈犀牛角状，由一整块青白玉雕成。⑤ 牛角杯是越人就地取材的生活智慧，用玉制作牛角杯，虽不能解毒，但有一种温和恬润的光泽，这起源汉文化中的人能养玉，玉品象

① （唐）刘恂：《岭表录异》卷上，卷中，卷下，据文渊阁四库全书电子版引。
② （明）汤显祖著，徐朔方笺校：《汤显祖诗文集》，上海古籍出版社 1982 年版，第 439 页。
③ （宋）范成大撰，孔凡礼点校：《范成大笔记六种·桂海虞衡志》，中华书局 2002 年版，第 101、110、111 页。
④ 同上。
⑤ 西汉南越王博物馆编：《西汉南越王博物馆珍品图录》，文物出版社 2007 年版，第 53 页。

征人品的文化心理习俗。玉角杯是汉文化与越文化的结合。

第六节 饮食与禁忌

"原始民族，即在最顺利的状态之下，也永远避免不了食料缺乏的危险，所以食料丰富乃是常态生活的首要条件。有了丰富的食料，才有高瞻远瞩的可能，才会超过日常的焦虑而关心文明的精神方面。"食物是人与自然环境的主要联系，人因为要得到食物，才会感觉到命运与天意的力量，会感觉到原始宗教使食物神圣化的意义，在使食物神圣化这件原始宗教行为上，我们见到了原始宗教的发展：那就是依靠天意、感谢天意、信托天意、揣测天意。

"贡献牺牲与宗礼聚餐，是用节仪来支配食物的两种主要形式。"人类社会早期对于天意的食物丰富具有原始的虔诚态度，认为是上天给他们的一种恩惠，是最根本的天意的表现，所以对于献祭与会餐看得特别重要，用献祭的方法来与一切神祇分享丰富的食物，便等于与一切神祇分享天意的嘉惠。"原始社会里面献祭的根本，乃是送礼的心理，送礼便是分享丰足的意思。"[1] 崇礼聚餐不过是同一心理态度的另一种表现，借吃来维持生命，增进生命而已。

仪式并非一个寻常的事件，它具有某种特殊的转换能力，能使事物（有形的和无形的）产生变形。为了达到有效的转换，需要人为的组织活动，比如巫术仪式、祭祀等，将"世俗的东西"转变为"神圣的东西"，将世俗的状态转换为神圣的状态。在仪式中，对食物的处理（包括祭祀、展示、牺牲以及吃的行为）通常构成了不可或缺的物件和程序，同时也彰显饮食与禁忌的主题。是食物的匮乏才有了饮食和禁忌。

一 巫术

巫术是实用的技术，所有的动作只是达到目的的手段。原始状态之

---

① ［英］马林诺夫斯基：《巫术科学宗教与神话》，李安宅译，中国民间文艺出版社 1986 年版，第 25 页。

下，巫术是集体的事情，每一个人都直接参与。巫术有吉有凶，有善恶的
对比。

巫术的文化功能：巫术供给原始人一些现成的仪式行为与信仰，一件
具体使用的心理工具，使人渡过一切重要事务或紧急关头的所有危险。巫
术使人进行重要事情时有自信力，战胜悲观情绪。古代面面碰壁的生活条
件，百姓若没有迷信作为心理安慰，恐怕悲观会压得人喘不过气来。

知识的理论因逻辑而来，巫术的理论则因联想受了欲求的影响而来。
巫术所根据的乃是情绪状态的特殊经验，在这种经验之中，人所观察的不
是自然，而是自己，启示真理的不是理智，乃是感情在人类机体上所起的
作用。"科学生于经验，巫术成于传统。"① 科学概念依据自然力，巫术保
有神秘的氛围，用遗传或很专私的细节去传授。巫术观念源于神秘而非个
人势力，大多数初民都信仰这种神秘。最原始的民族，相信一种超自然的
而非个人势力来运行原始的人的一切事物。一切小的、了解的、能掌握控
制的，人们信知识经验，如种植、播种；但是大的、不了解的、不能掌握
控制的、有一种神秘不可知力量控制的事物，人们信巫术。

占卜是一种广泛存在于世界各个地区、各个民族的原始宗教现象，它
在以往的各个历史阶段均有出现，是巫术的一种。中原占卜方法主要是骨
卜类的龟卜，即以灼烧龟甲及牛、羊、鹿、虎等动物的肩胛骨，据裂痕以
定吉凶。在汉人用"卜筮"对未来事态的发展进行预测时，遥远的岭南蛮
夷之地，古老的百越人也在创造着别样的文明体系。"岭表占卜甚多，鼠
卜、蓍卜、骨卜、田螺卜、鸡卵卜、蔑竹卜，俗鬼故也。"② 岭南杂卜，他
们崇拜太阳和飞鸟，用小巧的"越鸡"来占卜，在瘴疠横行的南方，照耀
着"蛮夷"每一个阴郁的日子，慰藉着每一颗忧伤的心灵。占卜来源于对
未来的不确定，不能把控或困难重重，通过占卜，事先做好准备或条件不
成熟舍弃。把未来交与大自然（或其物种）做决定。

————————

① ［英］马林诺夫斯基：《巫术科学宗教与神话》，李安宅译，中国民间文艺出版社 1986 年
版，第 5 页。

② （宋）曾慥编纂，王汝涛等校注：《类说校注·番禺杂记》上册，福建人民出版社 1996 年
版，第 102、103、104 页。

占卜也是百越人日常生活的一部分。《史记》记载："蛮夷氐羌虽无君臣之序，亦有决疑之卜。或以金石，或以草木，国不同俗，然皆可以战伐攻击，推兵求胜，各信其神，以知来事。"《史记·自序》载："三王不同龟，四夷各异卜。"① 这些都说明古百越之地的占卜方式是多种多样的，或用食材，或用动植物。

（一）鸡骨卜

鸡骨卜又叫鸡卜，史籍中最早明确记载越人行鸡卜之俗的是《史记》，据此书记载，汉武帝元封二年（公元前 109 年），汉平南越后，越人勇之"乃言越人俗信鬼，而其祠皆见鬼，数有效。昔东瓯王（古越族的一支）敬鬼寿至百六十岁，后世谩怠，故衰耗。乃令越巫立越祝祠，安台无坛，亦祠天神上帝百鬼，而以鸡卜。上信之，越祠鸡卜始用焉"。越人勇之告诉汉武帝，昔东瓯王敬鬼，故能活一百六十岁，汉武帝也想长命百岁，对勇之的说法深信不疑，于是在长安立越祝祠推行鸡卜。《汉书·郊祀志》亦有相同的转载。由这些记载可以推断，岭南越人盛行鸡卜，可上溯至先秦时期。

早期鸡骨卜用的是一鸡一狗生祝，然后煮熟再祭，观察鸡两腿骨眼，"上自有孔裂，似人物形则吉，不足则凶。今岭南犹此法也。"②

对鸡卜记录最多最详细的是宋代。周去非在《岭外代答》中记载得较为详细：

> 南人以鸡卜。其法以小雄鸡未孳尾者，执其两足，焚香祷所占而扑杀之，取腿骨洗净，以麻线束两骨之中。以竹梃插所束之处，俾两腿骨相背于竹梃之端，执梃再祷。左骨为侬，侬者我也。右骨为人，人者所占之事也。乃视两骨之侧所有细窍，以细竹梃长寸余者遍插之，或斜或直，或正或偏，各随其斜直正偏而定吉凶。其法有一十八变，大抵直而正或附骨者多吉，曲而斜或远骨者多凶。亦有用鸡卵卜

① （汉）司马迁：《史记》卷一百二十八，中华书局 1959 年版，第 3225、5223 页。
② （汉）司马迁：《史记》卷十二，中华书局 1959 年版，第 478 页。

者，焚香祷祝，书墨于卵，记其四维而煮之，熟乃横截，视当墨之
处，辨其白之厚薄而定侬人吉凶焉。昔汉武奉越祠鸡卜，其法无传，
今始记之。[①]

依靠插在一对鸡胯骨的竹签图像变化来表示吉凶，依鸡胯骨上细窍的
距离大小、插签多少、签与骨构成的角度等来辨别，有数千种卦象。此时
的鸡卜法已日臻完善，已经程序化。

亦有鸡卵卜，取鸡蛋一只，焚香祷祝，在鸡蛋的四个方向上以墨作记
号，然后煮熟，横切开鸡蛋，看作了记号之处的蛋白厚薄来定吉凶。《桂
海虞衡志》有相似记载。

一般除夕或出海前行鸡骨卜。"南方逐除夜及将发船，皆杀鸡择骨为
卜，传古法也。卜吉即以肉祠船神，呼为'孟公孟姥'"。"孟公孟姥"实
际上指的是"水神"。南越族向来对水有特殊的敬畏，因为当地雨水多，
打雷多、闪电多，鸡骨卜、祠船神、呼水神，能保佑出海人平安归来。
《北户录》记载了作者在雷州半岛见过的一次祭祀船神的活动："公路咸通
辛卯年，从茂名归南海，陆尽东口行次水程，舟人具牢醴以祭船神，请愚
为祝"。[②]

越人用鸡卜有其特殊原因。越巫鸡卜传承自古代南方百越民族的鸟图
腾崇拜和太阳神崇拜。岭南地区出土的文物上，也常见鸟的图形或雕像，
其中以羽人最为常见，如西汉南越王墓出土的青铜提筒，就有很多羽人、
羽冠等图形；广西贵县罗泊湾一号汉墓出土的铜鼓上更有"鹭舞"，即以
二三名越人为一组，摹拟鹭鸟而舞，起舞的越人上部有飞翔的鹭鸟，舞人
与鹭鸟的动作很相似，越人对鹭鸟的崇敬显而易见。在祭祀太阳神时，人
们需要一种沟通人神的介质并对预期效果加以验证，犹如汉族农耕先民选
择了牛、羊、龟等动物的骨和甲一般。生活中易见易得，忽去忽来，盘旋
鸿飞、敏感好动的水中鸟成了越人最终的选择，山林、海边易见易捕获，

---

① （宋）周去非著，杨武泉校注：《岭外代答校注》，中华书局 1999 年版，第 203、204、237、303、420、437、442、444、447、448 页。

② （唐）段公路：《北户录》卷二，据文渊阁四库全书电子版引。

古籍亦多有"鸟为越祝之祖"的记载，但由于飞鸟总是难以捕捉，于是，由禽类的野雉驯化而来、与飞鸟在外形上十分相似血缘又相近的越鸡成为代替物。那些小巧的岭南家鸡便成为用作祭祀的"说话鸡"，鸡骨成了"神谕之骨"。汉族依据甲骨上裂纹走向确定战争、农事、出行、婚姻等重要事项，越人则根据插在鸡骨上竹签的斜直正偏而定吉凶。一种与汉族甲骨卜具有同等重要的宗教、社会、文化地位的"越巫鸡卜"就此产生。

其实，鸡腿的大小、结构、蛋白的厚薄与鸡的自然属性和生长环境有关，与其他事物的关系不大，更没有什么预测能力，以此二法卜吉凶是毫无科学根据的，这与人类早期对物的崇拜——万物有灵观念相关，鸡卜之俗是人在生产力极度低下，人力微薄，无法控制自然的情况下的一种心理依托。至今两广祭祀仍少不了鸡，有"无鸡不成宴"之俗。

（二）茅卜

周去非在《岭外代答》中把南人茅卜法写得很详尽：

> 南人茅卜法：卜人信手摘茅，取占者左手，自肘量至中指尖而断之，以授占者，使祷所求即中。折之，祝曰："奉请茅将军、茅小娘，上知天纲，下知地理"云云。遂祷所卜之事，口且祷，手且掐，自茅之中掐至尾，又自茅中掐至首，乃各以四数之，余一为料，余二为伤，余三为疾，余四为厚。料者雀也，谓如占行人，早占遇料，行人当在路，此时雀已出窠故也；日中占遇料，则行人当晚至，时雀至暮当归尔；晚占遇料，则雀已入窠不归矣。伤者声也，谓之笑面猫，其卦甚吉，百事欢欣和合。疾者黑面猫也，其卦不吉，所在不和合。厚者滞也，凡事迟滞。茅首余二，名曰料贯伤；首余三，名曰料贯疾。余皆仿此。南人卜此最验，精者能以时辰与茅折之委曲，分别五行而详说之，大抵不越上四余。而四余之中，各有吉凶，又系乎所占之事。当卜之时，或遇人来，则必别卜，曰："外人踏断卦矣。"①

---

① （宋）周去非著，杨武泉校注：《岭外代答校注》，中华书局1999年版，第203、204、237、303、420、437、442、444、447、448页。

周去非认为此法就是《易》卦中提到的蓍草占卜法。古者观测太阳的运行，推算历法，预知节气日辰皆用蓍草占卜，可见草卜起初并不是南方特色，只不过南方一直保持罢了。

南人茅卜法，用以预测出行、疾病等，是以香茅折成数节，根据长短和节数判定吉凶的方法，流行于南方的民间杂占的一种。《楚辞·离骚》有："索藑茅以筳篿兮，命灵氛为余占之。"王逸注："藑茅，灵草也。筳，小折竹也，楚人名结草折竹以卜曰篿。"① 秦汉以前，荆楚以南流行矛卜。茅，多年生草本植物，春季先开花，后生叶，花穗上密生白毛，根茎可食，亦可入药，叶可编蓑衣，南方民族居住的茅庐、茅舍离不开它。拿唾手可得的物质占卜，反映古代每时每事必占卜的习俗。宋代，在中原早已不见踪迹的茅卜在岭南一直保持着。

雷州有与茅卜法相似的另一种占卜方法，即用知风草的节预测飓风的习俗，"知风草：俗名叩娄草，丛生，根白，似芹，深一二尺，叶似兰而小薄，土人视其节以占飓风。谚云：一节三飓，三节无点灾星也。或曰一节一风，无节无风。"真乃"疾风知劲草"也。还有用动物占卜的习俗，如"钩割鸟俗曰天鸡……鸣四八月，农人听之以占岁……绕飞而鸣，俗曰：旋井鸣，三日必雨。"还有听雷占岁的习俗，如"每于立秋日听雷以占岁，事先雷而后立秋，谓之雷打秋；先立秋而后雷，谓之秋打雷。谚曰：雷打秋，有作无收；秋打雷，谷实累累"。② 这是雷州杂卜的表现。

（三）虱卜

"岭南人有病，以虱卜之：向身（虱行，向病者）为吉，背身为凶。"③ 这更表现岭南凡物皆能卜的习俗。

占卜就是一种预言，"所谓神圣的预言，事实上常常是灵敏的人对过

① （宋）洪兴祖：《楚辞补注》卷一，据文渊阁四库全书电子版引。

② （清）雷学海修，陈昌齐等纂：《中国地方志集成43·广东府县志辑·雷州府志》，上海书店出版社2003年版，第93～94，115页。

③ （宋）曾慥编纂，王汝涛等校注：《类说校注》下册《酉阳杂俎》卷四十二，福建人民出版社1996年版，第1267、1268页。

去和未来的机智的猜想。"① 这种猜想要借助外力（动物、植物或其他）让它变得更可信。后世民间问卜，多为心理安慰。

二　祭祀

如果说占卜把对未来事物预测的事情交给人无法控制的与大自然具有同样神秘力量的植物或动物，那么祭祀就是交与祖神，同时请求具有鬼神力量的祖神保佑后世子孙。或者祭而远之——送走，或者祭而近之——保佑。

在古代，把自己死去的父亲整年地保留在棺材里，像对活人一样地供他吃喝。按照当地人的信仰，在特殊的日子里，当灵魂们返回自己从前的住宅，人们用祈祷和鼓声招请祖先的灵魂来享用食品和饮料，更为无家可归和不幸的灵魂安排娱乐，点着灯笼来为灵魂指路，然后准备丰厚的飨宴，或者留一部分菜肴撒一些稀粥给孤魂野鬼……在许多民族的节令中，尽管文明程度相差很大，但都可以找到纪念死人的一年一度的特别节日。这些节日跟收获季节和秋季有密切关系，作为感谢收获或纪念死人的共同节日来庆祝。

《说文解字》中，祭：祭祀也，从示，以手持肉也。祀：祭也，祭不已也。祭祀就是手里拿着肉长久地跪拜神灵的意思。祭祀对象分为三类：天神、地祇、人鬼。祭祀的物品三牲五鼎，包括活人、动物和其他祭品。祭祀仪式有官方祭典（公祭）、民间祭祀活动，民间祭祀包括家祭，有祭席、祭食。祭祀是向神灵求福消灾的传统礼俗仪式，民间称为吉礼，笼统地说就是敬神、求神和祭拜祖先。

祭祀来源于万物有灵、葬先庇后的观念。原始时代，人们认为人死后灵魂可以离开躯体而存在，祖先的魂灵可以保佑与他相关的子孙后代，只要置备足够的供品对祖先行礼。祭祀是这种万物有灵、祖先崇拜观念的派生物。祭祀从本质上说，是对神灵的讨好与收买，是把人与人之间的求索

---

① ［英］爱德华·泰勒：《原始文化》（重译本），连树声译，广西师范大学出版社 2005 年版，第 109 页。

酬报关系，推广到人与神之间而产生的活动。古人极怕死亡，不敢承认生命有尽头，不敢相信死是完全的消灭，这样，正好采取灵的观念，采取魂灵存在的观念。

古人把祭祀化为传统、固定的仪式，并用礼仪约束之。贾谊《新书》说，周武王做太子时，很喜欢那闻着臭吃着香的鲍鱼，可姜太公就是不让他吃，理由是鲍鱼从不用于祭祀，所以不能用这类不合礼仪的东西为太子充饥。"礼！鲍鱼不登乎俎豆，岂有非礼而可以养太子乎？"① 不用于祭祀的食物都不能吃，用于祭祀的食物却未必全都好吃。

祭祀时，每种食物如主食、羹、菜、瓜果之类拿出少许，一定要先整装恭谨地祭祀，然后才能进食，"虽疏食菜羹，瓜祭，必齐如也"。② "齐"，严敬貌。这是不忘本的表现。"孔子虽薄物必祭，其祭必敬，圣人之诚也。"③ 日常生活离不开"万物本乎天，人本乎祖"④ 的感恩祭祀。万物有灵形成多神崇拜，也使人们的祭祀对象繁多。雷州不仅祭祖还祭鬼。

（一）家鬼

> 家鬼者，言祖考也，钦人最畏之。村家入门之右，必为小巷升堂。小巷右壁，穴隙方二三寸，名曰鬼路，言祖考自此出入也。人入其门，必戒以不宜立鬼路之侧，恐妨家鬼出入。岁时祀祖先，即于鬼路之侧，陈设酒肉，命巫致祭子，孙合乐以侑之，穷三日夜乃已。城中居民，于厅事上置香火，别自堂屋开小门以通街。新妇升厅，一拜家鬼之后，竟不敢至厅，云傥至，则家鬼必击杀之。惟其主妇无夫者，乃得至厅。⑤

---

① （宋）李昉等：《太平御览》卷九百二十四，引《华阳国志》卷七百五十九，卷一百七十二，卷九百四十二《南越志》。据文渊阁四库全书电子版引。

② 杨伯峻译注：《论语译注》，中华书局 1980 年版，第 104 页。

③ （宋）赵顺孙：《论语纂疏》卷五，据文渊阁四库全书电子版引。

④ （汉）郑氏注，孔颖达疏：《礼记注疏》卷二十六，据文渊阁四库全书电子版引。

⑤ （宋）周去非著，杨武泉校注：《岭外代答校注》，中华书局 1999 年版，第 203、204、237、303、420、437、442、444、447、448 页。

家鬼，就是祖先，跟没有后人祭祀的"野鬼"相对。雷州现仍有逢年过节祭祀祖先时，在入门之右小巷墙壁留有穴隙二三寸——鬼路祭祀。平时人们走路不在"鬼"的必经之路停留，"恐妨家鬼出入"，于己不利。

岭南当地土俗尚鬼神之事，好巫信鬼，"海边时有鬼市，半夜而合，鸡鸣而散。人从之，多得异物。"①

（二）挑生

> 广南挑生杀人，以鱼肉延客，对之行厌胜法，鱼肉能反生于人腹中，而人以死，相传谓人死阴役于其家。有一名士尝为雷州推官，亲勘一挑生公事，置肉盘下，俾囚作法，以验其术，有顷，发视肉果生毛，何物？淫鬼乃能尔也。然解之，亦甚易。但觉有物在胸膈，则急服升麻以吐之；觉在腹中，急服郁金以下之。此方亦雷州镂板印散者，盖得之于囚也。②

雷州过去有厌胜法，通过作法，能让鱼肉在人身上长出来，而人已经死亡。雷州有一推官曾亲自审理一位行厌胜法的挑生，眼睁睁看着他让肉长毛。有厌胜法就有克此法，如果觉得胸中异物难受，马上吃升麻把鱼肉吐出来，觉得腹部难受，则服郁金让它泻出去。

（三）嫁金蚕

> 南方人畜金蚕，金蚕金色，食以蜀锦。取其遗粪置饮食中以毒人，人死。蚕善能致他财，使人暴富，而遣之极难，水火兵刃所不能害，必多以金银，置蚕其中，投之路隅，人或收之，蚕随以往，谓之"嫁金蚕"。③

---

① （宋）曾慥编纂，王汝涛等校注：《类说校注·番禺杂记》上册，福建人民出版社 1996 年版，第 102、103、104 页。

② （宋）周去非著，杨武泉校注：《岭外代答校注》，中华书局 1999 年版，第 203、204、237、303、420、437、442、444、447、448 页。

③ （宋）曾慥编纂，王汝涛等校注：《类说校注·幕府燕闲录》（卷十九）上册，福建人民出版社 1996 年版，第 615 页。

这是厌胜法的另一种形式。南方人畜金蚕的目的，一是投毒杀人，用金蚕粪便投入饮食中，能致人死；二是求财，能让人一夜暴富。但是养金蚕难，需用"蜀锦"养之，遣金蚕更难，水火兵刃都伤害不了它，只能把它置于金银中，投在路边，有人收金银，它就跟着走，相当于陪送一笔嫁妆才能把它打发走，所以叫"嫁金蚕"。实际上是厌它怕它遣送它到异地他乡。

厌胜法的大部分内容都具有简单的转移现象，如烧他人头发时，同样能起到伤害他的作用。厌胜法用了同类相生、传播性巫术、顺势巫术的基本原理。同类相生即一种存在或一种状态的形象化的表现，能产生这种存在或状态。传播性巫术基于相似的观念联合。顺势巫术是把相似的东西视为等同的东西，以毒攻毒是古代顺势疗法的例证之一。

三　禁忌

禁忌是趋善避恶，饮食禁忌成了保护纯洁、划清与肮脏的界限、抵御入侵的分类设障。这样的功能对于社会有着传统意义上的经验色彩。所有违背禁忌的行为都会抵消礼仪所产生的吉祥的效果，甚至会有生命危险。

饮食禁忌形态源于三部分内容，即先民的原始思维、因类比而产生的禁忌心理、人们的伦理道德和社会礼仪教育的需要。古代雷州何以存在那么多的饮食禁忌？因为不可预知、不可控制的因素太多。

（一）雷震

（宋）钱易《南部新书》卷七所载："雷州之西有雷公庙，彼中百姓，每年配纳雷鼓、雷车。人有以黄鱼、彘肉同食者，立遭雷震，人皆敬而惮之。"① 雷州号称雷州半岛，因雷声多而响得名。"雷之声近在檐宇之上"，"雷声似在寻常之外"。② 雷州西边有座雷公庙，百姓每年祭祀时，要配雷鼓、雷车到雷公庙祭祀。如果有人吃黄鱼同时吃猪肉，就会立即遭到雷击，因此，人们对这座雷公庙既敬重又惧怕。今人知道天上打雷是自然现象，与"黄鱼、彘肉"同食毫无关系，但至少说明雷地当时有吃黄鱼、猪

---

① （宋）钱易：《南部新书》卷七，据文渊阁四库全书电子版引。
② （宋）李昉等：《太平御览》卷九百二十四，引《华阳国志》卷七百五十九，卷一百七十二，卷九百四十二《南越志》。据文渊阁四库全书电子版引。

肉的习俗，并且出现过意外，于是百姓有了"黄鱼、猪肉"不能同食的禁忌。但是猪肉与鸡肉同食，却能止住雷声，"有以彘肉与鸡肉食者，霹雳即止。"[1] 所以，雷州逢年过节、祭祀离不开猪肉、鸡肉。这是源于古人生活经验的总结，带有简单的经验色彩。

"棹树干叶俱似椿，以其叶煮汁渍果，呼为棹汁。若以棹汁杂彘肉食者，即时为雷震死。棹出高凉郡。"[2] 在雷州南部地方有一种棹树，用它的叶子煮出的水浸泡果子，习惯上称为"棹汁"。若将"棹汁"与猪肉掺在一起食用，立即会被雷震死。当地人对于雷十分虔敬而且畏惧，常常准备酒肉来祭奠它，而且祭祀仪式严谨，"俗俟雷时，具酒肴设奠，畏雷法，甚严谨。"[3] 就连雷州的蛤蟆"开口闻雷鸣"也吓得"不复闭口"。[4]

每逢大雷雨过后，人们常常在野外找到黑色的石头，过去称它为"雷公墨"，敲击起来铿然作响，晶莹光洁犹如涂了漆一般，可以研磨写字。徐闻人有句俗语："雷公打人斧柄刮"。雷公固然子虚乌有，但雷公斧却真有其事，如果在霹雳响过的地方，在地上或树上找到像用斧砍削成形的插着的小楔，人们称它为"霹雳楔"，小孩将它佩带在身上，能镇惊避邪；孕妇拿来磨碎当作催生药服用，据说都十分灵验。为避免遭雷劈，"村民凿山为穴，以多品供雷，冀雷享之，名曰'雷藏'"。[5] 饮食禁忌既讲究食物与食物之间的宜忌，也表现为人对大自然的臣服。

（二）玳瑁解毒

　　玳瑁。形似龟鼋辈，背甲十三片，黑白斑文，相错鳞差，以成一背。其边裙襴缺，啮如锯齿。无足而有四鬛，前两鬛长状如楫，后两

---

①　（宋）李昉等：《太平御览》卷九百二十四，引《华阳国志》卷七百五十九，卷一百七十二，卷九百四十二《南越志》。据文渊阁四库全书电子版引。

②　（晋）嵇含：《南方草木状》卷下，卷上。卷中。据文渊阁四库全书电子版引。

③　（宋）李昉等：《太平御览》卷九百二十四，引《华阳国志》卷七百五十九，卷一百七十二，卷九百四十二《南越志》。据文渊阁四库全书电子版引。

④　同上。

⑤　（宋）曾慥编纂，王汝涛等校注：《类说校注·番禺杂记》上册，福建人民出版社1996年版，第102、103、104页。

鼊极短，其上皆有鳞甲，以四鼊棹水而行。海人养以盐水，饲以小鲜。俗传甲子、庚申日辄不食，谓之瑇瑁斋日，其说甚俚。①

玳瑁外形似龟，但是背甲边裙襕缺，牙如锯齿，性强暴，海边人用小鱼盐水饲养它。俗称甲子、庚申日不吃玳瑁，说是玳瑁斋日，这种说法很邪乎。更邪乎的是玳瑁能解毒、避毒。《本草纲目》云："玳瑁解毒……生取背甲小者二片，带于左臂上，以辟毒龟……若生带之，有验。凡饮馔中有蛊毒，玳瑁甲即自摇动。若死，无此验。"② 玳瑁具有清热解毒，平肝定惊的功效，生取玳瑁背甲二片戴在左臂上，可以避毒龟，还能验明饮馔中是否有蛊毒，若有，"玳瑁甲即自摇动"，若死的玳瑁再取背甲，就没有这种功能了。玳瑁"徐闻海间有之。"③ 一种食物既能吃又能解毒、辟邪，可谓食物也有灵性。

玳瑁甲光滑而多文彩，用来铸装饰品，《焦仲卿妻》的"头上玳瑁光"，《定情诗》中"何以慰别离，耳后玳瑁钗"，④ 均是用玳瑁做的簪或钗。

（三）鳝、虾蟆、鳖杀人

鳝鱼、虾蟆（蛤蟆）、鳖三物，大者有毒杀人；虾蟆小者，亦令人小便秘，脐下瘪疼。有至死者，宜以生豉一大合投新汲水半碗中，浸令豉水浓，顿服之即瘥⑤。

海滨人爱吃鳝鱼、虾蟆（蛤蟆）、鳖等水中物，但是这三种东西不能多食，有微毒。大的鳝鱼、蛤蟆、鳖吃后能致人于死地，小蛤蟆也能令人

① （宋）范成大撰，孔凡礼点校：《范成大笔记六种·桂海虞衡志》，中华书局 2002 年版，第 101、110、111 页。

② （唐）刘恂：《岭表录异》卷上，卷中，卷下，据文渊阁四库全书电子版引。

③ （明）欧阳保：《日本藏中国罕见地方志丛刊·（万历）雷州府志》卷五，书目文献出版社 1990 年版，第 197、199 页。据日本尊经阁文库藏明万历四十二年刻本影印。

④ （陈）徐陵：《玉台新咏》卷一，据文渊阁四库全书电子版引。

⑤ （宋）曾慥编纂，王汝涛等校注：《类说校注·茅亭客话》（卷五十四）下册，福建人民出版社 1996 年版，第 1068 页。

小便不畅，小腹胀痛。如有人误食这些东西中毒，就用生豆豉一把投入干净水中，浸成豆豉浓汤，立即服下，病能痊愈。

食物的相生相克，是在人们生活中重复出现而总结出来的生活常识，简单类比、重复，有时也能抓住真理。饮食禁忌，产生于生活中的偶然。

宋代，雷州半岛民族组成发生了变化，大规模的汉人入雷是从隋唐开始的，到宋代加上大量流寓文人，半岛饮食文化受到中原文化的影响。唐人重酒，宋人重食，在宋代中原，"食异"之风已随着中原文明的高度发达而基本消逝，人们在孔儒"雅"与"正"的文化精神熏陶之下，产生了许多饮食禁忌，突显了中原文化的"纯正"与"文明"。以周去非为代表的流寓文人来到岭南，看到岭南自然淳朴的饮食风俗，刚开始无不感到惊世骇俗而猜疑不已，岭南人再普通不过的菜肴美食，如鳖、鸟、蛇、鼠、蜂蛹、生鱼片、动物杂碎等，在中原人看来是那么不可思议，这是中原与岭南地区自然条件差异太大造成的。岭南较多地保持了原始时代的"粗陋"遗风，这种遗风演变的速度，是与岭南古代社会发展进程相对缓慢的步调一致的。南方亚热带地区为人类提供的生存条件相对优越，地广人稀，野生食物众多，易于采集猎取；反过来，它促使岭南文化衍生了一定的惰性，客观上阻滞了饮食文化高度审美化的发展。流域文人由最初的惊骇，到接受，到著书传播，特别是流域文人的饮食诗文客观上让雷州美食蜚声海内外。

从原始时代直接脱胎而来的雷州社会文化，保持了浓厚的原始放纵的无所拘束的散射状思维方式。在这种思维逻辑看来，只要是能够给人果腹的，不会造成生存威胁和严重影响身体健康的食物，都应当是合理的，如果味美，那就更应当令人赞赏，并视之为天赐的物质文明和精神享受。另外，加上一些越是"偏僻"，越是"怪异"的饮食，越有药用食疗效果，更强化了雷州半岛看似不加选择的食异之风的盛行。食鼠风俗的存在，不止是落后历史文化观念的遗存，更是民族饮食文化生态系统中野生食异文化系列重要的一环。南方古人类的食鼠风俗是伴随着原始狩猎经济产生的。

中原人接受南方杂食之风，雷州饮食亦保存传统越人生食、杂食的饮食习惯，也受到中原饮食礼仪的影响。屈大均《广东新语》载："天下所有食货，粤东几尽有之；粤东所有之食货，天下未必尽也。"① 粤东有，粤西全有，雷州半岛丰富的原材料为灿烂的饮食文化留下辉煌的一笔。

① 屈大均：《广东新语》，中华书局1985年版。

第七章　明代雷州半岛的饮食

第一节　雷州槟榔文化

一　槟榔的种植与品尝

明代，闽人入雷达到高潮，半岛上原有少数民族居民，或西迁广西、南下海南，或融合于汉族之中。半岛居民以汉人为主，边远山区仍有部分少数民族居住，如明永乐"十七年（1419 年）五月，电白县佛子等山猺首黄满山等六十人来朝"。① 加上周边瑶僮不断袭扰，"成化二年（1466 年），猺犯雷州，官失御。"② 雷州半岛在民族融合中不断形成新的民俗文化，无论汉、僮、瑶、黎都共同接受，其中最具代表性的就是槟榔文化。

　　槟榔生海南黎峒，亦产交趾。木如棕榈，结子叶间，如柳条，颗颗丛缀其上。春取之，为软槟榔，极可口。夏秋采而干之，为米槟榔。渍之以盐，为盐槟榔。小而尖者为鸡心槟榔，大而扁者为大腹子。悉下气药也。海商贩之，琼管收其征，岁计居什之伍。广州税务收槟榔税，岁数万缗。推是，则诸处所收，与人之所取，不可胜计矣。③

槟榔，棕榈科，常绿乔木，生长在热带地方，东南亚及我国广东、福

---

　　① （清）郝玉麟等修：《广东通志》卷五十七，卷五十一，台湾商务印书馆 1986 年影印本。
　　② 同上。
　　③ （宋）周去非著，杨武泉校注：《岭外代答校注》，中华书局 1999 年版，第 235—236、292—293、294、433 页。

建、海南、云南、台湾等地有栽培。^① 过去，雷州、琼州是商人贩卖槟榔的地方，这些地方税收的一半是槟榔税，广州一年的槟榔税收达到数万缗，由此可推知当时槟榔的销量。海南岛产的槟榔一直是朝廷的贡品。

槟榔树树干不分枝，高达 12—15 米，有明显的环状叶痕。树叶簇生于茎顶，长 1.3—2 米，羽片多数，两面无毛，狭长披针形，上部的羽片合生，顶端有不规则齿裂。雌雄同株，花果期 3—4 月。槟榔用种子育苗，3—5 年成熟挂果。"槟榔生子竹生孙"，^② 槟榔果略小于鸡蛋，圆形或卵球形，长 3—5 厘米，橙黄色，中果皮厚，纤维质，内含一粒种子，即槟榔子。槟榔子是槟榔树的种子，胚乳坚硬，具灰褐色斑点。一般采收分两个时期：第一个时期，8—12 月，采收长椭圆形或椭圆形，茎部带宿萼，剖开内有未成熟瘦长形青果种子，去皮，煮沸，切成薄片晒干，干后呈深褐色或黑色，即槟榔干。第二时期，3—6 月，采收圆形或卵形、橙黄或鲜红熟果，剖开内有饱满种子的成熟果实，加工成槟榔玉。槟榔花、果均具芳香，果、皮壳供食用，春天可以吃软槟榔，夏秋晒干吃米槟榔，用盐腌制是盐槟榔，小而尖为鸡心槟榔，大而扁为大腹子槟榔。雷州半岛过去也种植槟榔，"槟榔：多产琼州，徐闻间之。"^③

最早明确记载我国境内有槟榔的，是晋代的《南方草木状》。嵇含的《南方草木状》问世于西晋永兴四年（304 年），距今一千七百多年，是我国第一部记述南方植物的著作。在"槟榔"条目下这样记载："槟榔，树高十余丈，皮似青铜，节如桂竹，端顶有叶，叶似甘蕉……叶下系数房，房缀数十实，实大如桃李……味苦涩……以扶留藤、古贲灰并食则滑美，下气消食。亦可生食。……交趾、武平、兴古、九真有之也。"^④ 不仅生动地描述了槟榔的植物形态，而且叙述了它的产地、吃法。"交趾、武平、兴古、九真"即现在的广东、广西、越南等地。

---

① 辞海编辑委员会：《辞海》（缩印本），上海辞书出版社 1979 年版，第 1321 页。

② （宋）苏轼：《东坡全集》卷二十四，据文渊阁四库全书电子版引。

③ （明）欧阳保：《日本藏中国罕见地方志丛刊·（万历）雷州府志》，书目文献出版社 1990 年版，第 170—171、196、197、203、204 页。据日本尊经阁文库藏明万历四十二年刻本影印。

④ （晋）嵇含：《南方草木状卷》下"槟榔"条，据文渊阁四库全书电子版引。

　　嚼食槟榔的习俗在西南、岭南、福建等地广为流行，琼州府更是"以槟榔为命"。① 本是广东番禺人，又对岭南习俗较熟悉的屈大均在他的《广东新语》里记载："熟而干焦连壳者，曰枣子槟榔。则高、雷、阳江、阳春人嗜之。"② 雷州半岛人喜欢枣子槟榔，连壳连子一块晒干嚼食，他们把槟榔切成片，加上蚌灰或石灰拌的浆，包在蒌叶里慢慢嚼。蒌叶和蚌灰是槟榔伴侣，少了这两样食物吃槟榔时就不能体会槟榔之美。"蒌叶：蔓生，味辛香，随处可种。凡食槟榔，必以蒌叶卷蚌灰佐之，乃泽。"③ 雷州地处海边，蚌灰随处可得，当地百姓每日口不离槟榔，掌握了蒌叶搭配槟榔的食用方法。屈大均有诗云："日食槟榔口不空，南人口让北人红。灰多叶少如相等，管取胭脂个个同。"④ 紧邻雷州的高州以"肉桂杂槟榔食之，口香竟日"，⑤ 英德县"藤叶嚼槟榔"。宋代杨万里《英德县诗》云："人人藤叶嚼槟榔，户户茅檐覆土床，只有春风不寒乞，隔溪吹度柚花香。"⑥

槟榔树

（图片来源于百度图库）

青槟榔

（图片来源于百度图库）

---

① （清）郝玉麟等修：《广东通志》卷五十七，卷五十一，台湾商务印书馆 1986 年影印本。

② （清）屈大均：《广东新语》，中华书局 1985 年版，第 457、521、614、626、629—630、696 页。

③ （清）雷学海修，陈昌齐等纂：《中国地方志集成 43 · 广东府县志辑 · 雷州府志》，上海书店出版社 2003 年版，第 90—97 页。

④ （清）屈大均：《广东新语》，中华书局 1985 年版，第 457、521、614、626、629—630、696 页。

⑤ 同上。

⑥ （明）李贤等：《明一统志》卷七十九，卷七十五，据文渊阁四库全书电子版引。

二 槟榔文化的表现形态

咀嚼槟榔这种见之于日常起居的行为，本来具有鲜明的南方民族、地域特色，但是它在人类社会实践和意识活动中长期蕴育，形成共同的价值观念、审美情趣等，这就形成了槟榔文化。

（一）日常嚼食 槟榔待客

雷州半岛地处边陲，民风淳朴，主客见面要先送上槟榔请客人品尝，这是当地特有的礼数。"客至不设茶，唯以槟榔为礼。"① "寻常相过，先荐槟榔，主宾以此成礼。"② 如果见面不请吃槟榔，朋友间会产生隔阂，"若邂逅不设，用相嫌恨。"③ 部分城镇历史上属于雷州半岛，明清时划归钦州，习俗与雷州相近："衣冠礼貌无异中土，语皆汉音。访问，不论男女率挟槟榔而行。"④ 槟榔成为待客佳果，送礼佳品，雷州如此，整个岭南、海南岛、福建等地从晋代至清代都有这一习俗。《岭外代答》载："自福建下四川与广东西路，皆食槟榔者。…… 唯广州为甚，不以贫富、长幼、男女，自朝至暮，宁不食饭，唯嗜槟榔。……昼则就盘更啖，夜则置盘枕旁，觉即啖之。"⑤ 宋明两代，福建人大量移居雷州半岛及东南亚各地，吃槟榔的习俗大同小异，白天吃槟榔聊天，夜里把槟榔盘放在枕边，醒来就吃。宁可不吃饭，不能少了槟榔，无论贫富老少均如此。偶尔客居岭南的人对这一习俗也有很深印象，宋代罗大经说："岭南人以槟榔代茶，且谓可以御瘴。余始至不能食，久之亦能稍稍，居岁余，则不可一日无此君

---

① （宋）周去非著，杨武泉校注：《岭外代答校注》，中华书局 1999 年版，第 235—236、292—293、294、433 页。

② （明）欧阳保：《日本藏中国罕见地方志丛刊·（万历）雷州府志》，书目文献出版社1990 年版，第 170—171、196、197、203、204 页。据日本尊经阁文库藏明万历四十二年刻本影印。

③ （清）屈大均：《广东新语》，中华书局 1985 年版，第 457、521、614、626、629—630、696 页。

④ 林希元辑，陈秀南点校：《天一阁藏明代方志选刊·钦州志》，灵山县政协文史资料委员会编印 1990 年版，第 40、42 页。馆藏于广西图书馆。

⑤ （宋）周去非著，杨武泉校注：《岭外代答校注》，中华书局 1999 年版，第 235—236、292—293、294、433 页。

矣。"① 刚开始不习惯，不能吃，时间长了，每天也离不开槟榔。陆游有："且胜堆盘供苜蓿，未言满斛进槟榔。"② 陈与义有："寂寂孤村竹映沙，槟榔迎客当煎茶。"③ 甚至连客居广州的波斯妇也入乡随俗，口嚼槟榔，宋人庄绰《鸡肋编》记载："广州波斯妇，绕耳皆穿穴带环，有二十余枚者。家家以蒌为门，人食槟榔唾地如血。北人嘲之曰：'人人皆吐血，家家尽篾（灭）门。'"④

槟榔有特定的量词叫"口"，"数蕉子曰几梳……数槟榔曰几口。"⑤ 吃几口槟榔不仅成为款待客人必不可少的礼节和仪式，甚至成为是否尊重客人的基本标准。

日常嚼食槟榔、槟榔交友的习俗还从当地童谣反映出来。徐闻县旧俗：女子夜晚借着月光纺纱织布，边织边唱，歌声和织机轧轧声相互伴和，故有一首民谣流传下来："月光光，月圆圆，四娘织布在庭边。足蹈织机响轧轧，手合槟榔认同年。"⑥ "认同年"，就是物色与自己同年同月同日生的人，互称同年的以后就是同年香同年甜的亲戚了（现少数民族仍保持此俗，如瑶族打老同）。槟榔在当地童谣的出现，显示了日常生活中槟榔的重要地位。

雷州人春节相见互道"恭喜发财"，讲究古礼的世家，幼辈得向长辈行两跪八叩首礼，启槟榔盒相请，而长辈要给幼辈压岁钱，以示吉祥。雷州人 51 岁的生日，即人生的第一个寿辰，家人要为老人举行寿庆。寿礼时，子女、媳妇等人得行跪礼，然后端起槟榔盒致礼。农村新屋建成后，择吉日入宅时，要举行一定的仪礼，同时宴请亲戚朋友。近亲要送来装有发糕、猪腿、红包、槟榔等物的担子，以示祝贺。

---

① （宋）罗大经：《鹤林玉露》丙篇·卷一"槟榔"，中华书局 1983 年版，第 247 页。
② （宋）陆游：《晓出湖边摘野蔬》。
③ （宋）陈与义：《和大光道中绝句》。
④ （宋）庄绰：《鸡肋编》卷中，据文渊阁四库全书电子版引。
⑤ （清）毛昌善、陈兰彬等：《中国方志丛书·华南地方 66·吴川县志·卷二地舆下》，成文出版社 1967 年版，第 51、52、53 页。
⑥ （清）王辅之、骆克良等：《中国地方志集成 42·广东府县志辑·宣统徐闻县志》，上海书店出版社 2003 年版，第 61 页。

（二）聘礼婚礼　槟榔主角

雷州人认为，吃槟榔时离不开蒌叶，"二物相须如夫妇然，故俗用以为聘"。①雷州半岛婚礼的各个环节，离不开槟榔。"婚之六礼并而为四，虽物仪式备而必用槟榔，多者以万记。"②如纳彩（议婚阶段）时，男方备礼去女家求婚，一般把男方生辰八字和槟榔、礼品装入盒中，叫"装头盒"，这个盒也叫槟榔盒。女方接礼后，回敬笔墨书籍和女方庚帖等物。笔墨书籍是希望男方努力读书，将来能考取功名。女的"庚帖"与男的"庚帖"一起放在槟榔盒内（或称"庚帖盒"），男家父母把槟榔盒放到神龛上，听候三天，称"听命"或槟榔合命。若家中三天内相安无事，婚事可定矣。特别是订婚的聘礼，槟榔更是唱主角。"婚礼，初定以槟榔、首饰。"③定亲的礼物除了钱、猪肉、布帛外，还要"三百槟榔三百粑"。女子接受了对方的槟榔，就表明同意婚事，"女子既受槟榔。则终身弗贰。"④因为槟榔即"宾门之郎"，意思是自家的贵宾，女儿的郎君，"槟榔"之名也由此而来。岭南有民谣："一槟一榔。无蒌亦香。扶留似妾。宾门如郎。"⑤故人们常将槟榔作为聘果相互赠送。婚礼第二天一大早，新郎、新娘在摆满果品、祭品的堂屋行"谒祖礼"，"礼毕，新夫妇双拜庭前，跪捧槟榔请父母亲戚临吃，曰安位。"⑥

槟榔还是爱情的象征，"赠子槟榔花，杂以相思叶。二物合成甘，有如郎与妾"。仔细品味诗中意境，令人心慕不已。山歌云："多谢青雏鸟，

---

①　（清）雷学海修，陈昌齐等纂：《中国地方志集成43·广东府县志辑·雷州府志》，上海书店出版社2003年版，第90—97页。

②　（清）郑业崇等修，杨颐纂：《中国方志丛书·华南地方65·茂名县志》（上），成文出版社1967年版，第44页。（下）第352页。

③　林希元辑，陈秀南点校：《天一阁藏明代方志选刊·钦州志》，灵山县政协文史资料委员会编印1990年版，第40、42页。馆藏于广西图书馆。

④　（清）屈大均：《广东新语》，中华书局1985年版，第457、521、614、626、629—630、696页。

⑤　同上。

⑥　梁成久纂修，陈景棻续修：《中国地方志集成45·广东府县志辑·（民国）海康县续志》，上海书店出版社2003年版，第283页。

槟榔要与郎。宁食我橄榄，莫食我槟榔。"①

　　槟榔甚至成为财富、地位的象征："而琼俗嫁娶，尤以槟榔之多寡为辞。"②

　　雷地旧时有一种恶习，若有女子新丧夫，不管是愿意守寡或想改嫁，"亡夫之肉未冷"，则有一帮恶徒"持槟榔一盒投进其门，不问彼妇之允否"。③ 即夺婚，这是强行把槟榔当成聘书了。槟榔由实物变成一种象征应允与否的角色。

　　（三）逢年过节　槟榔敬神

　　逢年过节，人们用槟榔来敬神，"至持以享鬼神，陈于二伏波将军之前以为敬"。旧时徐闻县每年阴历六月初九日至二十日为太华婆诞期，为祈求生意兴隆、财源广进，各商行各业档都特别尊奉"太华神"。每年游行时，屠行、鱼行、米行、槟榔行等几十个行当都打出自己的雅呈，抬出自己的特色产品许愿，求太华婆庇护一年生意兴隆。槟榔放在神坛下，为的是人们能够从神坛那里获得赐福，也就赢得来年的最好运气。这与人们心里期盼的那种意义相合。

　　（四）械斗纷争　槟榔为礼

　　"有斗者。甲献槟榔则乙怒立解。"④ 当纷争发生后，想和解的一方通过送槟榔来表示和解诚意。不仅雷州这样，就连"素习诗书槟榔为礼"的泉州府，"里间朋友吉凶庆吊皆以槟榔为礼。"⑤

　　（五）槟榔盒与槟榔包

　　贮藏槟榔有专门的槟榔合。"广人喜食槟榔。富者以金银、贫者以锡为小盒。雕嵌人物花卉，务极精丽。中分二隔，上贮灰脐、蒌须、槟榔，

---

① （清）屈大均：《广东新语》，中华书局 1985 年版，第 457、521、614、626、629—630、696 页。

② 同上。

③ （清）吴盛藻修，洪泮洙纂：《雷州府志》（十卷），中国书店 2002 年版，第 55、57 页。

④ （清）屈大均：《广东新语》，中华书局 1985 年版，第 457、521、614、626、629—630、696 页。

⑤ （明）李贤等：《明一统志》卷七十九，卷七十五，据文渊阁四库全书电子版引。

下贮蒌叶。"① 槟榔盒分上下两层，上层存放灰脐、蒌须、槟榔，下层存放蒌叶，富者用金银、贫者用锡制作，盒上雕刻人物花卉，做工考究，相当于艺术品。结婚用朱盒，"聘礼重槟榔，盛以朱盒，饰以彩虹，缀以银盏。"② 日常生活用槟榔盒盛槟榔待客，出门随身携带槟榔包，"合用于居，包用于行。"槟榔包用龙须草织成，大小约三寸，里边放着槟榔、蒌叶等物，随身不离。

槟榔盒，收藏于雷州市博物馆

由于槟榔只产于南方，明清时期其他地区的人以能吃到槟榔为荣，以佩戴槟榔包为时尚。《红楼梦》第六十四回，贾琏借故进宁国府巧遇尤二姐，便无话找话说："槟榔荷包也忘了带来了，妹妹有槟榔，赏我一口吃。"二姐道："槟榔倒有，只是我的槟榔从来不给人吃"。《红楼梦》第八十二回，宝玉上学之后，怡红院中甚觉清净闲暇，袭人"拿着针线要绣个槟榔包儿"。③

（六）槟榔典故与诗文

晋代，不仅南方咀嚼槟榔，北方也开始流行，到了唐宋，槟榔流行的区域更广，关于槟榔的记载也多了起来，影响较大的要数"金盘槟榔"的典故。李延寿的《南史》记载：南朝宋武帝刘裕时，有个莒县（今属山东）人刘穆之，年轻时家贫，嗜酒食，常至妻兄江家就餐，经常被耻笑却毫不在乎。有一次江家有宴会，妻子不让他去，他仍然去了，吃饱后还问主家要槟榔咀嚼。江家兄弟嘲笑他说："槟榔消食，君乃常饥，何忽须

---

① （清）屈大均：《广东新语》，中华书局 1985 年版，第 457、521、614、626、629—630、696 页。

② （清）毛昌善、陈兰彬等：《中国方志丛书·华南地方 66·吴川县志·卷二地舆下》，成文出版社 1967 年版，第 51、52、53 页。

③ （清）曹雪芹：《红楼梦》（下），人民文学出版社 2000 年版，第 727、938 页。

此?"后来江氏剪头发卖钱，买酒食供养穆之。几年后，刘穆之官拜丹阳尹，便召来江氏兄弟。江氏恐其报怨，流泪下跪恳求，他笑着说："本不匿怨，无所致忧。"酒足饭饱，"及至醉，穆之乃令厨人以金柈贮槟榔一斛，以进之"。① 李白诗："何时黄金盘，一斛荐槟榔。"② 即咏此事。辛弃疾亦有："怨调为谁赋，一斛贮槟榔"③，此处"金盘槟榔"成了诗人希望为国效力却壮志未酬的心情的意象。

咏唱槟榔的诗句不在少数，如唐朝李嘉佑："水流过海稀，尔去换春衣。泪向槟榔尽，身随鸿雁归。"④ 槟榔成了南方的代名词。白居易没有到过岭南，却能用醉槟榔来形容女子的美："时世高梳髻，风流澹作妆。戴花红石竹，帔晕紫槟榔。"⑤ 苏轼被贬南方，在雷州半岛和海南岛均居住过，他的"暗麝着人簪茉莉，红潮登颊醉槟榔"，⑥ 描绘了南方少女口含槟榔、头插茉莉、芳香袭人的情景，最为人称道。可见，唐宋时咀嚼槟榔的习俗已由南方推进到北方，槟榔已经由一种食物变为具有象征意义的代称。南朝齐国王子箫嶷遗嘱说，死后只需三天守灵，"三日施灵，唯香火、盘水、盂饭、酒脯、槟榔而已。"除灵埋葬外，初一、十五的时候，地上铺一条席，摆上香火、盘水、酒脯、干饭、槟榔就足够了。"朔望时节，席地香火，盘水酒脯，干饭，槟榔便足。"⑦ 可见槟榔当时很流行，对于最节俭的人来说，槟榔也是祭品之一。

三　槟榔文化形成的原因

雷州半岛槟榔文化的形成绝非偶然，与槟榔特殊的食用性及药用功能

---

① （唐）李延寿：《南史》卷十五，列传第五，中华书局 1978 年版。

② （唐）李白：《玉真公主别馆苦雨，赠卫尉张卿二首》。

③ （宋）辛弃疾：《水调歌头》（高马勿捶面）。（清）唐圭璋编：《全宋词》，中华书局 1998 年版。

④ （唐）李嘉佑：《送裴宣城上元所居》。

⑤ （唐）白居易：《江南喜逢萧九彻因话长安旧游戏赠五十韵》，《全唐诗》，中华书局 1960 年版。

⑥ （宋）苏轼：《题姜秀郎几间》，北大古文献研究所编《全宋诗》，北京大学出版社 1998 年版。

⑦ 《南齐书》卷二十二列传第三豫章文献王（萧嶷传），中华书局 1999 年版，第 277 页。

有关，更与当地自然地理环境以及社会经济、文化发展水平相关。

（一）地理环境

岭南地区天气炎热潮湿，"人多患胸中痞滞，故常哎槟榔"，[①] 可以宽气下疾，是岭南人不可或缺的食物。嚼食槟榔"真可以洗炎天之烟瘴，除远道之渴饥。"[②] 嚼食槟榔可以胜瘴。《鹤林玉露》记载槟榔的功用具体有四方面："一曰醒能使之醉。盖每食之，则熏然颊赤，若饮酒然……二曰醉能使之醒。盖酒后嚼之，则宽气下疾，余醒顿解。三曰饥能使之饱。盖饥而食之，则充然气盛，若有饱意。四曰饱能使之饥。盖食后食之，则饮食消化，不至停积。"咀嚼槟榔后能刺激神经、微醉似饮酒，能醒酒、宽痰、下气，能饱腹，能消食。《鹤林玉露》赞："槟榔赋性疏通而不泄气，禀味严正而有余甘，有是德，故有是功也。"[③] 槟榔有品德如正人君子，疏通理气但是不泄气。

雷州的自然地理条件，形成了当地就地取材的饮食习俗。雷州人信巫好鬼，"有病则请巫以祷，罕用药耳"。[④] 过去雷州人有病很少用药，在治疗的过程中，先以食疗，后以药疗。只在食疗不能见效时，才以药疗。"槟榔之实，可施药物。"[⑤] 广东有谚语："槟榔辟寒，素馨辟暑。"[⑥] 槟榔有消食、杀虫、下气行水之功效，还能治疗脚气。

（二）民族变迁

远古时期，雷州半岛便有了人类繁衍生息，秦汉开始，汉人陆续迁往岭南，大规模的汉人移民从唐代开始入雷，至明代达到高潮——福建闽中、闽南人从海上迁居雷州半岛。现在，许多雷州人讲雷州话，雷州半岛

---

① 江畲经编辑：《历代小说笔记选》（宋二）《西溪丛语》，上海书店1983年版。

② （清）屈大均：《广东新语》，中华书局1985年版，第457、521、614、626、629—630、696页。

③ （宋）罗大经：《鹤林玉露》丙篇·卷一"槟榔"，中华书局1983年版，第247页。

④ （明）欧阳保：《日本藏中国罕见地方志丛刊·（万历）雷州府志》，书目文献出版社1990年版，第170—171、196、197、203、204页。据日本尊经阁文库藏明万历四十二年刻本影印。

⑤ （宋）周去非著，杨武泉校注：《岭外代答校注》，中华书局1999年版，第235—236、292—293、294、433页。

⑥ （清）屈大均：《广东新语》，中华书局1985年版，第457、521、614、626、629—630、696页。

有福建村，许多村落自称祖先是从福建移民过来的。雷州话是闽语的一种次方言，在明代已形成。经过几百年的历史演变，汉族的闽人逐渐由少变多，而壮、黎等少数民族的先民则逐渐由多变少。明代中叶以后，半岛上以汉人为主，少数民族居民或西迁广西，南下海南岛，或与汉族同化。半岛虽然汉化，但是有些饮食民族文化却传承下来，如槟榔文化。它是半岛少数民族文化与汉族文化在岭南地域的文化涵化。黎族、壮族、傣族等少数民族现今仍然有日常咀嚼槟榔的习俗。

（三）贸易地位

明清两代，雷州半岛槟榔产量很少，主要从海南岛贩运过来。雷州开设"槟榔行"，"槟榔市"在"南关外文富坊。"[1] 据乾隆二十四年（1759年）《重修天妃宫碑》载，雷州"槟榔行"当时有商号四十多个，大量的槟榔通过这里销售到全国各地。"牙行槟税"曾充当雷州府经费。雷州"人穷于耕作，不事蓄聚……贩易惟槟榔、鱼、菜、米、谷食物。"[2] 商人把船从海南岛经海上直开到雷州南亭河下发卖。因为有市棍把持，勒索钱财，政府革除此积弊，因此建"新革槟税牙行碑亭"纪念此事。[3] 旧时，徐闻城里城外卖槟榔的小贩很多，有一条小街专卖槟榔。这些小贩席地而卖，都竖立槟榔树，挂着槟榔青、槟榔红。这些槟榔果挂起来，就像一个个小灯笼。有的村也因为种槟榔而成名，如槟榔塭、槟榔村。现在村名仍有，但槟榔树几近绝迹。徐闻有一首童谣，在过年前经常念道："年来到槟榔塭，年来到院城里，年来到门坎后，年来到面头前。"一种农产品被用做地名，这从一个侧面微妙地反映出历史上在雷州人的生活中，槟榔曾扮演着重要的经济角色。

<hr>

① （明）欧阳保：《日本藏中国罕见地方志丛刊·（万历）雷州府志》，书目文献出版社1990年版，第170—171、196、197、203、204页。据日本尊经阁文库藏明万历四十二年刻本影印。

② （清）吴盛藻修，洪泮洙纂：《雷州府志》（十卷），中国书店2002年版，第55、57页。

③ 李龙：《明清时期雷州的槟榔文化》，《雷州文史》总第二十七期，第227—228页。

徐闻南山镇槟榔村委会

槟榔村幼儿园

四　槟榔文化消退的原因

现如今，雷州半岛的日常生活中已经没有人吃槟榔了，只有在聘礼中用槟榔，在婚礼中长辈象征性地品尝槟榔。槟榔文化渐弱原因何在？

（一）不产槟榔

嘉庆年间，雷州（海康）还有槟榔树种植的记载，"槟榔、椰子、雷间种之，然不如他郡之盛也。"① 到了宣统《徐闻县志》物产中就没有槟榔了。笔者通过到林业部门调查，到湛江、雷州、徐闻等地实地考察，看到假槟榔作为观赏树种植，半岛上没有见到槟榔树。

（二）交通地位的变化

由于全国吃槟榔的风气减弱，目前，大陆只有湖南、海南及云南少数民族地区部分人咀嚼槟榔，需求量减少，加上陆路及海上交通工具快捷，雷州作为槟榔转运站的作用已经失去。现在，雷州、徐闻市面上虽有少量从海南岛运来的槟榔出售，但是从事贩卖槟榔的人寥寥无几。

袋装槟榔干

湖南随处可见卖槟榔的小店

---

① （清）刘邦柄等：《中国地方志集成 44·广东府县志辑·（嘉庆）海康县志》，上海书店出版社 2003 年版，第 46 页。

雷州雷城镇南亭街，明清时的槟榔一条街

2014 年元宵节，槟榔埚村民游神

（三）审美习俗的变化

明代中期开始，雷州半岛的居民主要是汉人。民族变化了，生活、审美习俗也开始改变。汉人不以咀嚼槟榔牙齿黑为美。改革开放后，国内外文化不断交流，欣赏习惯更趋一致，一口洁白健康的牙齿为众人青睐，咀嚼槟榔习俗渐渐消失。

（四）烟草进入

1890 年以后，烟草和鸦片的种植范围扩大，利润增加，吸食人群增多，烟草和鸦片逐渐平民化。在寻常百姓家，越来越多的家庭将烟草和鸦片作为"佳肴"来款待客人。1899 年，雷州半岛的湛江市区（原为遂溪）被法国"租借"，当时的名字叫"广州湾"，清人李光昭的一篇《阿芙蓉歌》描绘了广州湾鸦片烟雾熏罩下的众生相："熏天毒雾白昼黑，鹄面鸠形奔络绎；长生无术乞神仙，速死有方求鬼国。"随着烟草地位的提高，它取代了槟榔的药用、待客功能。

（五）生活方式变化

现代工艺和制作方式的改进，人们可以把吃进嘴里的食物做得美味可口，硬的可以压碎，苦的可以包上糖衣，吃东西越来越细致、方便，而槟榔吃起来太麻烦。现代生活节奏加快，除了工作就是休息，娱乐方式虽然比过去多，但是，娱乐时间比过去少，大多数人没有时间吃槟榔。

尽管槟榔具有很多药用价值，但是，现代多项调查和医学研究证明，槟榔内含致癌物质槟榔碱，槟榔碱是导致口腔癌、食道癌的罪魁祸首；槟榔碱的含量非常高，大于 0.3%；[①] 故槟榔不可常吃。

从雷州半岛槟榔文化由盛而衰，我们寻到了民俗文化变化的轨迹：民俗是一种历史的记忆，一种文化如果失去日常生活的支撑，百姓又不明确文化传承的内涵，那么，这种文化离消亡就不远了。

第二节　药食同源

元代，雷州半岛属于湖广行省海北海南道宣慰司中的雷州路（包括今

---

① 张林和：《食用槟榔内致癌物质槟榔碱和黄樟素的分析》，南京工业大学硕士论文，2004 年。

雷州半岛中部的徐闻、雷州、遂溪等地)、廉州路（今雷州半岛西北部的廉江和广西合浦等地)、化州路（今雷州半岛东北部吴川、茂名等地)。明清时期属于雷州府（今海康、遂溪、徐闻)、廉州府（廉江一部分)、高州府（今吴川等地),① 廉州，曾于明洪武"七年十一月降为州，九年四月属雷州府",② 后复为府，故雷州、廉州、高州地理位置相近，雷州、廉州生活习惯更相似。

> 广东南境皆濒海，自东而西，历潮、惠、广、肇、高、雷、廉七郡，而抵越南。……又西为高州海，多暗礁暗沙，海防较简。又西为雷州，其南干突出三百余里，三面皆海。渡海而南为琼州。又西为廉、钦，与越南错壤。廉州多沙，钦州多岛，襟山带海，界接华夷。③

高州、廉州、雷州、钦州皆为南海海边"襟山带海，界接华夷"之处，气候恶劣，生活艰辛，更重视饮食调理。

西周时，王室已经总结了一些经验，制定了主食和副食的配伍原则，宫廷内专设"食医"中士二人，主管此事，他们负责时常提醒天子，饮食按照时序而为，"凡食齐视春时羹，齐视夏时酱，齐视秋时饮，齐视冬时烹……"气候寒暖配以不同饮食，春时羹、夏时酱、秋时饮、冬时烹，此即饮食刚柔；齐即节也，也就是注意掌握烹饪时水的多少与火候，这就是饮食的"刚柔节也"。④

魏晋流行所谓"服食"，并不是以选择食物来治疗疾病，而是指通过服用以植物为原料的药物，以求延年益寿，乃至长生不老。这与北方少数民族以动物原料为主的饮食呈明显对比。说明当时人们在日常饮食之外，开始大规模寻求长生不老的医药食方。

---

① 谭其骧：《中国历史地图集》（第七册)，中国地图出版社 1982 年版，第 32、33、72、73 页。

② （清）张廷玉等：《明史》卷四十五，据文渊阁四库全书电子版引。

③ 赵尔巽、柯劭忞等：《清史稿》志一百十三兵九海防，中华书局 1977 年版。

④ （宋）项安世述：《周易玩辞》卷十，据文渊阁四库全书电子版引。

　　唐代孙思邈的《千金方》不仅是唐代以前医药学成就的系统总结，还有专章论述食疗食治。林洪的《山家清供》是宋代一本难得的烹饪专著，有一半篇幅与食疗有关。

　　食物和药物本没有严格的区别，我国自古就有以食当药和以药当食的传统。古代神农尝百草，久而久之，发现某些动物、植物不但可以作为食物充饥，而且具有某种药用价值。食物、药物合二为一，这就是药膳的源头和雏形。后来在中医辨证配膳理论的指导下，由药物、食物、调料三者精制而成的一种既有药物功效又有食品美味，用以防病治病、强身益寿的特殊食品——药膳真正出现。

　　以食当药防病治病，是中医学的特色之一，也是中国饮食文化的传统优势。中国的食疗文化源远流长，历代医药学家很重视饮食与健康、疾病的关系，认为人体精神、气血都由饮食五味滋生，为使饮食营养物质化生水谷之精气，以达到安养五脏、补益气血、填精充髓、强筋壮骨和祛除邪患的目的，把食疗作为调养身体、维护健康、防治疾病、延缓衰老的一种主要手段。千百年来，人们在食疗方面积累了丰富的知识和宝贵的经验，逐渐形成了一套饮食养生的经验："药补不如食补"。各地形成特色的食疗偏方，如具有代表性的广东的黄芪枸杞炖乳鸽、莲子百合煲瘦肉、沙参玉竹煲老鸭、熟附煨姜焖狗肉、川芎白芷炖鱼头、猪腰煲杜仲等。雷州半岛也有自己的特色，如徐闻谚语："饿吃荔枝饱吃黄皮"，"老人饿汤，幼人饿哺"，"龙肝不如鲜鱼血"，"教书先生吃田螺，木匠扫犁吃阉鸡"等，①无不详细记载半岛人民长期积累的饮食疗方，在进餐的同时又能养生治病。防治兼宜，效果显著。

一　食补胜于药补

　　利用食物养生和治病，这就是我们平时说的食疗。食疗的本质就是强调饮食要顺势而为，"天人合一"。具体表现为人与天地相应，与四时相符，顺则为利，逆则为害。

---

　　① 徐闻县文化广电新闻出版局编：《徐闻民俗》，第187—227页。

唐代名医孙思邈《千金方·食治篇》中明确指出："为医者当须先洞晓病源，知其所犯，以食治之，食疗不愈，然后命药。"[1] 即医生首先要弄清楚疾病的根源，以食治之，如果食疗不愈，再以药治之。这样的食疗原则，历来为中医学所尊重。

过去雷州人"有病则请巫以祷，罕用药耳"，加上特定的气候条件，当地发展了丰富的食疗。

(一) 因地而膳

"近山多燥，近海多湿。……阳气常泄，阴气涌溢，迭胜而相薄。阳气泄，故人腠胁多汗，阴气溢，故人多体倦。"[2] 雷州气候炎热，患疮毒、拉肚子的人较多，食物就得清热解暑。

当地解暑的食物有许多，如"土荽（芫荽）：和米粉蜜煮解暑。"[3] "观音柳：叶细，取浸水服，凉。"[4] "凉粉草：俗名凉菜，藤生……捣取其汁入米粉少许，煮熟之盛于瓶盘，候冷凝如豆腐，和糖食之解烦热。"[5]

当地现在还有吃凉粉喝凉茶的习俗。把木瓜当成良药来吃，清热，只要是眼睛长"跳针"，拿木瓜和蝲蛄汁煮来吃一两次就好。这种"药"不苦不辣，大家都愿意吃。

治疗疮毒的有佛桑、九里明等，"佛桑，俗名红花树……和醋捣之以敷疮患颇效"。"九里明：煎水，可疗疮毒。"[6]

治疗痢疾的有凤尾（草）、鸭脚（草）等，"凤尾：捣汁愈痢。……鸭

---

① （唐）孙思邈撰，（宋）林亿等校正：《备急千金要方》卷七十九，据文渊阁四库全书电子版引。

② （明）欧阳保：《日本藏中国罕见地方志丛刊·（万历）雷州府志》，书目文献出版社1990年版，第170—171、196、197、203、204页。据日本尊经阁文库藏明万历四十二年刻本影印。

③ （清）郑俊修、宋绍启：《中国方志丛书·华南地方185·（康熙）海康县志·地理志上卷》，成文出版社1974年版，第70、72、92—93页。

④ （明）欧阳保：《日本藏中国罕见地方志丛刊·（万历）雷州府志》，书目文献出版社1990年版，第170—171、196、197、203、204页。据日本尊经阁文库藏明万历四十二年刻本影印。

⑤ （清）雷学海修，陈昌齐等纂：《中国地方志集成43·广东府县志辑·雷州府志》，上海书店出版社2003年版，第90—97页。

⑥ 同上。

脚：可制药治痢"。①

（二）因时而膳

自然界一年中有四季变化，人的生理活动也会随之变化，吃东西讲究时令。冬季吃狗肉、粽子，有温补强肾阴的功能；蒌叶配槟榔"在寒而暖"。②春秋两季多吃薏米冬瓜汤去湿。雷州人夏天特别喜欢吃番薯粥，说是帮助解暑滑肠。《本草纲目》云："番薯（又名甘薯），气味甘平无毒，主治补虚乏益力，健脾胃，强肾阴。"③雷州人夏天还喜欢吃咸鱼、咸菜，把鱼用盐腌，深埋地下，食物既保鲜又性寒。

上巳节这一天，有的农家还用鼠耳草或鸡矢藤汁蜜拌米粉制成"粑"，此饼可以祛湿。农历五月初五为端午节，有些家庭用艾枝插在大门两旁，妇女、小孩用少许艾叶扎在头上，以示避邪。"设菖蒲酒束角黍祀祖，闾里相馈遗，悬艾虎于门。"④雷地湿热易生疮，孩子疮脓多流于头部，这一天大人为孩子用越苑叶（櫓罟叶）编织鸭母、锅盖、枕头、橄榄等形态的"笠"，装入粳米，置锅中蒸熟，孩子们各持一二只到附近溪河作水浴，叫"流疡"。孩子们边浴边歌"流疡，流疡，流去东海寻别童！"农历五月，南方蛇、蜥蜴、蜈蚣、蝎子、癞蛤蟆等五毒横行，饮菖蒲酒是为了趋避五毒，"菖蒲：五月取，浸酒饮以去毒，曰菖蒲酒。"⑤"束角黍"、吃粽子的习俗来源于寒食节，但是在南方，夏天多吃冷食与气候关系更密切。

（三）因人而膳

饮食应充分考虑到体质强弱之殊、男女老少之别。如"蛤蒌叶"饭，这是雷州人取的名。嘉庆《雷州府志》记载："荜拨叶极似蒌，亦藤生，

---

① （明）欧阳保：《日本藏中国罕见地方志丛刊·（万历）雷州府志》，书目文献出版社1990年版，第170—171、196、197、203、204页。据日本尊经阁文库藏明万历四十二年刻本影印。

② （清）屈大均：《广东新语》，中华书局1985年版，第457、521、614、626、629—630、696页。

③ （明）李时珍《本草纲目》卷二十七，据文渊阁四库全书电子版引。

④ （清）郑俊修、宋绍启：《中国方志丛书·华南地方185·（康熙）海康县志·地理志上卷》，成文出版社1974年版，第70、72、92—93页。

⑤ 同上。

不若蒌之蔓延也，香多辛少，味较蒌为醇，土人常取以调食，尤宜于炙田鸡。俗名田鸡为蛤，故亦曰蛤蒌。"① 蛤蒌叶长在房前屋后，或水井边，或树林中潮湿阴凉处，别名假蒌、假蒟，是一种极香的藤生植物，属胡椒科胡椒属植物，是一种在南方广为使用的美味的调味品。将"蛤蒌叶"切碎加入将熟米中，做成"蛤蒌叶"饭，饭香扑鼻。当地人认为妇女常吃"蛤蒌叶"饭可以补血益气。蛤蒌叶还用于作粽子馅、炒田螺、做牛肉饼。在雷州，现在喜欢吃这种饭的人也不少，不仅限于女性。又如甜糟，用上等糯米为料，酿制而成，加适量的红糖和鸡蛋煮熟吃，壮气活血，故雷地妇女坐月子必不可少。再如，雷地怀孕妇女吃宜母子（亦名酸蒙），"似橘而酸，妇人怀妊不安食之良。故有宜母子之名。"生孩子吃蓬生果（一名乳瓜），"以乳妇食之多乳得名。俗名木冬瓜。"②

　　　　"蛤蒌叶"饭　　　　　　　　　　　　　蛤蒌叶（假蒌）

（四）食物药用

　　当地人有病不看病，相信食疗，用树皮草药等也能治病，如"观音木：大者合抱，小者空心，皮多，白汁，可代漆贴金叶。深青色，子如包栗米（吴川志稿）。光绪戊子梅录黄坡染疫症者，取树皮煎水服之，虽危

　　① （清）雷学海修，陈昌齐等纂：《中国地方志集成43·广东府县志辑·雷州府志》，上海书店出版社 2003 年版，第 90—97 页。
　　② 同上。

亦愈，加番薯叶同煎更妙。吴川谓之'鹦哥木'。"① 1888 年，雷州人用观音木树皮熬汁，治好了梅录黄坡瘟疫，并将此方法推广到其他地方。"明年，广南疫，宜用此药方，士良读之，乃博济方中钩藤散也。"② 还有些树也具有药用价值：苦楝树："最易生……实酷肖枣不可食，然性能杀腹虫。腹有虫痛者，掘根煮水服一小盅，或吐或下而出。"③ 相当于如今的驱虫药。

南方一年四季都有瘴气，"瘴者，山岚水毒，与草莽渗气，郁勃蒸熏之所为也……一岁无时无瘴，春曰青草瘴，夏曰黄梅瘴，六七月曰新禾瘴，八九月曰黄茅瘴。土人以黄茅瘴为尤毒。"治疗瘴气最实用的方法，是用附子为君药，外加不换金、正气散疏，散湿气、暑气。"其中人如疟状，治法虽多，常以附子为急须，不换金、正气散为通用。"④

史籍还记载当地有些动植物具有药物作用，如"能解小儿疳积"的沙鳅，"状似蜥蜴，腹白，背青绿，两肋正赤，穴居……可食，俗云能解小儿疳积"。还有鳗鱼，"极肥，身皆油，肉能愈瘰疬病。……墨鱼，其骨入药"。"鹧鸪：畏霜露……其肉味甜，能解野葛诸菌毒及避温瘴。""青蜓蛇俗曰瓜蛇，酿酒入药最除风湿。"⑤ 植物有"马鬃：煎水疗毒。……车前：可利小水、愈白浊。"⑥

其实，中国的食疗、医药与道家的养生之道是有联系的。早年，道士们为实现道家延年益寿的目标，身体力行地发展了中医食疗学，如葛洪、陶弘景、孙思邈、皇甫谧、曹歙、陈延之等，他们既是医家又是道学家，

---

① （清）郑业崇等修，杨颐纂：《中国方志丛书·华南地方 65·茂名县志》（上），成文出版社 1967 年版，第 44 页。（下）第 352 页。

② （宋）朱彧：《萍洲可谈》卷二，据文渊阁四库全书电子版引。

③ （清）雷学海修，陈昌齐等纂：《中国地方志集成 43·广东府县志辑·雷州府志》，上海书店出版社 2003 年版，第 90—97 页。

④ （宋）范成大撰，孔凡礼点校：《范成大笔记六种·桂海虞衡志》，中华书局 2002 年版，第 128 页。

⑤ （清）雷学海修，陈昌齐等纂：《中国地方志集成 43·广东府县志辑·雷州府志》，上海书店出版社 2003 年版，第 90—97 页。

⑥ （明）欧阳保：《日本藏中国罕见地方志丛刊·（万历）雷州府志》，书目文献出版社 1990 年版，第 170—171、196、197、203、204 页。据日本尊经阁文库藏明万历四十二年刻本影印。

均不同程度地强调了"食治"的作用。他们或以食入药，或予医于食。他们一致认为将"食疗"与"药疗"相结合才是上工之术，主张把饮食养生引进治病养生的领域，将"食治"放在医治疾病的重要位置。如道医名医孙思邈，他在倡导"食治"的基础上又大胆地实践"以脏补脏"的理论，即服食各种动物的脏器组织用于治疗疾病，这对南方"以形补形"的食俗有很深的影响。南方流行吃啥补啥，如吃猪蹄强筋骨，吃猪脑补脑、吃猪肝补血等。动物内脏虽然含有丰富的营养，但是"以形补形"的食俗并不科学全面。孙思邈还提出了"不知食宜者，不足以存生也。不明药忌者，不能以除病也"[①] 的食疗、治病的规律。"知食宜"就是要顺应季节的变化、环境的差别、体质的差异以及疾病的属性，明药忌就是在用药时辨症配伍。

二　病者祷神不服药

过去，雷州人生病时，"病者祷神不服药"，延请巫医驱除疾病，直到清代仍然如此。

茂名人生病时请巫医"跳鬼"，从半夜直至清晨，第二天在门上插青作标志，且外人不得入屋，谓之"禁屋"；事毕献茶于祖先，然后取下门上插青，谓之"开禁"。这样，病人的病"不治而愈"。"疾病延巫师，鸣锣击鼓祈祷，谓之'跳鬼'。夜达晨而毕。标青于门，是日外人不得入，谓之'禁屋'。诘朝献茶于祖，然后去青，谓之'开禁'。"[②]

吴川人生病时，准备祭拜物品拜祭康王。"拜斋者唯吴川有之，病者祷康王，神酬之，设康王厂于野，其北为狱神坛，拜康王转达狱神云。饰童子为拜，童诵百余言，诵且拜五日毕。盖十余年一举焉。"[③]

遂溪人信鬼，家有病人，"延医少而延巫多"，整座城市"巫祝之声连

---

① （唐）孙思邈撰，（宋）林亿等校正：《备急千金要方》卷七十九，据文渊阁四库全书电子版引。

② （清）郑业崇等修，杨颐纂：《中国方志丛书·华南地方 65·茂名县志》（上），成文出版社 1967 年版，第 44 页。（下）第 352 页。

③ （清）毛昌善、陈兰彬等：《中国方志丛书·华南地方 66·吴川县志·卷二地舆下》，成文出版社 1967 年版，第 51、52、53 页。

宵不歇"。如果不是这样，病人家属不得安心，虽然知道枉费钱财，但求心安而已。"遂习信鬼，家有病者，延医少而延巫多。城市巫祝之声连宵不歇，不如此，则病者所亲之心即有未安，揆之于理亦无大戾，惟徒为无益之费为可惜耳。"①

钦州人生病不服药，"惟杀牛祠鬼"，有杀一头、两头、甚至杀二十七八头的。有时病还没有好，家里已经借贷揭不开锅了，即使这样，他们也不愿意吃药。"信鬼崇祀，疾病不服药，惟杀牛祠鬼，有一牲、三牲、七牲至二十七、八牲者，不足继以称贷，或民病未愈而家已先破。语以服药，漫焉不省，其愚惑如此。"②

雷州半岛雷神祭祀活动特别丰富，雷州的雷庙"威灵甚盛"，影响到整个广南西路，钦州人最敬畏雷神。园中枯木、野外枯草都是天神——雷神的"功劳"。每三年算一轮祭祀，"初年薄祭，中年稍丰，末年盛祭"，祭祀的牺牲要饲养三年，祭祀的物品非常丰富，六畜是必备的，多的达到上百牲畜，由于用于祛病祭祀耗费的金钱数量相当惊人，有些人家因为祭祀而导致倾家荡产。如果哪年祭祀不到，家人或有疾病，或惹官司，或邻里不和，都是雷神怪罪降灾之缘故。

> 广右敬事雷神，谓之天神，其祭曰祭天。盖雷州有雷庙，威灵甚盛，一路之民敬畏之，钦人尤畏。圃中一木枯死，野外片地草木萎死，悉曰天神降也。许祭天以禳之。苟雷震其地，则又甚矣。其祭之也，六畜必具，多至百牲。祭之必三年，初年薄祭，中年稍丰，末午盛祭。每祭即养牲三年，而后克盛祭。其祭也极谨，虽同里巷，亦有惧心。一或不祭，而家偶有疾病、官事，则邻里亲戚众尤之，以为天神实为之灾。③

---

①　(清)喻炳荣修，朱德华、杨翊纂：《中国地方志集成 39·广东府县志辑·(道光)遂溪县志》，上海书店出版社 2003 年版，第 693 页。据清光绪二十一年 (1895) 补刻本影印。

②　林希元辑，陈秀南点校：《天一阁藏明代方志选刊·钦州志》，灵山县政协文史资料委员会编印 1990 年版，第 40、42 页。馆藏于广西图书馆。

③　(宋)周去非著，杨武泉校注：《岭外代答校注》，中华书局 1999 年版，第 235—236、292—293、294、433 页。

当地人治疗疾病有许多土办法,有一种称为"水医",即"水疗法"。"水医,杀牛祭鬼治病,名毛药。每热病作,以水自首淋下,名水医。"① 还有一种"放血法":"草子,即寒热时疫。南中卒吏小民,不问病源,但头痛体不安,便谓之草子。不服药,使人以小锥刺唇及舌尖出血,谓之挑草子。实无加损于病,必服药乃愈。"② 其实,"放血法"并不能真正治好病,最后还得服药,但是,当地人对放血疗法还是深信不疑。难怪秦观到雷州见此情景有诗云:"骆越风俗殊,有疾皆勿药。束带趋祀房,瞀史巫纷若。弦歌荐茧栗,奴主洽觞酌。呻吟殊未央,更把鸡骨灼。"③

外地人到雷州半岛是怎样致力改变"病者祷神不服药"的现象呢?陈尧叟(961—1017 年),北宋大臣,字唐夫,今四川新井人,端拱二年(989 年),陈尧叟高中进士第一,授光禄寺丞、直史馆,与父同日赐绯。曾任广南西路转运使,出使交州。广南西路当时包括雷州半岛和广西,时岭南风气未开,迷信风俗浓厚,加上严重缺医少药,因此巫医盛行。"尧叟有《集验方》,刻石柱州驿,又以地气蒸暑为植树,凿井,每三二十里置亭舍,具饮器,人免喝死。"④ 陈尧叟深入民间收集常见病的中药验方,编成《集验方》,请匠人刻碑立于交通要道,方便百姓抄录推广,大力倡导、推广医药。又因为当地气候炎热,夏季蒸发大,许多地方饮水只能靠下雨时的积水,或"取草木汁饮之",⑤ 或到河沟取水饮用,很不卫生。故陈尧叟带领百姓植树,凿井,这样既改善了气候,又保持了水土,而人们饮用井水,也减少了疾病。陈尧叟还命人在大路旁边每隔二三十里就修建一座凉亭,供行路人避雨、休息;亭里盛茶水的缸和饮用的杯具、茶水由附近的村民轮流供给,避免天热中暑。同科进士杨侃写下《送陈尧叟》一

---

① (宋)曾慥编纂,王汝涛等校注:《类说校注·番禺杂记》上册,福建人民出版社 1996 年版,第 103 页。

② (宋)范成大撰,孔凡礼点校:《范成大笔记六种·桂海虞衡志》,中华书局 2002 年版,第 130 页。

③ (宋)秦观:《淮海集》卷六"雷阳书事",据文渊阁四库全书电子版引。

④ 《宋史》卷二百八十四·陈尧佐传,据文渊阁四库全书电子版引。

⑤ (宋)曾慥编纂,王汝涛等校注:《类说校注·酉阳杂俎》卷四十二下册,福建人民出版社 1996 年版,第 1271 页。

诗，赞叹他的这一善举："马困炎天蛮岭路，棹冲秋雾瘴江流。辛勤为国亲求病，百越中无不治州。"①

之所以延请巫医驱除疾病，原因不只是不懂求医药，迷信，把自己的命运托付给神灵，更主要的是他们认为疾病是神对人的惩罚，是鬼在作祟，解决的唯一办法，就是请巫师来送神送鬼，通过虔诚的祈祷，从而获得宽恕。即使吃药，他们也不相信单单凭借药力可以治愈疾病，仍要三番两次祭拜。小病常用鸡、鸭、鱼、肉、鸡蛋、白布、纸钱之类做祭品，重病则需要杀猪宰牛。迷信的根源是巫术这伪科学根据"同能致同"的模仿观念或"一次有关系永远有关系"的接触观念，发展了一派特殊的巫术领域。迷信与人类对自然科学知识的掌握相关，对客观事物了解越多，生长迷信的土壤越少。

三 养生调理治未病

"养生之道，莫先于食"——所谓食补，就是通过调整饮食来补养脏腑功能，促进健康长寿。"五谷为养，五果为助，五畜为益，五菜为充。气味合而服之以补精益气。"② 养生调理的营养观在中医的推动下，影响着中国大地一代又一代人。

饮食五味是人与自然界最密切联系的方面之一，自然界由动植物构成五味饮食，人体的五脏六腑对五味饮食也各自具有不同的亲和力，四季的变化强烈地影响着五脏对五味的摄取。因此，不同的季节食入不同的食物对肌体会产生不同的生理病理反应，或营养肌体，增进健康；或改变其生理特性；或引起特殊的病变。由此可见，养生调理讲究四季变化与人体五脏相对应及个体变化的养生观。《遵生八笺》对四季饮食养生有精辟的论述，认为"当春之时，食味宜减酸益甘，以养脾气……饮酒不可过多，米面团饼，多伤脾胃最难消化。""当夏饮食之味，宜减苦增辛，以养肺心气。""当秋之时，饮食之味，宜减辛增酸，以养肝气。""冬月肾水味咸，

---

① （宋）祝穆：《方舆胜览》卷三十八，杨侃送陈希元诗，据文渊阁四库全书电子版引。

② （唐）王冰次注，（宋）林亿等校正：《黄帝内经素问》卷七，据文渊阁四库全书电子版引。

恐水克火，心受病耳，故宜养心。"① 后世在此基础上总结出"四季五补"
的养生原则，即春季升补，夏季清补，长夏淡补，秋季平补，冬季温补的
原则。雷州半岛的饮食很讲究四季不同的变化，如冬宜进补，夏宜清凉，
春宜祛湿，秋宜润肺。冬天白切狗，夏天冬瓜茶，春天薏米老鸭汤，秋天
猪肺炖雪梨。

粤人喜羹亦喜粥：粤人养生的最好方法是食羹，"闽、粤人之食品多
海味，餐时必佐以汤"。粤人食物清淡，且每餐必备汤。"汤即羹之别名
也。羹之为名，雅而近古；不曰羹而曰汤者，虑人古雅其名，而即郑重其
实，似专为宴客而设者。然不知羹之为物，与饭相俱者也。"汤即是羹，
羹"雅而近古"，请客郑重其事称汤为羹。羹与饭相配也，"有饭即应有
羹，无羹则饭不能下，设羹以下饭，乃图省俭之法，非尚奢靡之法也"。②
吃饭备羹是图省事而非奢靡。吃饭饮羹有啥好处？"饭犹舟出，羹犹水也；
舟之在滩，非水不下，与饭之在喉，非汤不下，其势一也。且养生之法，
食贵能消；饭得羹而即消，其理易见。故善养生者，吃饭不可不羹。""吾
谓家常自膳，亦莫妙于此。宁可食无馔，不可饭无汤。有汤下饭，即小菜
不设，亦可使哺啜如流；无汤下饭，即美味盈前，亦有时食不下咽。予以
一赤贫之士，而养半百口之家，有饥时而无馑日者，遵也道也。"③ 这是古
今对汤的最完整概括：汤能送饭、消食、增加对美食的享受，还可以保全
家不被饿死。

粤人还喜欢喝粥，"粥有普通、特殊之别。普通之粥，为南人所常食
者，曰粳米粥，曰糯米粥，曰大麦粥，曰绿豆粥，曰红枣粥。……其特殊
者，或以燕窝入之，或以鸡屑入之，或以鸭片入之，或以鱼块入之，或以
牛肉入之，或以火腿入之。粤人制粥尤精，有曰滑肉鸡粥、烧鸭粥、鱼生
肉粥者。三者之中，皆杂有猪肝、鸡蛋等物。别有所谓冬菇鸭粥者，则以
冬菇煨鸭，与粥皆别置一器也"。④ 苏辙初到雷州，他爱吃肉，不喜食粥，

---

① （明）高濂：《遵生八笺》卷三 ——卷六，据文渊阁四库全书电子版引。

② 同上。

③ （清）李渔：《闲情偶寄》谷食第二 "汤"，岳麓书社 2000 年版，第 483 页。

④ 徐珂编：《清稗类钞》第四十八饮食（下），商务印书馆 1928 年版，第 181 页。

在《附子由次韵》云："多年习气未除肉，长夜安眠懒食粥……众笑忍饥长杜门，自恐暮年还入俗。"[①] 苏辙因为吃不惯粥而饿瘦了。直到当代，雷州本地人仍然以粥为主食，一年四季都喝粥，好消化，为了增加营养，在粥里配有各种肉菜，老火靓粥在雷州半岛随处可见。

古人对粥早有研究，粥易消化，养胃，《张文潜粥记》云食粥的妙处：粥"最为饮食之良"。"今劝人每日食粥，以为养生之要。"食粥能"畅胃气生津液也。"苏轼说粥"能推陈致新，利膈养胃。僧家五更食粥，良有以也。粥既快美，粥后一觉尤不可说，尤不可说！"[②]

明代，雷州半岛饮食既有独特的地域特点，如槟榔习俗，又因为人口流动，与南方及更广范围相互交流，饮食有趋于相似的一面，如喝粥、饮羹，是南方包括江南、福建一带都有的饮食习俗，不独雷州特有之。

---

① （清）查慎行：《苏诗补注》卷四十一，据文渊阁四库全书电子版引。
② （宋）费衮：《梁溪漫志》卷九"张文潜粥记"，据文渊阁四库全书电子版引。

第八章　清代雷州半岛的饮食

第一节　日常饮食

一　人口变化

宋代"雷州（军）（包括徐闻、遂溪、海康）……元丰（年）户一万三千七百八十四"，[①] 到了元代，人口增长近 10 倍，"（雷州）府户九万一千一百三十四"。其中"海康县：户三万六千四百九十。遂溪县：户二万四千九百四十二。徐闻县：户二万九千六百九十六。"[②] "昔为罪人流蔡之区，今为名公游宦之所。"[③] 明代人口激增，明洪武二十四年（1391 年），人口更是达到了"府共户四万五千三百二十五，口二十二万五千六百一十二"。仅遂溪一县，"户一万三千五百三十，口六万三千九百九十五"。[④] "成化八年，（雷州）府属被山猛残破，人民荡析，十存四五"，加上连年台风、地震、海潮、兵患、匪患，一度人口锐减，到了"康熙十一年（1672 年），府户四千一百九十六"。[⑤] 同时，人口成分也发生了变化。清代，半岛上已经没有少数民族，只有吴川、遂溪等地有少量诞户。

---

①　（元）托克托等修：《宋史》卷九十，据文渊阁四库全书电子版引。

②　（明）欧阳保：《日本藏中国罕见地方志丛刊·（万历）雷州府志》卷九，书目文献出版社 1990 年版，第 196、199、204、205、259 页。据日本尊经阁文库藏明万历四十二年刻本影印。

③　（明）曹志遇等：《日本藏中国罕见地方志丛刊·（万历）高州府志》卷七，书目文献出版社 1990 年版，第 106 页。

④　（明）欧阳保：《日本藏中国罕见地方志丛刊·（万历）雷州府志》卷九，书目文献出版社 1990 年版，第 196、199、204、205、259 页。据日本尊经阁文库藏明万历四十二年刻本影印。

⑤　（清）雷学海修，陈昌齐等纂：《中国地方志集成 43·广东府县志辑·雷州府志》，上海书店出版社 2003 年版，第 88—89、95、114—116、167—169 页。

　　从宋代开始，北方移民尤其是福建人，迁徙落籍雷州者不少，雷州地区人口大增。据学者罗香林研究，自晋以来客家人共经历了五次大规模南迁……第四次南迁是清代初期，朝廷实行移民政策，客家人积极响应，大举南下、西迁，南移者迁入珠江三角洲及广东西部一些沿海地区，西迁的则转向四川、湖南等地。第五次客家大迁徙源起于广东西部的土、客大械斗。这是居住在广东台山、开平、四会等地的客家人人口激增，与当地居民的矛盾日益加剧，在 1856 年爆发了持续 12 年之久的大械斗。清朝政府在调解、弹压之余，再次移民，将这一带的客家人迁至信宜、徐闻等粤西山区和雷州半岛，以及今日的广西合浦、钦州和海南岛等地。①

　　清朝初年，鉴于明末战争后残破不堪的社会经济，大清的统治者为了恢复经济发展，采取了一系列鼓励垦荒的政策。顺治、康熙两朝相继做出了一些具体的规定，如顺治六年（1649 年）四月，清世祖下诏规定：“各州县以招民劝耕之多寡为优劣，道府以责成催督之勤惰为殿最，每岁终，抚按分别具奏”，②并载入官员考核成绩。顺治十四年（1657 年）四月，户部又议准督垦荒地奖惩条例。圣祖康熙登基之后，对奖惩的条例又作了进一步的补充：“州县卫所荒地，一年内全无开垦者，督抚题参。其已垦而复荒者，削去开垦所加纪录。如前任官垦过熟地，后任官复荒者，照例议处。以康熙二年为始，宽限五年。如六年之后察出荒地尚多，将督抚以下分别议处”。③同时，对虚捏报垦田数者予以严惩。这些措施的实行不仅对于地方官捏报、虚报的弊端是一个很好的防范措施，对于荒地开垦的速度和实效也是一个有效的保证。

　　迁居到雷州半岛的移民不仅改变了半岛人口构成，也带来了先进的文化和生产技术，如水稻的精耕细作，于是耕种转为主要生产形式，农耕生产得到发展。雷州不再只是采珠业发达地、盐产地和官员流放地，还是重要的农业生产基地。“民务耕稼，罕有为商贾以计奇赢者。即麻章、赤坎货物业集处，行店多潮、广客为之，本处人业此甚少。不事蓄聚，故余资

---

　　① 罗香林：《客家源流考》，中国华侨出版公司 1989 年版，第 26—33 页。
　　② 《钦定授时通考》卷四十七，卷六十，据文渊阁四库全书电子版引。
　　③ 《皇朝通志》卷八十一，据文渊阁四库全书电子版引。

无多，即所称富家不过田地较宽，家鲜千金之积，而邑多旷土，勤力耕耨亦易免于饥寒。"① 清代，雷州半岛大部分人以务农耕稼为主，在赤坎、麻章等码头货物集散地，从事经商的大都是新近客居的潮汕、广州人，半岛地广人少，只要勤于耕作，即使不能成为千金之家，解决温饱是不成问题的。雷州天后宫楹联云"闽海恩波流粤土，雷阳德泽接莆田"，揭示了福建移民与雷州半岛的关系。

二 饭稻羹鱼的饮食民俗

（一）稻作生产习俗

日常生活的食材是由当地物产决定的。水稻，是南方地区最主要的粮食作物，长江以南地区包括海南岛都有种植，也是明清雷州最主要的粮食作物，在雷州人的社会生活中，稻作生产打下了深深的印记，由此构建了具有浓郁地域特色的雷州稻作文化。雷州稻作文化不仅包括自然科学上研究水稻主体及和它生产有关的技术问题，如它的起源、流变，还包括由于水稻生产而影响的民间生产方式和生活习俗，以及稻区人的性格、爱好及他们的文化心态等。

水稻生产离不开水，雷州半岛陆地一向缺水，海水经常倒灌，毁坏农田，从宋代开始，通过修建防洪大堤，才开垦了万亩良田。"康熙五十七年戊戌夏四月，筑雷州府东洋堤岸。雷郡东有洋田万顷，为海康、遂溪二县民田交错之境。计堤岸一十七处，水闸一十三处，俱逼临大海，咸潮冲射，渐多圮倾。福建巡抚陈璸，雷人也，因疏请修筑。遂下其议于粤，粤议允协易土塘以木石堤，乃巩固。"福建巡抚陈璸，是雷州人，他看到闽越同为海患，遂建议朝廷在沿海修筑海堤，朝廷仅在广东省就修筑堤岸一十七处，水闸一十三处，并修筑"新旧炮台城垣汛地一百二十六处"。② 于是，雷州的万顷东西洋田成为鱼米之乡。

---

① （清）喻炳荣修，朱德华、杨翙纂：《中国地方志集成 39·广东府县志辑·（道光）遂溪县志》，上海书店出版社 2003 年版，第 681、690—693 页。据清光绪二十一年（1895）补刻本影印。

② （清）郝玉麟等修：《广东通志》卷七。

雷州半岛的大牛车——车轮特别大

　　下面主要介绍雷州水稻生产对人们饮食习俗、生活方式的影响。

　　雷州种植水稻历史悠久，品种较多。据明万历四十二年（1614年）欧阳保纂《雷州府志》卷之四《地理志二·土产》记载：

　　　　谷多稻、多黍，有稷，有麦，多菽。稻之种十有八，曰早稻（二
　　月种六月熟）。曰早粘、香稻、黏稻、光芒稻、长芒稻。六十日稻：
　　种六十日而熟。山旱稻：砍山种。百稌稻：坡田种。界稻：十一月种
　　到次年四月熟，界在两年故名，出徐闻。糯黍（黄黍、金黍）。小麦：
　　九月种二月熟，徐闻最多，海康、遂溪少种。①

　　雷州当地阳光充足，日照充分，无霜期短，一般都种早稻、晚稻，甚至有六十日就熟的"六十日稻"，其他还有黏稻、香稻等八种稻。有些稻种在山上、坡地上，这是当地干旱、缺水的生产条件决定的。雷州还产糯

----

　　① （明）欧阳保：《日本藏中国罕见地方志丛刊·（万历）雷州府志》卷九，书目文献出版社1990年版，第196、199、204、205、259页。据日本尊经阁文库藏明万历四十二年刻本影印。

黍，或称黄黍、金黍；黍，去壳后为小黄米。

过了约二百年，到了清嘉庆十六年（1811 年），雷学海修、陈昌齐等纂的《雷州府志》记载，水稻已经有十个品种。

> 田稻有十。早稻：二月种至六月熟。晚稻：六月早稻熟后复耕接种……至十月熟。有秔有秫有粘。坡稻：四月种八月熟，米有赤有白，大半无田之家种于高原无水之地，惟望种后每月得雨一二次即庆有秋。[①]

这时，"坡稻"的种植得到长足发展，主要是从福建等地移民过来的"无田之家"在"高原无水之地"开垦种植，盛产红米和白米，"无水之地"的种植当然得靠天吃饭，如果"种后每月得雨一二次"，那么今年丰收在望。

> 遂地滨海，水陆各献菁华，对乐之珠玑有时而生，琼崖之翡翠有时而至，然非地所常产……稻之种有十六，早稻、早黏、香秔、粳稻、古秔（粳）、珠稻、黏稻、光芒稻、长芒稻、红芒稻、乌芒稻、黍之种有四。[②]

清代，雷州半岛草木茂盛，已经成为农业之地，珍珠偶尔能采集到，海南岛的翡翠时常运过来。这些珍珠翡翠不再是雷州出产，而是在雷州中转。

农业种植得靠天吃饭，降雨对农业的影响十分重要，旧时形成了很多测雨的习俗，当地百姓养成了观风、看水、用雷占卜的习惯，总结了丰富

---

① （清）雷学海修，陈昌齐等纂：《中国地方志集成 43·广东府县志辑·雷州府志》，上海书店出版社 2003 年版，第 88—89、95、114—116、167—169 页。

② （清）喻炳荣修，朱德华、杨翙纂：《中国地方志集成 39·广东府县志辑·（道光）遂溪县志》，上海书店出版社 2003 年版，第 681、690—693 页。据清光绪二十一年（1895）补刻本影印。

多彩的农谚。在科技不发达的情况下，丰富的农谚是当地百姓农业生产的经验总结，望天占卜则是对美好生活的展望。

观风预测的谚语有："俗以四月二十六视有无北风，以占其丰欠。云：早北风利先种，午北风利次种，晚北风利后种，无北风则收成薄，此稻熟在田。稻早晚二熟之间，民食大资接济。"① 农历四月二十六是观测的重要日子，观测早中晚北风，就知道当年的生产是早稻丰收还是晚稻丰收，还是收成薄靠救济。徐闻农谚云："早禾忌北风，晚禾忌夜雨"。

看云识天气的谚语有："黄昏发云半夜开，半夜发云雨大来"。"半出日头半下雨，阿翁打锣阿婆舞，喜之也。""六月初六日宜雨，谚曰：六月六，淋淘强似曝。""立秋日宜雨，谚曰：立秋交秋，无雨堪忧"。②

雷州有听雷占岁的习俗，如"每于立秋日听雷以占岁，事先雷而后立秋，谓之雷打秋；先立秋而后雷，谓之秋打雷，谚曰：雷打秋，有作无收；秋打雷，谷实累累。"③ 徐闻农谚亦云："雨前雷不湿衫，雨后雷雨成团"；"立秋立秋，无雨堪忧。"④

雷州还有用植物、动物占卜的习俗。如用知风草的节预测飓风，或者用钩割鸟预测风雨。"钩割鸟俗曰天鸡，鲜见其形，常以夜半飞鸣。四八月中，农人听之以占岁：若'钩——割割'，则年丰；若'钩钩——割'，则年歉……绕飞而鸣，俗曰：旋井鸣三日，必雨。"⑤

雷州虽靠海，却有明显的干湿季节区分。过去，水利建设不完善，耕种靠天吃饭。嘉庆《雷州府志·地理卷》记载："雷之坑田大半有山泉灌溉，苦雨多而苦旱少；洋田广阔，渠不能灌，全仰天泽，故不堪苦雨而苦旱；且居近洋田，其井水咸，多饮雨水，故二田之望雨辄相反。一岁收成，常有坑田丰则洋田歉，洋田丰则坑田歉，若二田俱，称大

---

① （清）雷学海修，陈昌齐等纂：《中国地方志集成 43·广东府县志辑·雷州府志》，上海书店出版社 2003 年版，第 88—89、95、114—116、167—169 页。

② 同上。

③ 同上。

④ 徐闻县文化广电新闻出版局编：《徐闻民俗》，第 187—227 页。

⑤ （清）雷学海修，陈昌齐等纂：《中国地方志集成 43·广东府县志辑·雷州府志》，上海书店出版社 2003 年版，第 88—89、95、114—116、167—169 页。

熟，则必雨之极得其时而各适乎地之宜者也。"① 雷州的坡田有山泉灌溉，不怕干旱；但是近海围海造地开垦出来的大片洋田则缺井水灌溉，即使有井水，也是苦咸的，只能靠天吃饭。所以，坡田、洋田对雨水的需求是不一样的，如果坡田洋田均丰收，那一年一定是雨水恰到好处地落下来。在现代，由于农田水利设施和农具机械化程度的不断提高，这种生产习俗逐步消失。

（二）饭稻羹鱼饮食民俗

1. 稻米为主食

雷州半岛虽然也生产麦子，但是产量极少，主食是米饭，雷州人可以数月甚至数年不食麦面，却不可一日不吃米食。由于天气炎热，当地人有约半年的时间是喝粥的。雷州人喜欢食粥，白粥、海鲜粥、鸡粥、蛇粥、番薯粥等应有尽有。雷州人还喜欢用糯米包粽子，或者用糯米做年糕，或者把米磨成米粉，蒸、煮皆可。

2. 杂粮为副食，水产为佳肴

从明代以来的《雷州府志》、《遂溪县志》等来看，那时的稻谷生产是不足以维持一年的生活的，"稻早晚二熟之间，民食大资接济"，② 智慧的雷州人养成了主食不足兼食五谷杂粮的习俗，如加入南瓜、萝卜、芋头等做成南瓜饭、萝卜饭、芋头饭。

雷州干旱，土地贫瘠，粮食产量不高，补充粮食最常见的农作物是番薯。"甘薯种出诸番，故名番薯……贫者多以为粮……种类尚多，可生啖、可蒸、可煮、可煨、可作粥、可参脱粟饭、可切晒干、可磨粉、可熬糖酿酒，叶可作蔬，皮與根可豢猪，莫大之利也。"③ 甘薯一身都是宝，薯可吃，可酿酒，叶和薯藤可以喂猪。清嘉庆《雷州府志》云："薯种不一，小者如鹅鸭卵，曰甘薯，曰翻上薯；大者自一、二斤至十余斤不

---

① （清）雷学海修，陈昌齐等纂：《中国地方志集成 43·广东府县志辑·雷州府志》，上海书店出版社 2003 年版，第 88—89、95、114—116、167—169 页。

② 同上。

③ （清）毛昌善修，陈兰彬纂：《中国方志丛书·华南地方 66·吴川县志》，成文出版社 1967 年版，第 51—53、57 页。据清光绪十四年刻本影印。

等……可以代粮，种者甚多，随种随收，约四阅月而一熟。"① 雷州的番薯不受时节限制，"随种随收"，约四个月就能成熟，难怪当地人喜欢把它和米做成番薯粥，或直接加水煮食以补粮食不足。

> 旧珠厓之地不业耕稼，惟种甘薯。秋熟收之，蒸晒，切如米粒，仓囷贮之。是名薯粮。北方人至者，或盛具牛豕脍炙而末以薯荐之，若粳粟然，寿多至百余岁者，由食甘薯故尔。②

过去雷州半岛和海南岛等地地薄，种庄稼不行，种甘薯则长势很好，是土质沙化的缘故。秋天，把甘薯晒干，切成米粒储存，叫薯粮。北方人来，先请他们吃牛肉猪肉，再吃甘薯饭，就好像吃的是粳米粟米一样。当地有百余岁老人，多认为是吃甘薯长寿的缘故。"甘薯似芋，亦有巨魁，剥去皮，肌肉正白如脂肪。南人专食以当米谷。"③ 海康有民歌唱道：

> 东海仔呀沙母哥，十宅九门吃薯汤，薯汤吃了吃薯粥，想碗米饭瘠都无。④

对于穷人，番薯是主食而非副食，一日三餐均吃番薯了。

番薯原非我国所产，明代末年才传入我国。关于传入路径，都说是从东南亚传入，在南方得到推广，但是具体路径，说法不一，有人说是从福建传入，有人说是从雷州传入，有人说是从陆地传入，有人说是从水上传入说，下面两个版本比较有名：

广东《电白县志》记载引种番薯的故事。一次交趾国公主身染怪

---

① （清）雷学海修，陈昌齐等纂：《中国地方志集成 43·广东府县志辑·雷州府志》，上海书店出版社 2003 年版，第 88—89、95、114—116、167—169 页。

② （清）郝玉麟等修：《广东通志》卷五十二，引《南方草木状》。台湾商务印书馆 1986 年影印本。

③ （明）陈耀文：《天中记》卷五十三，引东汉杨孚《异物志》，据文渊阁四库全书电子版引。

④ 载《海康县民间文学三集成》，第 75 页。现收藏于雷州图书馆。

疾，被广东吴川人林怀兰治愈。当时番薯作为珍品，严禁出境，交趾国王令人将蒸熟的番薯奉献给林怀兰，算是最高奖赏。林表示自己爱吃生番薯，国王准其所请，又令人赏生番薯。林怀兰吃了一半，将另一半偷偷揣入怀中，想带回祖国。过边境时，被守关将领发现，放其过关。守将由于私放林怀兰，深感有负交趾国的信任而投河自尽。"林乃归，种遍于粤……番薯虽大旱有收，不待沃土，不劳农力而获，倍于谷且价贱而多，食之益人。吾乡虽凶旱，无死徒者，以此物也。其功大矣，宜乡人祀之也。"①

另一版本是："有人自海外得此种，海外人亦禁不令出境，此人取薯绞入汲水绳中，因得渡海，分种移植，遂开闽广之境。"②

还有一种食物是芋，"种芋，根欲深，斸其旁以缓其土。旱则浇之，有草锄之。治芋如此，其收常倍。可以救饥馑，度凶年。"③芋"有大叶芋、有水芋、有坡芋、有银芋、有香芋。春种夏收曰早芋，夏种秋收曰晚芋……并可代粮，然其性稍热，不及番薯之和平，故种者比番薯较少"。④用芋头与米做成芋头饭芋头粥，当年是为了解决粮食不足的问题，现在成了当地特色美食了。经济发展了，生产力提高了，饮食习俗却传承下来了。

还有"米豆，出雷州海中思灵岛。一种后数年收实。《淮南子》云："豆之至美者。"⑤米豆别称黑眼豆、牛眼豆、梅豆、牛豆等，中医认为米豆可以补五脏、缓肠胃、调中、助十二经脉。现在医学研究指出，其所含的木质素，可抑制癌症肿瘤生长，尤其对乳癌及生殖系统的癌症有很大帮助。可将米豆与谷类一起烹煮，提升蛋白质的利用率。

---

① （清）叶廷芳：《中国地方志丛书·第一一五号·广东省电白县志》，成文出版社1967年版，第858页。根清道光五年刊本影印。

② 《钦定授时通考》卷四十七，卷六十，据文渊阁四库全书电子版引。

③ （宋）曾慥编纂，王汝涛等校注：《类说校注·齐民要术》卷四十四下册，福建人民出版社1996年版，第1352页。

④ （清）雷学海修，陈昌齐等纂：《中国地方志集成43·广东府县志辑·雷州府志》，上海书店出版社2003年版，第88—89、95、114—116、167—169页。

⑤ （清）吴绮：《岭南风物记》，据文渊阁四库全书电子版引。

雷地生活虽然艰辛，但当地人却养成了怡然自得、"安土乐天"的生活情趣，这是他们与土地自然作斗争而求得一日三餐的生活哲学。雷州人无力积蓄"万金之家"，但是喜欢宴请宾客，"俗喜宾客，饮食宴会丰美，有上国风。"家庭宴桌上美味佳肴一点不比别处差，古雷州歌唱道："一狗二牛三赤蟹，四鸭五鹅六阉鸡，蚶蚧第七鲎第八，九是土龙十猪蹄。"可见当地肉食还是很丰盛的。由于海岸线长达 406 公里，当地水产以鱼类为主，那时塘鱼少海鱼多，故"嗜池鱼顾不喜海鱼"。[①] 鱼类产品有四十二种之多，"塘鱼有塘虱、红鱼、鲤鱼、黄鱼、草鱼"等；海鱼有"海龙翁（鲸鱼）、海狸、带鱼、鲨鱼、章鱼、鳗鱼、鲳鱼"等。[②] 雷州半岛人天天吃鱼也不觉得腻，杂鱼煲汤，清水煮海鱼是他们的最爱。

第二节　节日饮食

古老的节日，多与人们的原始信仰有关，当时的人们认为许多自然现象都是由某种神力支配的，因此，在不同的季节祭祀某一神灵以祈福、避灾。本来，节日产生的原因大都与饮食无关，但是，所有的节日一经流传约定成俗，无不与各节日特设的饮食品种和饮食方式结合，饮食与节令之间，于是就有了一条紧密联系的纽带。各种食物的收获都有很强的季节性，收获季节一般都是最佳的享用季节，这就是时令食品。随着岁月的流逝，人们的迷信观念日益淡薄，原先最讲究的祭祀、纪念仪式日益简化甚至不再举行，唯独饮食风俗历久不衰，甚至在品种上不断增加，质量上精益求精，许多节日人们往往忘记它的初衷，只记得节日就是一饱口福，节日活动成为以饮食为主甚至是唯一的活动。节日饮食由娱神，变为娱人、娱乐，加上长期的封建社会，生产力低下，自然条件恶劣，战争不断，求一餐饱饭变成人们奢侈的愿望，故节日饮食显得尤为重要。

---

① （明）欧阳保：《日本藏中国罕见地方志丛刊·（万历）雷州府志》卷九，书目文献出版社 1990 年版，第 196、199、204、205、259 页。据日本尊经阁文库藏明万历四十二年刻本影印。

② 同上。

雷州岁时习俗颇多，礼仪、饮食复杂有趣。不同的节日往往食用不同的食品，某些岁时饮食习俗保持着较为古老的形式，蕴含着古老文化，蕴含人们对和谐吉祥生活的追求，长此以往，沿袭为俗。

一　春节

"九疑、苍梧以南至儋耳者，与江南大同俗。"[①] 宋代前后，"雷人以十月腊祭，凡三日，饮酒作乐"，[②] 而不是以十二月计年，但是到了清代，除夕为最热闹的节日。

腊月二十四称小年夜，雷州各家各户祭灶王爷。这习俗与纪念人类吃熟食的遥远记忆相关，即崇拜火，也连带崇拜灶。祭灶之俗发展到了宋代，才衍生出家家户户贴灶马，烙灶饼（一种小圆饼），献灶糖（麦芽糖）之仪。用糖粘上灶王的嘴，希望他能"上天言好事，下界保平安"。

除夕前，除有丧在身的家庭外，一般都忙于制作"年糕"，作为过新年用。年糕有大有小，有咸有甜，有糯米制成的，也有粳米蒸炊的。除夕时，"设果饼供于堂阁"叫作"排年"。此外，凡床、柜、米缸等物都得放置"大籺"，"大籺"是取檑莒叶包裹成粽形的年糕。置于床的叫"压床"，置于缸的叫"压缸"。直至春节过后，这才收拾起来。

> 腊月二十四为小年夜，祀灶王爷用爆竹糖丸。除夕祀祖，家人聚饮团年亦曰"围炉"。有坐达旦者曰"守岁"，以钱结小儿衣袋中曰"压岁"。易桃符放爆竹。[③]

腊月三十最后一天为除夕，这晚，贴上对联、门神，一般家庭都备有酒肴，如猪肉、鸡、鱼、生蒜、生菜等，设酒肴祀祖先，事后，全家大小团圆会餐，叫"围炉"，或称"吃年饭"、"围饭"。晚上，各厅房均点亮灯

---

① （汉）司马迁：《史记》卷十，中华书局 1959 年版，第 3268 页。

② （清）查慎行：《苏诗补注》卷四十一，据文渊阁四库全书电子版引。

③ （清）郑业崇等修，杨颐纂：《中国方志丛书·华南地方 65·茂名县志（上）》，成文出版社 1967 年版，第 43—44 页。据清光绪十四年刊本影印。

火至天明，有的点三十五个昼夜。许多地方还有"守岁"习俗，达旦不眠。人们从守岁习俗中体味到的是一种亲情的交流，一种天伦的乐趣。给小孩衣袋里放压岁钱。除夕"围炉"之俗从南到北，甚至台湾高山族，年夜饭也叫"围炉"。《东京梦华录》记载，北宋都城东京开封府"士庶之家，围炉团坐，达旦不寐，谓之守岁。"① 清代，雷州半岛仍然保留较多古代习俗。

清康熙《海康县志·节序》记载，康熙年间，雷州春节习俗："元日夙兴，祀祖礼毕，乃拜所亲，出贺闾里亲友，是日酌柏酒烧爆竹。"② "元日"现称新年初一，一大早，家家户户燃放鞭炮迎新年，寅时烧早香，设"清席"敬神敬祖，摆出菠菜、芹菜、白菜、黄花菜、甜竹、发菜等，家贫者只有豆豉、豆芽，这叫"供岁饭"。"供岁饭"后，全家围桌吃年饭，菜肴一般也是素的。初一早，吃岁饭或吃斋菜斋饭，煮七菜，徐闻谚语"大年初一吃七菜"即说此。清席、素斋来源于先苦后甜的道家思想的影响，但是饭菜必须于除夕夜煮好，放在锅里暖着备用。这天还要喝自家酿造的"黄柏酒"。"黄柏酒"，清热祛燥湿，泻火解毒，适于热毒为患及肝火偏旺。雷州冬天天气干燥，吃大补油腻的食物会生热毒疮疡，湿疮湿疹。元日饮"黄柏酒"还有另一用意，孔子《论语》："岁寒，然后知松柏之后凋也"，③ 人们用耐久后凋的柏叶浸成柏叶酒，在节日或生日时饮用，以祝寿和避邪。汉朝时柏叶酒已经开始流行，《汉官仪》云："正旦以柏叶酒上寿"。④ 记载了汉朝在新年以柏叶酒祝寿的礼仪。由此可见，柏叶酒当时在西北也流行。

除夕饮用的酒品除了"黄柏酒"之外，还有"屠苏酒"、"桃汤水"、"椒柏酒"。饮酒的顺序与平日不同，要从年龄小的开始，平日则是老者长

---

① （宋）孟元老撰，邓之诚注：《东京梦华录注》卷之十"除夕"，中华书局1982年版，第253页。

② （清）郑俊修、宋绍启：《中国方志丛书·华南地方185·（康熙）海康县志》地理志上卷，成文出版社1974年版，第91—92页。

③ 杨伯峻译注：《论语译注》，中华书局1980年版，第95页。

④ （清）张英、王士祯等：《御定渊鉴类函》卷四百十三引《汉官仪》，据文渊阁四库全书电子版引。

者先饮第一杯。"于是长幼悉正衣冠，以次拜贺。进椒柏酒，饮桃汤。"新年所用这几种饮品，并非为了品味，主要为祛病驱邪。古时以椒、柏为仙药，吃了令人身轻耐老；桃汤当指"桃木煮水"，用于驱鬼。[①] 这原是正月初一的饮用酒品，后来改为在除夕饮用。宋代苏辙在《除日》一诗中写道："年年最后饮屠苏，不觉年来七十余。"[②] 陆游"半盏屠苏犹未举，灯前小草写桃符"，[③] 直到南宋，饮药酒这种风俗仍很流行。

祭祀祖先之后就是拜年，小辈给长辈拜年，出门给亲戚拜年，"岁时元旦辰起祝先，毕以次称寿于长者，既乃出，贺亲姻谓之拜年。"[④] 拜年是人与人之间交流感情的一种重要的方式，如果在过去的一年中邻里之间闹过矛盾，通过春节拜年，便可以化干戈为玉帛，关系比以前更加密切了。

初二，清早祀"财神"，俗叫"做初二"。凡是家庭图"吉利"的，经商求"发财"的，都得郑重其事，普遍以塘鱼（鳊、鲩等）、肥阉鸡、猪腿外加酒饭为供品祭祀，"财神至上"，"敬如神在"。祭祀后，大的家庭（或店铺）往往邀请至爱亲朋前来参加宴会，一起食祭祀后的食物，一显阔气二显热闹。人、祖、神享受同样菜肴。

除了民间自发的过年习俗外，官府也举行一系列活动，雷州"各公署元旦除夕具有鼓吹，谓之闹衙门。复有蛮人妆狮子跳掷为戏"。[⑤] 官署组织舞龙、舞狮子活动，甚是热闹。

春节那几天，每天都有具体的活动：元旦那天"礼神贺节"，不杀生、不开市，劳动了一年那天应该休息；农民初二初三敬神，叫给神烧纸钱；初三叫穷日，把屋里的垃圾扫到门外，连同扫帚一块扔掉叫送穷。

元日礼神贺节不杀生，不市。有素食者。其农民或以二日三日礼

---

① （梁）宗懔撰，宋金龙校注：《荆楚岁时记》，山西人民出版社 1987 年版，第 7、33、42 页。

② （宋）苏辙：《栾城集》第三集卷二，据文渊阁四库全书电子版引。

③ （宋）陆游：《剑南诗薰》卷十九，据文渊阁四库全书电子版引。

④ （清）毛昌善修，陈兰彬纂：《中国方志丛书·华南地方 66·吴川县志》，成文出版社 1967 年版，第 51—53、57 页。据清光绪十四年刻本影印。

⑤ （清）郑业崇等修，杨颐纂：《中国方志丛书·华南地方 65·茂名县志（上）》，成文出版社 1967 年版，第 43—44 页。据清光绪十四年刊本影印。

神，谓之烧纸。以初三为穷日，扫地并箕帚弃之门外，谓之送穷。[①]

总之，春节是中国人一年中最看重的节日：祭祀频繁，常以食物取悦于鬼神，求其荫蔽，这是原始祭祀的功能作用；食器的美化，食物的丰盛，欢宴时的欢呼跳跃等，这是后世宴席的前驱，也是社交娱乐生活的重要组成部分；鞭炮的轰鸣，围炉而坐，聚桌攀谈的守岁方式，体现亲情交流的社会功能。在"吃"的春节民俗背后，体现更多的社会功能。

二　元宵节

《海康县志·节序》记载：

> 上元先数日，作灯市，剪彩为花献神，庙、寺、观遍悬，公署每夜设火树秋千，放爆竹烟火，妆鬼判杂剧丝竹锣鼓迭奏，游人达曙。[②]

正月十五，旧称上元节，此夜称上元夜，俗称"元宵"。传统的元宵节以挂灯、游神、演戏为主要内容。元宵节前夜，人们在庭院、门前悬挂灯烛，在庙、寺、观献花灯，家家户户扎灯棚，灯光夺目。"元宵灯市甚盛，每隔五家缚一灯棚，作扁联，挂红、绘其下多用杂色，糊毡灯、剪红白纸缀成玲珑，万眼灯光彩夺目。"[③] 人们通宵达旦放爆竹烟火，尽情歌舞。第二天，城乡各地都在举行游神赛会。游行队伍中除了各庙神像之外，还有飘色、扮色、舞狮舞龙队、八音锣鼓队、花灯队等，异彩纷呈，热闹非凡。游行之后是"驱傩"，"伥子"各戴面具，穿特制服装，手持纸旗，连跳带舞，挨家逐户，直至把预先放好的"灾殃"捉住，置之纸船，于河溪边烧掉为止。驱傩能祛灾除害，俗叫"遣灾"，或叫"走伥"。遇新

---

① （清）郑业崇等修，杨颐纂：《中国方志丛书·华南地方65·茂名县志（上）》，成文出版社1967年版，第43—44页。据清光绪十四年刊本影印。

② （清）郑俊修、宋绍启：《中国方志丛书·华南地方185·（康熙）海康县志》地理志上卷，成文出版社1974年版，第91—92页。

③ （清）郑业崇等修，杨颐纂：《中国方志丛书·华南地方65·茂名县志（上）》，成文出版社1967年版，第43—44页。据清光绪十四年刊本影印。

娘子，可以旗杆轻打，以祈吉祥。有时，个别家长还故意让小孩给"伥子"抚摸一下，或扯其旗纸一丝系于孩子衣纽之上，说能"退罹"。家家主妇预先备好肥鸡、水果、"粑"等祭物，届时在门外设席迎神。晚上，一些乡村还大放"春花"（烟花），很多人奔上前抢"炮头"，据说抢得者预兆很快会"添丁"，不管添不添，明年元宵前必须送一盆"春花"谢神。

民国《海康县续志》云："县俗，妇女谨守闺门，足不履阈外，惟于正月十五之夕，队行田野，或采花叶，或祛忘神，手必得一物而回，曰'偷青'"。① 过去妇女足不出户，只在元宵节夜晚，妇女集体外出而有所得，说是"彩数好"，或者摘葱给小孩吃，据说能让孩子聪明。这一习俗源于母系氏族时期妇女对异族劳动成果的掠夺，出于对"母权"的尊重，这一天大家都很大度，对这种行为视而不见。《吴川县志》亦有相似记载："元夜妇女走百病，撷园中生菜曰'采青'，又曰'偷青'。十六日，社公康王沿门逐鬼谓之'搜捕'"。如果这一年有人家生男丁的，既于元宵单独张灯一盏，以示庆贺。"元宵张灯……同社中有生子者即张一灯，锣鼓笙歌连宵聚饮曰庆灯。"②

三　立春

从汉至隋再至清，从狄道至临安再至岭南，打春牛（鞭春牛）一事竟是大同小异。鞭春牛习俗流行于农耕社会，牛是农耕社会的主要劳动力，故观春牛盛行，只是如何"观土牛以卜风雨水旱"、"推倒土牛以辩丰歉"仍无从获知。

立春打春牛的习俗，似乎汉代就有了，《梦粱录》卷一"立春"条云："临安府进春牛于禁庭。立春前一日，以镇鼓锣吹妓乐迎春牛，往府衙前迎春馆内。至日侵晨，郡守率僚佐以彩杖鞭春，如方州仪……街市以花装

---

① 梁成久纂修，陈景棻续修：《中国地方志集成 45·广东府县志辑·（民国）海康县续志》，上海书店出版社 2003 年版，第 283、284 页。

② （清）毛昌善修，陈兰彬纂：《中国方志丛书·华南地方 66·吴川县志》，成文出版社 1967 年版，第 51—53、57 页。据清光绪十四年刻本影印。

栏，坐乘小春牛，及春幡春胜各相献遗与贵家宅舍，示丰稔之兆。"①

雷州节日与岭南大部分地区相同，只是称谓不太一样。下面一则史料详细记载了雷州半岛鞭春牛习俗。

> 立春前一日，县正佐各官俱出东关外春牛亭，邑人妆春官，街市军民各扮杂剧，俟祭芒神毕，诸色人鼓吹前导，迎春以入。童男女争以菽稻洒土牛，谓之"消疹"。观土牛以卜风雨水旱。交春时，置春牛于署前，各官礼毕鞭之，曰"打春"。推倒土牛，以辩丰歉。是日，啖春饼春菜。颁送春牛春花。②

明清两代，立春前一日，政府官员到东门外组织"迎春"活动，先祭祀谷种，希望秋天丰收；第二天，在官署门前"鞭春牛"（土牛），这叫"打春"；老百姓用"菽稻"（豆、谷）洒"春牛"，这叫"消疹"。立春这一天，当地吃春饼春菜（生菜），意思是希望春天播种后地里的庄稼就像"春饼春菜"（生菜）一样生机勃勃。从政府官员到普通百姓都用具体行动重视"一年之计在于春"。"迎春日竞看土牛，夺牛腹中稻草，云养豕肥。"③ 立春食俗还包含了人们在稻作生产开始前对新一年的祈祷和祝福。

四　土地公生日

嘉庆《雷州府志》云："二月上戊日，祭社祈谷，欢饮竟夕。"④ 农历二月初二日，称为"土地公生日"，各家都以酒肉饭肴祀"土地神"，叫

---

① （宋）吴自牧：《梦粱录》卷一，据文渊阁四库全书电子版引。

② （清）喻炳荣修，朱德华、杨翊纂：《中国地方志集成39·广东府县志辑·（道光）遂溪县志》，上海书店出版社2003年版，第681、690—693页。据清光绪二十一年（1895）补刻本影印。

③ （清）郑业崇等修，杨颐纂：《中国方志丛书·华南地方65·茂名县志（上）》，成文出版社1967年版，第43—44页。据清光绪十四年刊本影印。

④ （清）雷学海修，陈昌齐等纂：《中国地方志集成43·广东府县志辑·雷州府志》，上海书店出版社2003年版，第88—89、95、114—116、167—169页。

"敬土地公"。以求一年中土地长出的庄稼丰收。

"二月祭社,分肉入社,后田功毕作。"① 土地公生日,搞社祭,分猪肉,然后祭祀田地。据说吃了社祭分的肉,会有相当神奇的事情发生,"二月祭社分肉,小儿食之使能言。"②

五 清明节

清明,是人们"追远"的传统节日,雷州人称为"三月节",为民间三大节日之一,百姓十分重视。明万历四十二年(1614 年)和清康熙十一年(1672 年)的《雷州府志》均记载:"清明先数日,家各载酒谷,登垄墓祭扫,男女俱簪柳枝谓之明目。"③《茂名县志》也记载:"清明插柳于门,其前十五日后十五日扫墓郊行谓之'踏青',亦曰'铲草',俗曰'挂纸',以诸楮置坟也。"④ 不仅男女俱簪柳枝,柳枝还插于门。到清嘉庆十六年(1811 年)的《雷州府志》则无"男女俱簪柳枝",而改为"登墓祭扫,男女俱行,曰'培墓'"。⑤ 现在,"男女俱簪柳枝谓之明目"的活动已不存在,大概认为"俱簪柳枝"已没有实际意义,但是上坟除草、培墓、祭祀活动仍然盛行,雷人即使远客他乡,也要节前赶回。那天,家家户户上坡扫墓,把祖坟修整一番,并挂纸焚香化宝,三牲祭祀,主要祭品是烧猪、肥鹅、饭团、鸭蛋、蟹、饼等,以示对祖先的怀念尊敬。

清明节为什么寒食、踏青?其他地方清明怎么过,吃什么?《东京梦华录》讲得很清楚:

① (清)郑业崇等修,杨颐纂:《中国方志丛书·华南地方 65·茂名县志(上)》,成文出版社 1967 年版,第 43—44 页。据清光绪十四年刊本影印。

② (清)毛昌善修,陈兰彬纂:《中国方志丛书·华南地方 66·吴川县志》,成文出版社 1967 年版,第 51—53、57 页。据清光绪十四年刻本影印。

③ (明)欧阳保:《日本藏中国罕见地方志丛刊·(万历)雷州府志》卷九,书目文献出版社 1990 年版,第 205 页。(清)吴盛藻修,洪泮洙纂:《雷州府志》(十卷),中国书店 2002 年版,第 57 页。

④ (清)郑业崇等修,杨颐纂:《中国方志丛书·华南地方 65·茂名县志(上)》,成文出版社 1967 年版,第 43—44 页。据清光绪十四年刊本影印。

⑤ (清)雷学海修,陈昌齐等纂:《中国地方志集成 43·广东府县志辑·雷州府志》,上海书店出版社 2003 年版,第 88—89、95、114—116、167—169 页。

清明节，寻常京师以冬至后一百五日为大寒食，前一日谓之炊熟，用麪造枣糊（古时一种蒸饼）飞燕，柳条串之，插于门楣，谓之"子推燕"……寒食第三节，即清明日矣，凡新坟皆用此日拜扫。都城人出郊……四野如市。往往就芳树之下或园圃之间，罗列杯盘，互相劝酬。都城之歌儿舞女，遍满园亭，抵暮而归，各携枣糊、炊饼……自此三日，皆出城上坟，但一百五日最盛。节日，坊市卖稠饧（糖稀）、麦糕、奶酪、乳饼之类。①

冬至后一百零五日即是大寒食，大寒食前一天就是寒食节。寒食节期间不开炉灶，只得吃已备的熟食，以面捏成燕子形状的枣饼并用柳枝穿起，插于门楣，叫"子推燕"，以示对介之推的怀念，后来人们用"子推燕"表示希翼先祖德泽庇护。寒食节的第三天即清明日，凡新坟都是那日拜扫，此后三日人们皆出城上坟，同时在芳树之下或园圃之间，三五成群，杯盘罗列，互相劝酬，男女歌舞满园，傍晚才归，这就是出门踏青。节日里有寒食节专门的食品，如稠饧、麦糕、奶酪、乳饼之类，都是冷食。

明清之时，寒食与清明合流，后人只知有清明，不知有寒食，而寒食节的食俗却留给了清明节，寒燕以"柳条串之"嬗变成了插柳戴柳的习俗。柳者，"留"也，以"柳"谐"留"，自然寓含有缅怀追悼之意。除此之外，柳树是北方最早吐绿、最后落叶的树种，极易成活，生命力旺盛，与民众祈求子孙繁衍和生殖崇拜不无关联，故墓表也以植柳为俗。

古时，寒食是个大节，民间的重视程度甚高。《后汉书·周举传》曰："太原旧俗，以介子推焚骸，有龙忌之禁，辄一月寒食，莫敢炊爨，老小不堪，岁岁多死者。举既到州，乃作吊书以置子推之庙，言盛冬去火，残损人命，非贤者之意，以宣示愚民，使还温食。"② 后革除风俗。至南北朝梁朝宗懔的《荆楚岁时记》时："去冬节一百五日，即有疾风甚雨，谓之

---

① （宋）孟元老撰，邓之诚注：《东京梦华录注》卷之七"清明"，中华书局 1982 年版，第178 页。

② （清）姚之骃：《后汉书补逸》卷十九，据文渊阁四库全书电子版引。

寒食，禁火三日。"[1] 宋以后，禁火食冷之俗转衰。明清之时，清明已有取代寒食的趋势。禁火日短，看似出于适应健康的考虑，深层的原因在于上古形成的崇拜及纪念的对象与现实生活的关系日渐遥远，以及敬畏之忧的减退。如果追根溯源的话，清明首先是一个表明物候农时的重要节气，在历史发展过程中，又融入了寒食节的文化内涵，构成了如今清明节的两大主题：墓祭（祭祀）与踏青（游乐）。清明节祭祀的传统主要源自于寒食习俗，寒食怀故悼亡，清明求新佑生，但在我国的许多地区，寒食节依旧是作为一个独立的民间节日而存在。清明节风俗波及南北。

六 上巳节

农历三月三日，古之上巳节，有的农家以稻谷数升投放锅中炒坼，以占卜当年生产的丰歉，叫"炒虫脚"，[2] 边炒边念道："三月三，炒田脚；炒草死，炒禾青！"此外，这一天有的农家还用鼠耳草或鸡矢藤汁蜜拌米粉捏成"粑"，蒸熟，因形似"龙舌"又叫"龙舌粑"。"粑"，"屑米饼也"，俗称"尖担饼"，因其两端尖尖，极似丰收时挑担的尖挑。此饼可以祛湿。

上巳节自上古已有之，孔子《论语》中所说的"暮春者，春服既成，冠者五六人，童子六七人，浴乎沂，风乎舞雩，咏而归"，[3] 指的就是上巳节风俗。《后汉书·礼仪》云："是月上巳，官民皆洁于东流水上，曰洗濯祓除去宿垢疢为大洁。洁者，言阳气布畅，万物讫出，始洁之矣。"[4] 上巳节暮春流觞，是为了洗涤宿垢，祛除疾病。到了隋唐以后，除垢祛病的作用减少，增加了春季游玩的乐趣。《资治通鉴·炀皇帝传》云："三月上巳，帝与群臣饮于西苑水上，命学士杜宝撰水饰图经，采古水事七十二，使朝散大夫黄衮以木为之间，以妓航酒船。"[5] 这一天，人们吃掺和鼠曲草

① （梁）宗懔撰，宋金龙校注：《荆楚岁时记》，山西人民出版社 1987 年版，第 7、33、42 页。
② 梁成久纂修，陈景棻续修：《中国地方志集成 45·广东府县志辑·（民国）海康县续志》，上海书店出版社 2003 年版，第 283、284 页。
③ 杨伯峻译注：《论语译注》，中华书局 1980 年版，第 119 页。
④ （南朝宋）范晔撰，（唐）李贤等注：《后汉书》志第四礼仪（上），中华书局 1965 年版，第 2110—3111 页。
⑤ （宋）司马光：《资治通鉴》卷一百八十三，据文渊阁四库全书电子版引。

的蜜饼团，用以预防春季流行病。"是日取黍曲菜汁作羹，以蜜和粉谓之'龙舌粑'，以厌时气。"①

七　浴佛节

农历四月初八日，本为释迦牟尼诞辰，佛徒以水洗佛像，寺庙"煎香药糖水相遗"，叫作"浴佛水"。"四月八日佛生日，十大禅院各有浴佛斋会，煎香药糖水相遗，名曰浴佛水。"② 各地相似。雷州的习俗也说这日是"浮屠氏浴佛，为龙华会。家各采使君子叶和米作料汤食之，曰'杀虫'"。③ 清代以后还说是麻风病人的节日，在这一天，人们普遍摘来使君子叶置食用水缸之中，有的家庭还用使君子叶掺和米粉做糕饼。④ 使君子叶具有理气健脾、杀虫解毒、治疗疮疖溃疡之功效，切啐鲜用。

八　端午节

农历五月初五日为"端午节"，亦称端阳节，有些家庭用艾枝插在大门两旁，妇女、女孩用少许艾叶扎在头上，以示避邪。雷地湿热易生疮，孩子疮脓多流于头部，这一天大人为孩子用越苋叶（橹罟叶）编织鸭母、锅盖、枕头、橄榄等形态的"笠"，装入粳米，置锅中蒸熟，孩子们各持一二只到附近溪河作水浴，叫"流疡"。孩子们边浴边歌"流疡，流疡，流去东海寻别童！"也有的人家制作粽子，互相赠送，俗叫"五月粽"。"设菖蒲酒束角黍祀祖，闾里相馈遗，悬艾虎于门。"⑤

端午节还有其他活动：

扒龙船。《茂名县志》记载："五日祀祖，先饮蒲酒，饷角黍，镂

① （梁）宗懔撰，宋金龙校注：《荆楚岁时记》，山西人民出版社 1987 年版，第 7、33、42 页。
② （宋）孟元老撰，邓之诚注：《东京梦华录注》卷之八，中华书局 1982 年版，第 203 页。
③ （清）雷学海修，陈昌齐等纂：《中国地方志集成 43·广东府县志辑·雷州府志》，上海书店出版社 2003 年版，第 88—89、95、114—116、167—169 页。
④ 徐闻县文化广电新闻出版局编：《徐闻民俗》，第 131 页。
⑤ （清）郑俊修、宋绍启：《中国方志丛书·华南地方 185·（康熙）海康县志》地理志上卷，成文出版社 1974 年版，第 91—92 页。

艾虎，书朱符，以纱缝硫磺，为儿女佩采莲。竞渡，日称扒龙船。"①
"观竞渡于旁塘河，悬银牌子竿，先至者得之谓之夺标。"②

放风筝。"端午节……童子以风筝为戏，谓之'放殃线'。"③

宫里端午节还开展"射团"（即射角黍）活动："宫人端午造粉团角黍，贮金盘中，以小角弓射，中粉团者得食"。④

端午节街上叫卖的食品有："端午节物，百索，艾花，银样鼓儿，花花巧画扇。香糖果子、糭子、白团、紫苏、菖蒲、木瓜，并皆茸切，以香药相和，用梅红匣子盛裹，自五月一日及端午前一日，卖桃、柳、葵花、蒲叶、佛道艾，次日家家铺陈于门首，与糭子、五色水团、茶酒供养。又钉艾人于门上，士庶迎相宴赏。"⑤ 菖蒲、艾叶、粽子，在端午节显得非常重要，并非雷州半岛特有。端午节饮食文化等活动是如何在中华民族相传沿袭的？

仲夏五月，南方梅雨正盛，暑气蒸郁，黄河流域亦进入酷热季节，人们经历着一年之中最严峻的生命考验。这个季节又正值农事繁忙，人们户外田间活动增多，深罹骄阳烤炙之苦和暑湿蒸腾之烦，身体羸弱之人不免中暑而亡。同时，仲夏气候湿热，正是毒虫繁育、病菌孳生之际，蛇蝎当道，蚊蝇猖獗，瘴疠弥漫，疫病极易流行，故古人视五月为"恶月"。文献记载特别多的是五月（特别五月五日）讳举所生子女，王充《论衡·四讳》云："……讳举正月、五月子，以为正月、五月子杀父与母；不得已而举之，父母祸死。"⑥ 据称这种忌讳在战国时期就已出现，孟尝君田文生

---

① （清）郑业崇等修，杨颐纂：《中国方志丛书·华南地方65·茂名县志（上）》，成文出版社1967年版，第43—44页。据清光绪十四年刊本影印。
② （清）喻炳荣修，朱德华、杨翊纂：《中国地方志集成39·广东府县志辑·（道光）遂溪县志》，上海书店出版社2003年版，第681、690—693页。据清光绪二十一年（1895）补刻本影印。
③ 同上。
④ （宋）曾慥编纂，王汝涛等校注：《类说校注·开元天宝遗事》卷二十一上册，福建人民出版社1996年版，第667页。
⑤ （宋）孟元老撰，邓之诚注：《东京梦华录注》卷之八，中华书局1982年版，第203页。
⑥ （汉）王充：《论衡》卷二十三，据文渊阁四库全书电子版引。

于五月五日，曾被父亲弃而不举。到了汉代，人们进一步认为五月是阴气萌作、恶气盛行的时节，于是有了各种助阳止恶、驱邪防疫的风俗，如挂饰物以止恶气，采药、合药以及用五彩丝系于手臂以避凶邪、防疾病等。雷州饮菖蒲酒"制雄黄袋以佩"，[①] 是为了辟邪、避五毒。宋代罗愿《尔雅翼》卷四云："庶草治病，各有所宜，惟艾可用灸百疾，故名医草。岁或多病，则艾生之，亦天预备以救人尔。"[②] 古代将艾枝插在大门两旁或者佩戴艾，现代用艾叶煮水沐浴，这种药水香气馥郁，清爽驱虫。菖蒲则不仅是一种可治诸病的常用药材，而且可用于服食养生，在粮食不足时还用以救荒疗饥，更兼有浓郁芳香的气味和酷似长剑的叶形，在暑日炎炎、邪祟猖獗、毒虫横行的五月节日，被当作一种止恶驱邪的重要节物，用以表达逐恶防疫的意愿和健康长寿的祈求。

"束角黍"即包粽子，当时的粽子包成牛角状，称为"角黍"，即南方的粽。吃粽子的习俗来源于寒食节，但是在南方，夏天多吃冷食与气候关系更密切。最早将粽子和端午联系在一起的文字记载出自晋·周处《风土记》，虽然该书早已亡佚，但古代类书及其他文献曾反复征引。《齐民要术》卷九《粽𥻗法》第八十三引《风土记》注云："俗先以二节日用菰叶裹黍米，以淳浓灰汁煮之，令烂熟，于五月五日夏至啖之，黏黍一名粽，一名角黍，盖取阴阳尚相裹未分散之时象也。"[③] 其后，《荆楚岁时记》、《艺文类聚》、《太平御览》等均有引录，详略不一，各有异同。今天岭南包粽子还有用淳浓灰汁或者碱水泡米达到容易煮熟的目的。上述记载表明：吴人食用菰叶包裹黏米和粟、枣等物做成的"角黍"即粽子，在魏晋时代已相沿成俗。不过《东京梦华录》记载北宋都城东京开封府"自五月一日及端午前一日卖"粽，说明当时吃粽子并不限于端午，可能是端午前后的应节食品，"在中国人的节日观念中，月日数字代码的重叠是吉祥的神秘数字，其中'五五端阳节'、'九九重阳节'被看作是

---

① （清）雷学海修，陈昌齐等纂：《中国地方志集成 43·广东府县志辑·雷州府志》，上海书店出版社 2003 年版，第 88—89、95、114—116、167—169 页。

② （宋）罗愿：《尔雅翼》卷四，据文渊阁四库全书电子版引。

③ （后魏）贾思勰：《齐民要术》卷九，据文渊阁四库全书电子版引。

除年节以外的重大节日。"① 于是就有"正月正"大年节、"二月二""龙抬头"、"三月三"上巳节、"五月五"端午节、"六月六"天贶节、"七月七"七夕节等，节日习俗并不局限于节日当天，而指一段时间。构成端午饮食风俗的一些事象，最初并不专属于五月五，而是逐渐向五月五日汇集的。无论如何，最早关于粽子的记载均出自南方，它应是南方先民的饮食文化创造。"角黍"起源于南方地区，但是"角黍"这个名称本身又说明它是用黍米做成的食品，而黍在远古至上古时代一直是北方人民的主要粮食之一，曾位列"五谷"之首，南方地区则很少出产。故我们推测，"角黍"中的"黍"并不一定是特指，可视为对谷米的统称，或者是粽子流传到北方，内容有所改变。

俗以五月五日以五色丝系臂，可延年益寿。在唐代，儿媳向公婆敬奉寓意长寿的"续命物"，似乎是一种普遍流行的端午风俗。《太平广记》卷二九八引《赵州参军妻》载：赵州卢参军新婚之妻于五月五日到市场上购买"续命物上于舅姑"。② 以五色丝系臂来源于三闾大夫的传说，屈原投河后，百姓害怕蛟龙误食屈原遗体，遂投入五色丝，蛟龙畏惧五色丝，后人无论长幼均以五色彩系臂，一名长命缕，一名续命缕，父老相传，可以辟蛇，至七夕节才解除。

现如今，雷州端午节仍是一个热闹的节日，饮菖蒲酒、佩雄黄袋已成过去，但是"笠"及"角黍"的制作年复一年，从未间断。端午（五）吃粽子是寒食的尾巴，叶裹而食。南方盛产大叶植物，以大叶包裹食品的饮食习惯流行于南方各地——越往南方越常见，除了端午以箬叶和菰叶包裹粽子之外，还有用荷叶、芭蕉叶、槟榔叶、冬叶（华南和西南产）等包裹食物的，有时是为了烹饪的需要，有时则是为了便于贮存和携带。这是对非火时代的纪念。"恶月"去污秽，饮雄黄酒，佩艾叶是上古时代人类对原始社会生活的解读。屈原传说是封建时代对古老节日习俗的附会。龙舟竞渡是为了压制水龙，锣鼓喧天是为了吓跑蛟龙。

---

① 乌丙安：《民俗日历：唤醒传统节日的文化记忆》，转自"中华农历网·中华农历论坛"，http：//bbs. nongli. com。

② 《太平广记》卷二百九十八，据文渊阁四库全书电子版引。

端午风俗根植于古老的"恶月"观念，其主题是通过各种活动，顺应时气之变化，应对溽暑季节不利环境因素对健康的威胁。作为端午的标志食品——粽子，实则具有古老悠久的南方饮食文化渊源，其产生和流传的情况反映了饮食方式与风俗对于生态环境的密切依存关系。[①] 环境既给古人造成了严重的威胁，同时也为人们提供了解除威胁的自然条件。

九　天贶节

农历六月初六为天贶节，俗称"晒虫节"；家家户户用三牲猪肉酒饭祀敬灶神，有的还以鲎肉敬灶君，祝愿家计富裕。有一首雷州歌说明了这一习俗，"六月小熟有早米，甜菇煲肉吃生鲜，初六古称天贶节，鲎敬灶神家盈余"。"六月六日祀灶用鸭。"[②] "六月六日祀灶，各晒衣服祛蠹湿。"[③]

十　七夕节

农历七月初七为"七夕节"，亦称"乞巧节"。嘉庆《雷州府志·风土》载，"七夕乞巧，女子以蜘蛛一对，鲜果一枚，插针其上，并以碗覆之，早次视蛛丝穿过孔者为得巧。"[④] 有童谣"七月初七冚蜘蛛，七个娘子跪平平，七支香七盅茶；蜘蛛公，蜘蛛母，穿过针鼻结个茧，三个嫁官四作奶"。此种风俗，城乡都广为流传。

"七月七日晒衣及书，晨汲井华水贮之，以备酒浆曰'神仙水'。先一夕妇女陈花果针线以乞巧。"[⑤] 东京旧俗相似却更豪华："至初六日七日晚，

---

① 王利华：《端午风俗中的人与环境——基于社会生态史的新考察》，《南开学报》（哲学社会科学版）2008 年第 2 期。

② （清）毛昌善修，陈兰彬纂：《中国方志丛书·华南地方 66·吴川县志》，成文出版社1967 年版，第 51—53、57 页。据清光绪十四年刻本影印。

③ （明）欧阳保：《日本藏中国罕见地方志丛刊·（万历）雷州府志》卷九，书目文献出版社 1990 年版，第 196、199、204、205、259 页。据日本尊经阁文库藏明万历四十二年刻本影印。

④ （清）雷学海修，陈昌齐等纂：《中国地方志集成 43·广东府县志辑·雷州府志》，上海书店出版社 2003 年版，第 88—89、95、114—116、167—169 页。

⑤ （清）毛昌善修，陈兰彬纂：《中国方志丛书·华南地方 66·吴川县志》，成文出版社1967 年版，第 51—53、57 页。据清光绪十四年刻本影印。

贵家多结彩楼于庭，谓之'乞巧楼'，铺陈磨喝乐、花、瓜、酒、炙、笔、砚、针、线，或儿童裁诗，女郎呈巧，焚香列拜，谓之'乞巧'。妇女望月穿针，或以小蜘蛛安合子内，次日看之，若网圆正，谓之得巧，里巷与妓馆往往列之门首，争以侈靡相向。"①

十一 中元节

道家以农历七月十五为中元节，作斋醮，寺院作盂兰盆斋。清康熙吴盛藻著《雷州府志》曰："中元荐殽酱褚衣祀祖为兰盆会"，② 雷州人则以农历七月十四为"鬼仔节"，此日，家家户户杀鸡宰鸭拜祭祖先，烧纸钱、花纸以及纸衣和纸制日用品，供阴间先祖享用。俗语有"鸡忌二月二，鸭忌七月十四"。

"中元节城乡多延僧道为盂兰盆会，前一日备褚衣酒食以祀其先。"③

十二 中秋节

农历八月十五日为中秋节，嘉庆《雷州府志·风土》曰："中秋各乡塾祭文昌，家设酒果，蒸芋，赏月"。④《吴川县志》亦云："八月十五亲朋馈月饼，夜饮食糕饼、剥薯蓣谓之赏月。"⑤ 中秋食芋头，寓意辟邪消灾，清乾隆《潮州府志》曰："中秋玩月，剥芋头食之，谓之剥鬼皮。"⑥ 剥鬼皮而食，大有钟馗驱鬼的气概。又说潮州中秋以"芋头"祭奠祖先，取"胡头"谐音，立志杀"胡头"，为了纪念被元兵惨杀的先人。

过去乡中私塾祭祀文昌，设席饮宴，分食月饼之余，师生唱和咏月。

---

① （宋）孟元老撰，邓之诚注：《东京梦华录注》卷之八"七夕"，中华书局 1982 年版，第 209 页。

② （清）吴盛藻修，洪泮洙纂：《雷州府志》（十卷），中国书店 2002 年版，第 57 页。

③ （清）毛昌善修，陈兰彬纂：《中国方志丛书·华南地方 66·吴川县志》，成文出版社 1967 年版，第 51—53、57 页。据清光绪十四年刻本影印。

④ （清）雷学海修，陈昌齐等纂：《中国地方志集成 43·广东府县志辑·雷州府志》，上海书店出版社 2003 年版，第 88—89、95、114—116、167—169 页。

⑤ （清）毛昌善修，陈兰彬纂：《中国方志丛书·华南地方 66·吴川县志》，成文出版社 1967 年版，第 51—53、57 页。据清光绪十四年刻本影印。

⑥ （清）周硕勋撰修：《（乾隆）潮州府志》卷十二风俗，蝠池书院出版有限公司 2006 年版。

入夜，各家设茶果、月饼、甜薯、芋头、豆糖、茶等物赏月。亦有年轻女子月下玩"浮针"，取一碗清水置于八仙桌上，拿新针轻放水面，观察针的浮沉情况，预测婚姻。现在中秋之夜，天上月圆，人间团圆，亲朋好友互赠月饼，杀鸡宰鸭，全家欢聚。雷州的月饼既有常规直径约 2—3 寸的小月饼，也有直径达一尺的硕大月饼，馅有豆沙、莲蓉、伍仁、甜肉、火腿、椰丝等，配料丰富，传统技艺也不寻常。中秋是收获的季节，各家都拜土地神，可能是"秋报"的遗俗。

十三　重阳节

农历九月九日重阳节在雷州半岛流行，为一文人节。嘉庆《雷州府志·风土》载："重阳登高，俗于是日采药作酒面。"① 康熙《雷州府志·节序》云："携榼（盛酒器具）于楼台会饮，谓之登高。"② 《遂溪县志》亦云："重阳士大夫登高赏菊饮酒。"③

旧时雷州文人荟萃，对该节日兴趣甚浓，又称赛诗节，"九月九日为登高诗酒之会"。④ 一般由商人捐资，五月份开始筹备，文人推出一位教师出题，参加者按题赋诗作对，八月诗稿汇于教师处评定，到九月初一，各街道群众、文化人士派代表到登高坡标号厂位，在坡上搭上雅致精巧的竹楼，张贴诗对，称"诗社厂"。其时张灯结彩，迎狮演戏，士子登高饮酒作诗，一连数天，观者数以万计。此活动延续二三百年，以登高、赛诗为主要内容。20 世纪 90 年代后，九月九日定为老人节，主要活动是登高，城镇开展得比较活跃，农村相对平淡。

① （清）雷学海修，陈昌齐等纂：《中国地方志集成 43·广东府县志辑·雷州府志》，上海书店出版社 2003 年版，第 88—89、95、114—116、167—169 页。

② （清）吴盛藻修，洪泮洙纂：《雷州府志》（十卷），中国书店 2002 年版，第 57 页。

③ （清）喻炳荣修，朱德华、杨翊纂：《中国地方志集成 39·广东府县志辑·（道光）遂溪县志》，上海书店出版社 2003 年版，第 681、690—693 页。据清光绪二十一年（1895）补刻本影印。

④ （清）毛昌善修，陈兰彬纂：《中国方志丛书·华南地方 66·吴川县志》，成文出版社 1967 年版，第 51—53、57 页。据清光绪十四年刻本影印。

十四 冬至

"岭表所重之节:腊(腊祭之日,后定为腊月初八)一,伏(三伏)二,冬(冬至)三,年四。"①俗话说冬至大过年。雷州半岛冬至之日,家祀其祖先,宗祠祭其列祖。凡家庭新生男孩,要具办酒饼三牲到宗祠祭祀,叫作"入冬节"。有歌云"月尾冬至节,祠堂景色多。一姓人都齐,猪牛羊设祭"。1949年以后,废宗祠,移风易俗,大多农村家庭只在家祭祀祖先。20世纪80年代,县内大多数村庄重修宗祠,入冬节之习重兴,不过祭拜祖先礼节比过去简单许多。

"冬至作冬糍粑祀祖。"②"祭礼在家随节序时祭,外惟冬至祭于宗祠,尤为特重,具五牲酒馔,衣冠肃拜。祭毕,尊长有德望者宣家训以教谕族人。"③古人在家祭祖是经常的事情,但是以冬至在宗祠祭祖为最隆重,那是族人祭祀共同的祖先,不仅准备的祭礼最重,祭毕,有德望的尊长还要宣读祖训教谕族人。祭祀完毕之后,族人平均分食祭祖猪肉(徐闻),叫太公分猪肉,人丁(男子)一份,而不是人人有份。

北方人也最看重冬至节:"十一月冬至,京师最重此节。虽至贫者,一年之间,积累假借,至此日更易新衣,备办饮食,享祀先祖,官放关扑,庆贺往来,一如年节。"④古人认为到了冬至,白昼一天比一天长,阳气上升,是个吉日,因此值得庆贺。明、清两代皇帝均有祭天大典,谓之"冬至郊天"。民间有"冬至馄饨夏至面"的谚语,因为"馄饨"与"混沌"谐音,故民间将吃馄饨引申为打破混沌,开辟天地。后世不再解释其原义,只把这单纯看作是节令饮食而已。冬至大过年遂由此而来。在农耕

---

① (宋)曾慥编纂,王汝涛等校注:《类说校注·番禺杂记》上册,福建人民出版社1996年版,第103页。

② (清)郑业崇等修,杨颐纂:《中国方志丛书·华南地方65·茂名县志(上)》,成文出版社1967年版,第43—44页。据清光绪十四年刊本影印。

③ (清)喻炳荣修,朱德华、杨翊纂:《中国地方志集成39·广东府县志辑·(道光)遂溪县志》,上海书店出版社2003年版,第681、690—693页。据清光绪二十一年(1895)补刻本影印。

④ (宋)孟元老撰,邓之诚注:《东京梦华录注》卷之十"冬至",中华书局1982年版,第234页。

社会，繁忙的工作结束了，冬天休息时间到来，推测从这天开始热闹直到元旦。宋秦观撰《海康书事》十首之一道："海康腊巳酉，不论冬孟仲，杀牛挝祭鼓，城郭为沸动。虽非尧厤颁，自我先人用；大笑荆楚人，嘉平猎云梦。"[1] 描写雷州半岛从冬至一直庆贺至春节的情景。

冬至期间看菖叶，菖叶生则百草生，南方于是开始春耕。《吕氏春秋》云"冬至后五旬七日，菖叶生，盖菖者，百草之先生也，于是始耕。又云：菖始生，于是耕。"储光羲诗云："蒲叶日以长，杏花日以滋。农人要看此，贵不违天时。"[2]

节日饮食之所以丰盛，是因为农闲，人们需要改变口味，犒劳自己和家人，磨米粉，做糍粑，增加多了米变成食物的工序，如磨、蒸、炒、炸等。

第三节　人生仪礼中的饮食习俗

一　生育养育饮食习俗

本地人"多子多福"、"无后为大"、"男尊女卑"的思想较为严重，早婚、早育和多生的现象比较普遍。要是中年无子，便走寺闯庙、求神问卜。妇女一旦怀孕，禁忌很多：外出忌见别的孕妇，房中卧床不能随便移动，敲钉、剪裁、缝补衣服都不在自己的床上动手。民国梁成久纂修的《海康县续志》卷之二《地理志·风俗》曰：

凡生子堕地辄溲，俗忌，曰"冀酒"，父母多不详。日或逢申，俗忌，曰"拉日"，儿多不育。生二三日，延一贵者抱儿曰"冲喜"，辅以饼饵以开禁。四日插青门首，禁外人闯进，曰"入期"。七日儿安然无恙，曰"过期"。十二日备酒肉供先及床头婆神，曰"安期"。周月剪髻囟前留发，曰"留肾鬃"。周年诞日，胪陈百物视儿手取，

① （宋）秦观：《淮海集》卷六，据文渊阁四库全书电子版引。
② （宋）陈元靓：《岁时广记》卷一，据文渊阁四库全书电子版引。

日"试儿志"。冬至制油粿送祠曰入冬节。①

雷州旧俗，凡婴儿一出生就有尿的，叫"奠酒"——像祭祀时洒奠酒一样，对父母不利；出生日为申日的，叫"拉日"，孩儿多养不大，这是迷信根据"同能致同"的模仿观念或简单地归纳总结得出的结论。婴儿出世后的三天内，就得请一显贵来抱婴儿，叫"冲喜"，并摆出"饼饵以开禁"；第四天在门上插青，禁止外人闯入，叫"入期"；过了第七天，婴儿安然无恙，就叫"过期"——过了安全期；到了第十二天，家里备办酒肉祭祀祖先和"床头婆神"，叫"安期"。在满月这一天，为婴儿举行有众多亲友参加的庆贺仪式，庄重地为小孩第一次剃头，仅仅剪脑囟门前一绺，俗称"留肾鬃"。小儿周岁的时候，父母有意陈列纸、笔、书、刀、算盘等多种物品于婴儿面前，看他手拿哪一件，以卜小儿的志趣及今后的前途。冬至炸油粿送到祠堂，叫"入冬节"。新年正月十二日，生男孩的那家人要到祠庙挂花灯，俗称"安灯"。过几年，孩子入私塾叫"开朦胧"；备200吊铜钱送给先生叫初次见面，请多关照；又凑钱到文昌庙祈祷保平安，叫"认学"；端午节送钱给先生称为"节礼"。孩子出生后，外婆家"制衣服冠履送与小儿，曰'小嫁妆'，或肩挑糯糟及饼饵曰'贺儿'，内有裹钱二封，一曰'割前仪'，一曰'油灯仪'。②糯米甜酒由外家送，是产妇月子里一定要吃的滋补食品，外家同时送来的还有两份钱，一份叫"割前仪"，即妇女生产后就正式是别人家的媳妇，与娘家情谊正式割断，这来源于岭南早期不落夫家婚俗，另一份钱是"油灯仪"，是祝贺孩子挂花灯仪式用的，表明孩子正式成为宗祠的一份子。一个孩子的成长凝聚父母的心血、全家人的祝福以及钱财的花费。

岭南古有"青黄不接，鬻子接食"、生长子"解而食之，谓之宜弟"、"啖男胎衣"等蛮俗，到了宋代，岭南生育、养育习俗接近汉俗，基本定型。据唐代段公路《北户录》记载："广之人食品中有团油饭。凡力足家

---

① 梁成久纂修，陈景棻续修：《中国地方志集成45·广东府县志辑·（民国）海康县续志》，上海书店出版社2003年版，第283、284页。

② 同上。

有产妇三日足月,及子孙脬为之饭,以煎鳗鱼、炙鸡鹅、煮猪羊、鸡子羹饼灌肠、蒸脯菜、粉糍、粗籹,蕉子、姜、桂、盐豉之属,装而食之。"①过去,岭南家境富裕的人家,产妇生孩子后三天或满月,要给产妇做"团油饭",是用煎虾、炙鱼、鸡、鹅、猪羊肉灌肠,以蕉子、姜、桂、盐、豉为调味与饭一起合成的,是富家女子作产妇时的营养食物,类似今日的什锦饭或盖浇饭,也是唐宋流行于江南及岭南地区(今广东、海南一带)的风味饭品。南宋陆游游历南方后认为,团油饭乃盘游饭,是两者语音相近,流传中误写的缘故:"即东坡先生所记盘游饭也。二字语相近必传者之误。"②北宋苏东坡《仇池笔记》说得更加清楚:"江南人好作盘游饭,鲊脯鲙炙无不有埋在饭中,里谚曰:'掘得窖子'",即吃饭的人掘得埋在下面的"孩子"——"窖子"。有人作一首对联提到盘游饭:"投醪谷董羹锅内,掘窖盘游饭碗中。"③

二　婚礼饮食习俗

婚姻,是一个人成家与立业的起点,故称婚姻为"终身大事"。而作为婚姻结成标志的婚礼,当然也就成了人生礼仪中的大礼了。民国梁成久纂修、陈景棻续修的《海康县续志》卷之二《地理志·民俗》记载:

> 县俗婚嫁多遵朱子家礼,然称谓亦多不同。初纳彩时,男家先书庚谱及装送礼品曰"装头合",女家答以笔墨书籍各物并书庚谱送回。将娶前一月,挑送聘仪曰"装大礼"。女嫁之夕,邀集姊妹团坐设筵张宴曰"送嫁"。迎娶之日,早晨男冠女笄,男家备花舆到女家,鼓吹入门……侍女拥新妇入房,新郎举扇拂妇帕,或有举扇向首三击者曰"打扇头"。新郎出,其姑即入,向腰下解青带曰"松腰"。及夕合卺,家人预烹雄鸡一只并果品排列中堂筵上,俄顷花烛辉煌,侍女扶新妇出,老妪导前循筵周步,每到座隅,新妇举手揖,老妪

---

①　(唐)段公路:《北户录》卷二,据文渊阁四库全书电子版引。
②　(宋)陆游:《老学庵笔记》卷二,青岛出版社2002年版,第38页。
③　(宋)苏轼:《仇池笔记》卷下,据文渊阁四库全书电子版引。

答之，口喃喃诵吉利语，新妇始退入房，曰"打外茶"。礼完后，家人取雄鸡入妇房令与夫共食，取兆宜男也。……次日黎明，庭陈粿醴行谒祖礼，礼毕，新夫妇双拜庭前，跪捧槟榔请父母亲戚临吃曰"安位"。……三日，新妇早起，取冰糖及钱投入水瓮中，亲自炊饭，贫富皆然曰"下厨"。是日也，母家备送粿品暨头帕一腰巾一曰"送三日"。……年终妇家挑送饼饵曰"送年"。元日，著衣饰入祠谒祖曰"新妇拜年"，其新郎即于是月到岳家拜谒亦曰"新官拜年"。初到时，封仪送上曰"围炉钱"，岳家设筵馆甥备极珍膳。迨婿归家，岳父母厚仪照行曰"镇荷包"。……端午节，届妇制衣履数具送上舅姑并夫曰"归例"，挑送角黍曰"送节"。①

清代，雷州城乡普遍实行旧式婚姻。婚姻形式与其他地方大致相同，遵循程朱理学的汉族婚姻习俗，只是称谓有所不同。从议婚到生第一个孩子，有许多的饮食习俗。如纳彩（议婚阶段）时，男方备礼去女家求婚，一般男方还把生辰八字和礼品装入盒中，叫"装头盒"。女方接礼后，除首饰、布匹以及聘金全收外，其他收下六成，回敬四成。回敬的礼品包括笔墨书籍各物，多少也要列入"回帖"。女的"庚帖"与男的"庚帖"放在"庚帖盒"里，随回送的礼品一起送回男家。装了礼的，就算定了亲。何时才结婚，则由算命先生根据双方生辰八字选日子。

婚礼前一个月，女方筹措嫁妆，在准备嫁妆的同时，必须为夫家的长辈准备布料，分别赠送祖父母、父母等人，叫"装大礼"。出嫁前几天，嫁女家邀请新娘亲近姐妹都来"送嫁"。夜晚聚集一室，在闺房行"哭嫁"礼，嫁女哭，陪嫁的姐妹也哭，边哭边诉，直至半夜，哭时有特定的调子，有一定的内容，腔调抑扬顿挫、委婉动人，细析其内容不外有父母之恩、姐妹之情、难分难舍等。

出嫁之日，早晨男行冠礼，女行笄礼，男家备花轿到女家娶亲，仪仗

---

① 梁成久纂修，陈景棻续修：《中国地方志集成 45·广东府县志辑·（民国）海康县续志》，上海书店出版社 2003 年版，第 283、284 页。

队鸣锣击鼓进门，非常热闹。出嫁时，新娘踩着毛织地毯出门上花轿，脚不粘地，以免给娘家带来不幸。花轿进门，新郎衣冠整洁，在门口恭敬迎接。新娘进入新房，新郎手执纸扇，撩开新娘的红盖头，有的还用纸扇轻敲新娘头部三下，这叫"打扇头"，即驱除她身上的晦气，也表明"你嫁进来，我当家，你听话"的男尊女卑的封建习俗。雷州天热，一年中多数时间手不离扇，用扇子挑开红盖头也体现婚礼地域遗俗。新郎出来，随后家婆进入新房，给新娘解腰带，这叫"松腰"。腰带里藏着稻米和一串铜钱，这叫"压腰钱"，有钱人家腰带里更讲究，这是希望娶媳妇同时也财源广进、五谷丰登。当天，新郎家摆喜酒宴，请至爱亲朋。傍晚，新郎新娘饮合卺酒后，家人预备煮熟的一只公鸡及果品菜肴排列在大堂筵席上，这时花烛辉煌，侍女（或姊妹）扶着新娘出来，娶亲太太在前面引导，引导到各座筵席给来宾们敬酒，敬酒时，新娘要举手作揖，娶亲太太口说一些吉利祝福的话语，新娘敬完酒退回新房，这个环节叫"打外茶"。随后家人取公鸡进入新房，让新郎新娘一起吃公鸡，这样来年会生男孩。

第二天早上，在摆满果品祭品的堂屋行"谒祖礼"，新郎新娘齐立于天井之南，主婚人（父、兄）在前，由两礼生相互唱礼，读"祝文"。礼毕，新郎新娘双双跪着捧槟榔（一个铜制的六棱形盒子装着）先敬请父母，后请其他长辈或高一辈的亲戚吃槟榔，这便是"安位"——明确新娘在男家的地位，众人祝愿新婚夫妇白头偕老，像槟榔和蒌叶相配一般，永不分离。

婚后第三天，新媳妇早早起来，取冰糖及钱（取生活甜甜蜜蜜，不愁吃穿之意）投入水瓮中，亲自烧火做饭，不管家庭贫富都是这一习俗，这叫新妇下厨。这一天，娘家还要备一块头帕、一方腰巾及果品礼品，如叶搭粑、糯米大粽杞等送到新郎家，叫"送三日"，有钱人家可以多送几天。

年末，新娘家要送饼饵到新郎家，这叫"送年"。新年元日，新妇穿戴整齐入祠谒祖叫"新妇拜年"。当月，新郎要随新娘回家叩见岳父母，有钱人家，轿马来回，有跟班陪侍，有礼担，少则一担，多则二三担不等。礼品有木叶搭、筐炊、菜包、猪肉、生鸡等，这叫"新官拜年"。第一次回岳家要送上"围炉钱",娘家设宴款待新郎,宴席上摆上娘家能准备的山珍海味,热情招待新郎。待到新郎返回自己家时,岳父母还要备上厚礼,这叫"镇荷包"(给新娘长脸)。这样说起来,婚礼不单新郎家破费,新娘家也几乎破产。旧时雷州有俗语"盗不如五女之门"。① 雷州之地虽然贫瘠,但是婚礼攀比之风仍然盛行。

"雷人婚嫁之礼必须糖"。因为温度和日照的关系,雷州坡地适宜种甘蔗,当地人用甘蔗榨糖,而且糖的名目较多。"糖:名颇繁,不外乌白两种,乌者糖块,白者糖霜……雷人婚嫁之礼必须糖,故糖价与米价等。雷之乌糖其行不远,白糖则货至苏州、天津等处。"② 种甘蔗的利润等于种稻的利润,当时糖价与米价一样贵,所以"雷人婚嫁之礼必须糖",这既表示美满婚姻像蔗糖一样甜,俗语有"姜老姜辣,蔗老蔗甜"一说,也是当时财富的象征。清代雷糖还远销苏州、天津等地。早在三国时,雷州就有甘蔗压糖的习俗,那时叫"石蜜"。"诸蔗一曰甘蔗,交趾所生者,围数寸,长丈余,颇似竹,断而食之,甚甘。笮取其汁,曝数日成饴,入口消释,彼人谓之石蜜。吴孙亮使黄门以银椀并蓋就中藏,吏取交州所献甘蔗饧。"③

三 祝寿饮食习俗

做寿俗称"做生日"。在 30 岁以前,一般是长辈对幼辈用两碗干饭合成一碗,中间装 1 枚熟鸡蛋,让他(她)自己揭开来吃,叫"吃生日"。成家以后,丈夫的生日,多由妻子做。

51 岁的生日,过去认为是人生的第一个寿辰。富有之家则举行寿庆,贫困之家也要祝贺一番。举行寿礼时,子女以及媳妇、女婿等人得行两跪八叩之礼,然后端起槟榔盒致礼。

祝寿,一般在前一年便做。30 岁便做 31 岁的生日,50 岁便做 51 岁

---

① 梁成久纂修,陈景棻续修:《中国地方志集成 45·广东府县志辑·(民国)海康县续志》,上海书店出版社 2003 年版,第 283、284 页。

② (清)雷学海修,陈昌齐等纂:《中国地方志集成 43·广东府县志辑·雷州府志》,上海书店出版社 2003 年版,第 88—89、95、114—116、167—169 页。

③ (清)郝玉麟等修:《广东通志》卷五十二引《南方草木状》。台湾商务印书馆 1986 年影印本。

的寿辰。过去，每逢这类喜庆，主家、亲戚都得花钱，寿宴、寿礼造成不小的浪费。

四 丧葬饮食习俗

旧时雷州丧葬礼仪较繁杂。人死后，于大门口点燃谷糠一堆以示死者之家。孝子披麻戴孝，左手执灵幡，右手执短孝杖，环立于尸体周围，整日号啕大哭。购买棺木抬回家时，孝子出门迎接，号哭三叩首，叫"迎棺"；大殓后，孝子手拿着死者衣服向天上一抛，称为"叫魂"；将灵柩停在灵堂上，在灵柩左边焚香洒水，称为"打秒"；亲戚朋友登门吊唁，大都号哭三声，这就是雷州所谓"三声"之哭，又称"开吊"。出殡之时，贫穷之家由"大力"等人悄声将棺柩从家里抬往墓地埋葬，叫"偷棺"；豪富之家，丧事讲排场，摆阔气，择吉日出发，队伍前高举挽文、挽词、挽联，再排列金童、玉女、箱柜、冥灵等物，棺柩之后为孝子、亲属等，孝女及其他妇女则随后；灵柩过处，有人沿路散发纸钱，叫发放"买路钱"。队伍行至预定地点后，有钱人家召集僧侣念经作斋葬。三天后，召集亲戚朋友向棺柩告别后各自离去，这一形式叫"认墓"。雷州旧俗丧葬仪礼挥霍严重，互相攀比，一场葬礼，富贵之家耗去千金，中产之家几近破产，贫穷之家只好卖田卖屋。[①]

旧时，雷州半岛俚蛮之属办葬礼以素斋为主，"斋素，钦人亲死，不食鱼肉而食螃蟹、车螯、蚝、螺之属，谓之斋素，以其无血也。海南黎人，亲死，不食粥饭，唯饮酒食生牛肉，以为至孝在是。"[②] 彼岸的圣餐属于回忆与共享，表达对逝者的留恋，属于生者的回忆。

第四节 饮食与礼仪

饮食讲究礼仪，从孔子开始有一套详细的论述。"席不正，不坐。……

① 梁成久纂修，陈景棻续修：《中国地方志集成45·广东府县志辑·（民国）海康县续志》，上海书店出版社2003年版，第283、284页。
② （宋）周去非著，杨武泉校注：《岭外代答校注》，中华书局1999年版，第239页。

乡人饮酒，杖者出，斯出矣。"① 吃饭的时候，位置摆得不对，不坐。举行
飨宴，老人离开之后，大家才能离开。杖者，老人也，乡人饮酒讲究礼
仪。此记乡宴饮食之礼，即饮食与礼仪的关系。

雷州古时"人如禽兽，长幼无别"，② 无父无子，更无礼仪之说。随着
半岛汉化加速，特别是宋以后，受流寓文人、文化的影响以及北方中原地
区的饮食礼仪对南方地区深远的影响，雷州饮食也开始讲究长幼有序，乡
饮之礼。

> 乡饮酒：每岁正月十五、十月初一日于儒学行礼。前一日，执事
> 者于儒学之讲堂陈设坐次……至日黎明，执事者宰牲具馔……举行乡
> 饮，非为饮食，凡我长幼各相劝勉，为臣尽忠，为子尽孝，长幼有
> 序，兄友弟恭，内睦宗族，外合乡里……凡乡饮酒，礼序长幼，崇贤
> 良、别奸顽，其坐席间推高年德劭者居上，高年淳笃者并之，以次序
> 齿……③

乡饮讲究按长幼、地位高低排位，德高望重者居于首位，违德有罪者
在这种场合被斥责，乡饮不仅是吃一顿，它成为乡村社会教育的集中体
现，是规范人们行为的公约。

> 送学：每遇岁科试后，县尹传斋，新进诸生穿公服赴县，行庭参
> 礼饮酒三杯，鼓乐前导，县尹送至儒学，诣至圣殿前，行三跪九叩头
> 礼，至明伦堂，县尹位西，教谕训导位东，行五揖四拜礼……④

从宋代开始，据说寇准在雷州传授中州之音，亲为雷州士子讲学，于

---

① 杨伯峻译注：《论语译注》，中华书局 1980 年版，第 104 页。

② （南朝宋）范晔撰，（唐）李贤等注：《后汉书》卷八十六南蛮西南夷列传。

③ （清）喻炳荣修，朱德华、杨翙纂：《中国地方志集成 39·广东府县志辑·（道光）遂
溪县志》，上海书店出版社 2003 年版，第 681、690—693 页。据清光绪二十一年（1895）补刻
本影印。

④ 同上。

是后世雷州士子读书入仕者层出不穷。由于弘扬教育，遂改变雷州乡村落后面貌。清代，雷州对待读书人甚是重视，每年科举考试前，不但县尹亲自传斋，还亲自送至儒学，县里还举行鼓乐欢送仪式。

　　清代，由于移民人口大量增加，居民不可能再靠捕鱼打猎为生，种植变得必须及多样，雷州的稻米在饮食中占据着重要的地位，由稻米延伸的其他美食如米粉、粽子等定型于清，延续至今。东洋田、西洋田以及海堤的建设和维护，让雷州半岛成为粤西的"鱼米之乡"。

第九章　当代雷州半岛的饮食

第一节　饮食结构

饮食结构是指日常生活中一日三餐的食物搭配，一般由主食、菜肴、饮料组成。雷州半岛一带总的饮食特点是喜食稻米，重鲜活，尚茶饮。

一　主食

以大米干饭和大米粥为主，同时在饭或粥中喜欢加入香菜、薯类或瓜类，过去是为了灾年补救粮食不足，现在更多的是为了适应气候及追求口感。最有代表性的除了"蛤蒌叶"饭外，还有：

（一）南瓜饭

南瓜饭是用南瓜切成丝条，调些佐料同米煮成，甜滑可口，是很好的保健食品。《本草纲目》云：南瓜可"补中益气"。南瓜"种出南番，转入闽浙，今燕京诸处亦有之矣。二月下种，宜沙沃地"。[①] 雷州半岛海边的滨海沙土适宜南瓜生长，撒下种子，不用管理，靠天吃饭，亦有较好收成。

（二）芋头饭

芋头饭是用芋头切成条块，用油爆炒一下，然后伴米煮成饭，特别香口。广西荔浦芋头是给皇帝的贡品。雷州人以芋头为饭给客人吃。到雷州游玩，吃碗芋头饭，真是件快慰的事情。

（三）萝卜饭

把萝卜切成条丝，加点配料，和米煮饭，吃了润喉滑嘴甜口。萝卜有

---

① （明）李时珍：《本草纲目》卷二十八，卷二十五，卷二十七，据文渊阁四库全书电子版引。

降气化痰、消积食的作用。"萝卜粥消食利膈。"①

（四）番薯粥

番薯粥是雷州人的特色饮食，雷州半岛每个村庄都种番薯，说是帮助解暑滑肠。番薯，现代人测定它含有大量的淀粉、蛋白质、多种人体所需的氨基酸和维生素，还含有抗衰老的物质，常吃它可以美颜，延年益寿。《本草纲目》云："蕃（甘）薯，气味甘平无毒，主治补虚乏，益力，健脾胃，强肾阴。"②雷州有一种紫色番薯，表皮和内心都呈紫红色，吃之香、粉、甜，不仅有薯的清甜，还有芋的香味。把紫色番薯切丝煲粥，米少，薯丝多，人们在热天特别喜欢喝它。雷州沙土利于番薯生长，出产的番薯特别甜脆。

（五）海鲜粥

雷州人喜欢在白粥中加入肉片、猪杂、鸡丁、鱼片、螃蟹、各种海螺等，制成味道鲜美的粥。这得力于当地出产海鲜的得天独厚的条件。整个夏天，雷州人可以顿顿喝粥，有"无鱼不吃粥"的俗语，鱼要新鲜。

食粥利于长寿：北宋张文潜有"食粥说"，谓食粥可以延年益寿。陆放翁晚年，尤喜食粥，有《食粥》诗为证："世人个个学长年，不悟长年在目前。我得宛邱平易法，只将食粥至神仙。"③中医认为，人年岁渐长，脾胃功能会退化，不宜食过硬过冷以及肉类食物。陆游独爱食粥，正合中医养生之理。粥绵长而细软，宜于消化，

鱼片粥

长期食用，可养胃健脾。有时，陆游还在粥中加入山药等健脾补肾之品，

---

① （明）李时珍：《本草纲目》卷二十八，卷二十五，卷二十七，据文渊阁四库全书电子版引。
② 同上。
③ （宋）陆游：《剑南诗稿》卷三十八，卷一，据文渊阁四库全书电子版引。

如诗云："秋夜渐长饥作祟，一杯山药进琼糜"。[①] 雷州半岛的徐闻县、雷州等地，有些著名的长寿村，居民常吃青菜、海鲜粥、番薯饭，这是雷州人从生活实践中得来的长寿饮食方法。

除此之外，雷州半岛还有一种用肉汤做饭做粥的习俗，如徐闻鸡汤饭、雷州鸭（汤）饭、狗肉汤饭。鸡汤饭的具体做法是：取一只阉鸡，宰杀去毛，肚里塞些沙姜、蒜头和盐，用开水滚烫之，做成白斩鸡，遂用鸡汤煮饭，煮出来的饭香味扑鼻。旧时即有挑担子随街叫卖鸡饭的人，人们蹲坐路边吃一碗鸡饭，不用菜送，吃得节俭。同法炮制雷州鸭（汤）饭、狗肉汤饭。

近年冬季，半岛流行徐闻羊粥，在雷州半岛首屈一指。把一些羊肉炖的稀烂成了羊肉汤，用羊汤煮粥，另外夹几块嫩羊肉，蘸上徐闻的小辣椒，冬令时节，驱赶寒意，真是美味佳肴。

徐闻羊粥店品尝羊粥

二 菜肴

（一）海鲜

雷州半岛被誉为"南海鱼仓"，良好的生态环境，盛产天然优质的海鲜食材，目前拥有一批"中华餐饮名店"、"中国名菜"、"中国名点"、"中

---

① （宋）陆游：《剑南诗稿》卷三十八，卷一，据文渊阁四库全书电子版引。

国烹饪大师"等称号。2010 年 5 月，湛江捧回了全国首个"中国海鲜美食之都"。

有一首雷歌唱道："蛤都是蛤看人炒，鱼都是鱼看人煎；歌都是歌看人唱，琴都是琴看人弹。"煎鱼，炒蛤，是大家几乎每天的必须吃的食物，雷州人喜欢把海鲜白灼、清蒸、清炒、做汤，如爆脆海蜇皮，口感嫩滑脆爽，味道甘洌香郁，炙热而食尤美。海蜇皮含有较高的糖、蛋白质以及人体生长发育不可缺少的钙、碘、维生素等，具有清热、降压、润肠的作用，对胸痛、胀闷、便秘有显著疗效。海蜇皮蘸蟛蜞酱，别具风味。还有海蜇皮炒韭菜，凉拌海蜇皮等菜肴，雷州人还把海蜇做成即食食品。

海蜇，是海洋生长的一种食用水母，是地球上最古老的生物之一，至今已有 5 亿多年。海蜇入馔，历代都有记载。晋人称水母，"水母生儿无目"，[①]《广志》曰："水母如羊胃，在海中常浮，闻人声沉水底，可生切食。"《岭表录异》曰："广州谓之水母，闽人谓之蛇。其形乃浑然一物，有淡紫色，大者如覆帽，小者如盌。腹下有物如悬絮，俗谓之足，而无口眼。常有数十虾寄腹下咂食其涎，浮沉于水，捕者或遇之即，欻然而没，乃是虾有所见耳。南中好食之。"[②] 虾出没的地方经常会发现海蜇，大的如草帽般，再小也有碗般大小，常被冲到海岸边。雷州半岛海边盛产海蜇，价格便宜。

蟛蜞主要繁殖于雷州半岛沿海滩涂或毗接的水稻潮田中。它形如小蟹，拇指大小，当地亦称"黄钳"。其种类较多，常根据其双螯颜色分为"红螯"、"白螯"两类。制蟛蜞汁以活动于潮田中的"白螯"汁味最佳，具有消食化积的功效。人们把捕到的蟛蜞盐腌一两天后，放进刻制有交叉纹齿

海蜇头蘸蟛蜞汁

---

① （宋）李石：《续博物志》卷二，据文渊阁四库全书电子版引。
② （宋）李昉等：《太平御览》卷九百四十三，据文渊阁四库全书电子版引。

的陶盆内擂研成浆，滤去壳渣后即成蟛蜞汁。将蟛蜞汁装进瓦瓮内，用灰泥浆密封瓮口，贮放于阴凉干燥地方，过了一段时间后，瓮内蟛蜞汁发酵成熟，开封取食，浓香扑鼻，可令人食欲大增。蟛蜞汁价廉物美，清香可口，是当地人极喜爱的佐餐酱品小食和调味品，也是馈赠远方亲友极富地方风味的珍稀礼品。

杂鱼汤：雷州人喜欢把多种小鱼混合煲汤，不放任何配料也不觉腥臭。最近十多年，外来人口增多，杂鱼汤里加放姜、葱、芫荽等，这是南北饮食交流的结果，饮食变化非常快，与时俱进。

海鱼

杂鱼汤

雷州无鸡不欢，无鱼不宴，当地人爱吃咸鱼。过去用盐腌制咸鱼，埋在地下，想吃就挖出来，加点肥猪肉，当地俗语"咸鱼蒸猪肉——不用盐不用油"，是夏天喝粥最好的配菜，穷人过节才能吃得上，在产鱼产盐的雷州，这是最因地制宜的时菜之一。从一种储存食物的方式变成一种美食。吴川歌谣在玩"打手掌割下巴"游戏时唱道："打手掌，买咸鱼，咸鱼香，买生姜，生姜辣，买甲习（蟑螂），甲习骚，买酒糟，酒糟甜，买禾镰，禾镰劣，割下跌（下巴），禾镰利，割只鼻"。一首童谣点唱到多种美食，那是童年的梦想啊！雷州半岛俗语"吃离不开咸鱼，穿离不开胶半（葛布）"。雷州半岛的海鲜美食让人感觉到一种渐行渐远的生活——乡土美食。

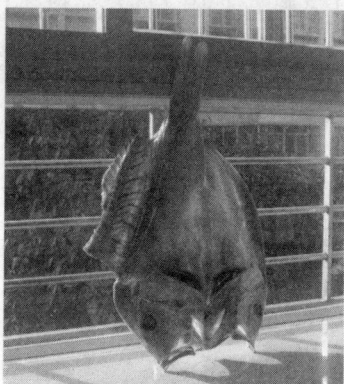

从市场购回的咸鱼（红鱼）

咸鱼煲

雷州民谣"六月蚝，肥过鹅"，烧蚝是最近流行的海鲜小吃，放些蒜茸、辣椒，味道鲜美。

湛江烧蚝（2010 年 12 月摄于湛江美食节）

沙螺：雷州半岛鉴江与南海汇合处的黄坡、吴阳一带盛产，以吴川沙螺最为著名，由于其嫩滑透白的肉体似舌头，故亦称西施舌，名传千里。林召棠曾作沙螺诗："入齿脆无声，坐令吾舌柔"。其味之佳美可见一斑。在"西施舌"一诗中更将沙螺比西子："黄坡通海门，两沙互带钩。就中西施舌，江瑶难为伴。雪色一寸余，脱甲琼浆流。宛如新脱口，老饕争回眸"。

当地还传说武状元易中带沙螺干上京赶考，邂逅皇叔，他用沙螺干熬粥，治好了皇叔哮喘病，考试中又得皇叔助其闯关。清嘉庆举人吴河光题

"吴川竹枝词"云："硇州马甲似荔枝，三月河豚上水时。更有沙螺清且旨，笑他坡老未曾知"。[①] 诗中调侃"坡老"苏轼是美食家，应吃遍人间各种美食，但沙螺这海鲜美味，对他可能是空白。

炒沙螺　　　　　　　　沙螺干　　　　　　　　香螺

醉蟹：徐闻谚语"篓里蟹相咬"，说明雷州半岛螃蟹较多。大戏曲家汤显祖因上书论辅政，被神宗皇帝贬为广东徐闻县典史。南来徐闻时作了"海上杂咏二十首"，其中咏膏蟹的有："月晦来书蟹，脂膏脱满筐，绀花浮凝点，犀著走流香"。[②] 雷州风土之韵，膏蟹之美，令人难忘。别了徐闻之后，回到家乡是难以再品尝到这些海鲜珍馐了。

雷州半岛东侧的吴川芷寮红蟹尤为著名。邑中百姓把产于附近海域的红蟹捉回，洗净，用酒糟存入坛内密封，浸至逾月取出，即可食用，饶有风味，谓之"芷寮醉蟹"。"邑人以糟藏蟹，逾月食之，谓之醉蟹。"岭南状元林召棠为此作了《醉蟹诗》一首怀念家乡："执杯持蟹螯，足了一生事。况此酒兴蟹，酝酿使之醉"。酒之香醇，蟹之鲜美，食之别有风味。以酒浸活蟹一宿，蟹将腹中粪便排出，再将其他佐料制成菜肴配伍，这就是醉蟹。蟹浸于酒中，饱饮酒浆，已经昏昏迷迷，人吃醉蟹，反而神清气爽。邑中孝廉吴河光竹枝词云："恰好墟期逢廿四，芷寮红蟹胜南三"。道

① （清）毛昌善、陈兰彬等：《中国方志丛书·华南地方66·吴川县志》，成文出版社1967年版，第79页。

② （明）汤显祖著，徐朔方笺校：《汤显祖诗文集》，上海古籍出版社1982年版，第431、445页。

出醉蟹之风味闻名乡邻。"蟹以咸淡水产者佳，芷寮为最，南三次之。"①
被光绪皇帝御笔赐赠"状元才、举人身"的清朝举人陈乔森，擅长画蟹，
也酷爱吃蟹，并嗜酒如命，有题蟹诗一首："白酒黄花节，清秋明月天。
无钱买紫蟹，画出亦垂涎"。可想而知，当地秋季紫蟹上市，画蟹竟令他
馋涎欲滴，紫蟹之美味不言而喻。

沙虫：唐代宰相李德裕由
潮州再贬崖州时，途经雷州半
岛，在徐闻过渡往海南，将当
地的沙虫搬进了他的诗作。诗
云："岭水争分路转迷，桄榔椰
叶暗蛮溪。愁冲毒雾逢蛇草，
畏落沙虫避燕泥。"②

海蚌：汤显祖当年在徐闻
时，当地人捧出海蚌汤款待他，
他北归之后，难以忘怀这感人

蒜茸蒸沙虫——雷州特色海鲜

的一幕，故有诗云："真妃南斗向南图，游子登堂泪欲枯。海蚌一瓯知味
美，可怜无复报恩珠"。③

（二）白切鸡

两广都有吃白切鸡的习惯，雷州人尤其喜爱白切鸡，它是雷州人节日
加菜、宴客的第一菜。俗话说"无鸡不成宴"。本地人做白切鸡一重选鸡，
二重煮鸡，三重配味。所选鸡均为本地细骨农家鸡，煮鸡要求慢火煮浸，
熟至八九成即可，配料用沙姜、蒜茸。本地之白切鸡肉嫩骨香，十分可
口。沙姜白切鸡是湛江一绝。湛江沙姜很特别，"种姜宜白沙地，少与粪

---

① （清）毛昌善、陈兰彬等：《中国方志丛书·华南地方 66·吴川县志》，成文出版社 1967
年版，第 79 页。
② 《御定全唐诗录》卷七十一"谪仙岭道中"，据文渊阁四库全书电子版引。
③ （明）汤显祖著，徐朔方笺校：《汤显祖诗文集》，上海古籍出版社 1982 年版，第 431、
445 页。

和，熟耕如麻地，纵横七遍尤善"。[①] 湛江沙地多，明清至现在精耕细作，出产的沙姜个大味香，连两广爱吃白切鸡的人都慕名到湛江品尝沙姜鸡，更不用说外地游客对沙姜鸡的记忆了。

除此之外，鸡的吃法还有盐焗鸡、豉油鸡、隔水蒸鸡、炸子鸡、烤鸡等。

白切鸡配沙姜

酱油鸡

（三）喜食素、野、粗、杂

雷州人喜食素、野、粗、杂。专家认为，雷州半岛处热带北缘，背陆面海，属热带季风气候区，冬无严寒，夏无酷暑，年均日照充分，土壤主要是由玄武岩风化而成的黏性砖红壤，表面覆盖火山灰，土层深厚，肥力较强。雷州半岛适宜的气候条件、丰富的水热资源和肥沃的土壤，使各类野菜植物终年生长，四季可食。经初步采集和调查统计，湛江的野生蔬菜植物共计有97科210种。各种长在田边地头的野菜如野苋菜、白花菜、蕃薯叶、豆角叶、苦荬菜、地胆头、地稔、桃金娘、鹅肠菜、鸡屎藤等，经常是餐桌上的首选，上汤野菜或野菜煲汤是雷州人常用的食用方法。从野菜的品种来看，选材可谓杂粗。从营养学角度来讲，吃野菜对人有一定好处，这是因为野菜不施化肥，不用农药，是天然的绿色食品。野菜不仅含有人体所必需的碳水化合物、维生素、矿物质等营养成分，而且植物纤维更为丰富。野菜不仅能

---

① （宋）曾慥编纂，王汝涛等校注：《类说校注·齐民要术》（卷四十四）下册，福建人民出版社1996年版，第1352页。

够丰富餐桌，也是防病治病的良药，如苦荬菜、马齿苋、葛根等能清热解毒，凉血止血，对心血管还有保护作用。蕃薯叶还可用于防治便秘和干眼病。[①]"鸡屎藤煲老鸭"是一道健脾开胃滋阴的广东名菜。

上汤野菜

雷州街边摆卖的红薯、芋头、玉米、菠萝、板栗等杂粮水果

红薯、玉米等也夹杂在饭食中。雷州人喜欢杂粮、细粮搭配，过去是为解决粮食不足，现在主要是应对炎热、湿浊的气候。

徐闻"菠萝的海"

---

① 汪云：《湛江地区野生蔬菜资源的开发与利用》，《广东农业科学》2006 年第 8 期。

雷州半岛还盛产水果，甘蔗、香蕉、菠萝、龙眼、荔枝等历来是当地主要产物。当代半岛人每日离不开水果。

三 饮料

"饮，咽水也。茶、酒、汤、羹、浆、酪之属，皆饮料也。"[①] 过去，饮料的范围比今天的大。现在，流质入口无杂质皆为饮料，如酒、茶、奶、汽水、橘子水、可乐等。雷州半岛最有特色的饮料就是凉茶。

广东凉茶铺

"茶馆之外，粤人有于杂物肆中兼售茶者，不设座，过客立而饮之。最多者为王老吉凉茶，次之曰正气茅根水，曰罗浮山云雾茶，曰八宝清润凉茶。又有所谓菊花八宝清润凉茶者，则中有杭菊花、大生地、土桑白、广陈皮、黑元参、干葛粉、小京柿、桂元肉八味，大半为药材也。"[②] 从清代到当代，广东凉茶铺卖的品种和经营方式无大改变，多是王老吉、茅根水、菊花八宝清润凉茶、大生地、土桑白等，"不设座，过客立而饮之"。最近，凉茶铺添了些茶点和座位，这是受中原及西方茶馆的影响。

日常生活中，老百姓感冒一般抓感冒茶，喝一二剂即好；平日里特别是夏季，隔三差五人们总要自家煲绿豆汤或凉茶来解暑。日积月累的生活传承让他们对草药很是信服，他们总结了一套应对恶劣气候的有效办法。

---

① 徐珂编：《清稗类钞》第四十七册饮食（上），商务印书馆印行 1928 年版，第 1、110、153、154 页。

② 同上。

四　抽烟习俗

在绝大多数中国人的印象中，烟民抽的是香烟或旱烟。在雷州半岛，无论春夏秋冬，在繁华闹市抑或田间地头，常常看到人们抱着水烟筒抽个不停，这成为当地数百年来的独特风景，令初来乍到的外乡人感到不可思议并啧啧称奇。

"大碌竹"是水烟筒的俗名，用上等老竹做成，长三十至一百厘米不等，竹筒中部插一小铜管或小竹管。吸烟时，灌上清水，将烟丝装进烟嘴点燃，然后吸烟者用嘴从水烟筒的一端吸取，吸起来"咕咚咕咚"响，既有香味，又有韵味。当地人认为，烟经过竹筒里的水，得到过滤，减少烟中的尼古丁含量，不燥热，不会使人因吸烟过多而喉咙痛、肝火盛，同时，水能使烟变得更加香醇。笔者认为，雷州半岛因为海边风大，水烟筒具有方便携带，吸烟火不易灭的特点。

水烟筒也有贵贱之分、优劣之别，用一般竹子做成的"大碌竹"是普通的水烟筒，用上等百年老竹做成的才是好货。

抽水烟筒用的烟丝一般多为土产红烟，其制作工序复杂且严格。割烟时要选择阳光猛烈的日子，割下后曝晒一天，然后悬挂在屋檐下慢慢风干变黄，接着去掉烟骨，将松散烟叶压缩，加上少许花生油，用刨子慢慢刨成烟丝。

雷州半岛有这样一种风俗，在一些人家的门口或墙角都靠有一支水烟筒，平常自己用，亲戚朋友来了，就一起分享，显得感情深厚。十多年前，在乡村城镇的小杂货店或小饭店门口，往往都备有水烟筒招徕顾客。客人来了先吸几口"大碌竹"，然后再吃饭或办正事；一人吸完后，另一人最多只用手抹一下烟筒口便又吸了起来，因而当地便有了这样的俚语，将感情太滥的人称为"铺仔烟筒"，是随便与人亲热的意思。当地还曾流传着这样一句民谣："女人七岁会纺纱，男人三岁抽碌竹"。民谣虽有些夸张，但是却从一个侧面反映"抽碌竹"的普遍性。

水烟筒的由来，目前没有查到准确的史料，不敢妄加揣测。但《清稗类钞》有关于水烟筒的详细记载："水烟有皮丝、净丝、青条之别。皮丝产福建，净丝产广东，青条产陕西。吸烟之具，截铜为壶，长其嘴，虚其腹，凿孔如井，插小管中，使之隔烟，若古钱样。中盛以水，燃火而吸之。吸时水作声，汩汩然，以杀火气。吸者以上中社会之人为多，非若旱烟之人人皆吸也。光绪中叶，都会商埠盛行雪茄烟与卷烟，遂鲜有吸水烟者矣。"[1] 据当地人称，水烟筒应有三百年以上的历史，半岛现在还有人制作和吮吸。清代吸烟"第一数闽产，浦城最著"。[2] 从时间上看，水烟筒与闽人大量迁入雷州半岛的时间相符，可以推测是闽人把吸水烟的习俗带到了雷州半岛。随着时代变迁和社会进步以及抽烟有害健康知识的普及，当地人抽水烟筒的已渐渐减少。

湛江水烟筒   抽"大碌竹"的人

第二节　风味小吃

雷州风味小吃离不开稻米制品。雷州是稻米的产地，又是甘蔗、花生、芝麻、绿豆等作物的盛产地，制作美食的原料，可以说是应有尽有。

---

① 徐珂编：《清稗类钞》第四十七册饮食（上），商务印书馆印行 1928 年版，第 1、110、153、154 页。

② 同上。

雷州妇女善于以各色米面造诸样果品，且极为精巧，她们常用黏性香米、糯米来制作糍粑、粽子等，称为雷州传统"果品"。

一 粿饼

（一）"白粔"

粔，字典上查不到这个字，读近似"乙"音，意近"粔"，翻译成汉语大概即米团或糍粑的意思。"白粔"的表皮以荔枝糯或六月糯仔为料，经久不硬，又软又滑。馅料有甜咸两种，甜馅用椰丝、冬瓜糖、红枣、白糖、花生米、芝麻等研碎制作，咸馅用猪肉咸菜捣碎，包好后猛火蒸熟。旧雷城嘉岭街的"章公""白粔"最为著名，俗语有进雷州城"一拜三元寺，二吃雷州白粔"的说法。可见雷州"白粔"久负盛名。雷州市（旧海康）有民歌唱道："嘉岭白粑最好吃，英利烧肉出名声；乌石甜酒甜第一，沈塘杨桃担上城。"①

白粔

（二）艾粔

将新鲜的艾叶采摘回来后，捣碎出汁再和着糯米、黏米制成颜色墨绿、淡绿的艾粔，有散寒止痛，降湿杀虫的功效。现在，雷州半岛一年四季都可以买到，但是春天艾草长势正好，故清明前后制作较多。冬去春来，人体积蓄寒湿之气较重，吃艾粔祛湿且能驱虫，避五毒。

艾粔

---

① 《海康县民间文学三集成》，第 75 页。现藏于雷州市图书馆。

(三）叶搭粑

叶搭粑（木叶夹）

用叶夹粑，讲究用叶，一为木菠萝叶，一为大叶榕叶，还有柊叶。剪掉叶梗和叶尖，使之如圆形，以求雅观。皮以糯米为原料，馅有椰丝、花生、芝麻、碎肉、咸菜、咸萝卜等，有甜咸两种味道。蒸约一小时即可。吃东西讲究用叶子包，既方便携带又解决碗筷不足的问题，这保留了古代南方少数民族的饮食习俗。叶搭粑原为雷州半岛民间过年时制作的食品，如今在当地的市面一年四季都有摆卖。叶搭粑黏软、郁香、味美，适宜较长时间存留，是一种大众化的四时佳食。

（四）麻通（油炸粿）

麻通（油炸粿）

麻通，用糯米粉、白糖水搓捏成，形似香蕉或圆形，放进热油锅中，炸至鼓胀成拳头大小，起锅的麻通色泽金黄，入口酥脆，咀嚼无渣，香甜可口，是传统的名牌小食，在清朝已有制作。麻通以吴川梅录头陈家制作最精良，属于祖传绝艺。过去制作麻通要精选香黏糯米，用人工捣成粉，再经炊、晒、焗、炸等工序，前后历时十五日才能制成。由于选料难、工序多、制作复杂、利润薄，陈家一度停止制作麻通。现今用机器加工，雷州大街小巷都是麻通，却少了精良制作、慢慢品尝的心境。麻通、煎堆均来源于古时的油炸元宵。

属于粿饼的还有糯米鸡、虾粽、萝卜糕等，都是煎炸而成。雷州民歌唱道："做得好吃与好吞，牛车拖来不够分；上邻下舍分饼角，亲亲姑婆无偷水！"雷歌唱出了当地古风好客，逢年过节请亲朋好友分食饼角的热闹情景。

糯米鸡和虾粄

萝卜糕

二　米粉、薯粉

（一）米粉

雷州半岛随处都可以见到米粉，按食用方式分为炒粉、煮粉和拌粉。拌粉食用前，要先在花生油中将配菜如花生米、芝麻、蒜泥、肉丝、虾米、酸菜、青菜等炒香，拌入米粉中即可。

"烂镬"炒粉：炒粉以吴川梅录"烂镬"炒粉最为有名。"烂镬"炒粉是吴川市梅录街坡尾村的传统小吃，因为专用敲掉镬耳的大铁镬炒作，镬底平坦、炉火均匀、火旺粉香，故得名"烂镬"炒粉，又叫坡尾粉。"烂镬"炒粉在历届的湛江美食节上获得殊荣。关于"烂镬"炒粉，还有一个动人故事呢：相传明清年间，坡尾村有一老汉叫庄诚，家徒四壁并育有四儿，为维持生活，庄老汉炼就一手炒米粉的好手艺，方圆十里，乡民赞不绝口。后来，庄老汉卧病不起，临终前将四个儿子叫到床前，把自己的炒粉手艺传授给他们，并无奈地说："你们已经长大成人，为父没有什么留给你们，只有一口炒粉的大铁镬，你们把它打烂一分为四，一人拿一边，只要勤勤恳恳去做这门小生意，就饿不死。"埋葬了父亲，兄弟四人便各自担着箩筐及一片烂镬一筐米粉，走乡串户，勤劳做买卖，终于使"烂镬"炒粉名噪吴川城乡及雷州半岛。据说，吴川"烂镬"炒粉明清年间已开始制作，它看似简单，却是同类产品中制作最复杂的：制粉必须选用优质的上等白米，浸米时间长短要根据不同季节、气温而决定；要从村里的水井取水打浆才够清香；炊粉的粉浆要薄，要均匀切细成丝；铁锅敲掉两耳，再把镬沿削小，炒粉时炉火要盛，这样镬气才足。

"镬"就是铁锅，《淮南子·说山训》："尝一脔肉，知一镬之味。"[1] 吴川的"烂镬"炒粉的锅是烂的，说明当地生活相当艰难，而人们对美好生活的追求，对美食的渴望却没能被阻挡。穷乡僻壤也有美食，吴川人在困境中追求美好生活的故事告诉我们，雷州半岛住着一群永远对生活饱含激情的人。

吴川梅录镇的"烂镬"炒粉

炒粉

"簸箕炊"

炒"簸箕炊"

"簸箕炊"：将大米洗净，用清水浸泡，捞起，磨成米浆，待蒸锅水开

---

① 杨有礼注说：《淮南子》卷十六，河南大学出版社 2010 年版，第 555 页。

上气后，将米浆分多次灌入用布或蕉叶铺垫的炊筐之中，隔水蒸炊至熟，俗称"筐炊"，又叫"簸箕炊"。最简单的吃法是夏秋季节，用刀切成小片直接吃，或撒上小芝麻或配蒜头、酱油、花生油冷食，或煮糖水吃。冬春季节，将"簸箕炊"切成小方块炒热或加辣椒酱，口感软滑、咸香、爽口。过去，亲友之间年节馈赠，此为必备的礼品之一。现在，这种风味小吃在雷州半岛沿街叫卖，尤以廉江安铺、横山一带的做工精良，味道好，当地人作为早餐、零食首选。

（二）薯粉

先将番薯放进一个盆里鼓捣，然后加水淘洗，就会沉淀一层厚厚的淀粉，再将淀粉做成粉条，拿到阳光下曝晒几天，晒干后就是薯粉。这种薯粉放进坛罐里封起来，可以长时间储存，这是旧时应对稻米不足、番薯储存不便的食用方法。薯粉可以像面条、米粉一样吃，也可以煲糖水。过节的时候，餐桌上往往都有一碟炒薯粉，或甜或咸，咸的上面撒着一层薄薄的葱花，甜的放花生炒，香韧可口。

炒薯粉

三　糯米大粽

糯米是粳米的变种，富含维生素 B，是一种温和的滋补品，能温暖脾胃，补益中气。对脾胃虚寒、食欲不佳、腹胀、腹泻有缓解作用。糯米大粽是以上等糯米为料，香菇、莲子、红枣、冬瓜糖、猪肉等为馅，用粽叶包裹、捆扎、蒸熟的食品。可以凉食，携带方便。粽子是世界上最早的方便食品。宋《青箱杂记》记载："青箬裹盐归峒客，绿荷包饭趁虚人。"①明清史籍亦记越族传入黎、蜑之俗："俗以亥日聚市，黎、蜑、壮稚以荷

---

① （宋）曾慥编纂，王汝涛等校注：《类说校注·青箱杂记》上册，福建人民出版社 1996 年版，第 114 页。

粽子

叶包饭而往,谓之"趁墟。"①
"趁墟"即赶集,说明早于宋时,
岭南人就有携带粽子、荷叶包饭
赶集的习俗。粽子具有耐饿,便
于携带,不易变质等特点。

旧时雷州摊档卖粽,一般是
连锅带粽搬上街头,放在火炉上
面,边加热边卖,香味袭人。顾
客吃饱后,档主又免费赠送一碗
粽水,既可解腻,又可品尝粽叶风味。如今,雷州半岛入夜后,街上传统
卖粽摊档比比皆是,为当地人的夜生活增添情趣。不过,由于人们早已解
决温饱问题,大粽风味虽依然如故,但体形比以前小得多了。

四 年糕

年糕寓意"年年高",生活甜蜜、圆满,是过年必备的节日食品。雷
州人认为年糕越大越厚(高)就越吉利,因此每年春节前,雷州半岛各家

路边吃炒年糕、炒猪油膏(摄于 2011 年)

安铺年糕

---

① (清)和珅等:《大清一统志》卷三百四十八,据文渊阁四库全书电子版引。

各户就开始忙着制作年糕，一般是用特制的巨型饼筐盛装，既大又重（五十斤以上），有如一个巨大的汽车轮。现在在街上经常可以买到年糕，不用等逢年过节。但是个头小了许多。

五　甜糟

甜糟就是甜酒，用上等纯洁糯米酿制，酿糟的器具要求清洁，饼粉要求纯正，酿好后可生吃，也可煮熟吃。糯米甜糟，味道醇甜且营养价值高，若加适量的红糖和鸡蛋煮熟吃，壮气活血，其味更香甜，更具有健身之益，故雷州人视为冬令补品，当地妇女坐月子必不可少。雷州最有名的是乌石港的甜糟。

六　其他

秋末冬初，雷州大地处处蒜香飘飘，农户将蒜头、蒜尾分类清洗腌制，其中湛江吴川黄坡用本地出产的优质白蒜腌制的糖醋蒜头最为有名，是农家自制腌制品，是农家土特产之一。

蒜头性味辛温，入脾、胃、肺，其功用行滞气，暖脾胃，消积解毒、杀虫，有"土里长出的青霉素"的美称。大蒜的味道浓烈辛辣，而腌制的糖醋蒜头甜酸可口，可以帮助吃多了鸡鸭鱼肉的人去油解腻。其腌制方法是：先去掉须根，剥去老皮，然后洗净沥干，放置大缸内，倒入浓醋、盐，浸三四天，最后捞起，另置缸内放淡醋、红糖、白糖，浸十至二十天。根据蒜头的大小、天气的变化估计蒜头的成熟程度。成品呈灰绿色，有光泽，蒜辣醋香扑鼻，酸甜脆嫩，开胃去滞，最为美味。蒜头炒墨鱼是本地名菜，蒜头把墨鱼的鲜美带出，味香不腻。一只蒜头一碗粥，清淡的吃法，成了不少雷州半岛人的至爱。腌制好的黄坡蒜头是雷州半岛探亲访友的馈赠佳品，它还远销广州、深圳的市场及宾馆、酒楼，成为饭前开胃小菜。

现在，芋头早已不作为饭食的补充，而变为小吃，糖炒扒丝芋头，是湛江一特色小吃。

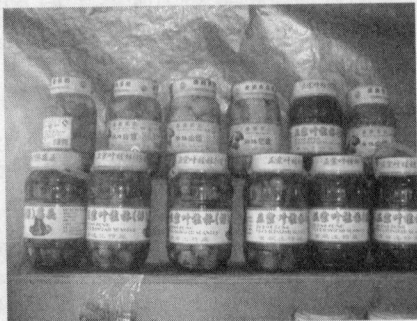

酸蒜头

拔丝芋头

第三节　年例饮食

　　雷州年例诞生于明清时期，是随着闽人一起进入雷州半岛的，在他们一族或一姓人定居的日子，从正月初一至十五，每村定一个日子，全村祝贺。如湛江开发区平乐村年例的时间是每年农历正月初十，吴川梅录镇年例是正月十五。

　　追溯"年例"的历史，它实际上是把元宵节、庙会、社祭、祖先迁移落脚纪念日等综合起来的节日，具有浓重的地方色彩。年例是全村人共同的日子，这一天，出门在外的人都得赶回来，村里人一起热闹，亲戚朋友都来庆贺。同操一种语言，乡音乡情交融，气氛热烈，着实让常年在外、难得相见的家乡人别有一番享受。有人把年例解释成年年有例，年例已成了雷州人每年必过的节目，如同过年一般，甚至有"年例大过年"的说法。年例这一天，家家户户张灯结彩，大摆筵席招待亲朋好友——来人越多，说明你的家族越大，你的人缘越好。邻近村庄百姓都来看热闹助兴，甚至素不相识的人登门也是客，主人会热情款待，招呼茶饭。村里没有谁不想做年例的，有钱的就做热闹些，没钱的就拜拜神，杀个小鸡自家人吃。也有人试过不做年例的，不交份子钱，全村的人家都有亲戚来，就是他家没有，他家也不能到庙里拜神。游神时神到村庄后，村长也不让他接神，驱邪灵符他也没份拿，这是很丢脸的事情，这家人自己也会觉得脸上无光。现在的年例则更加注重门面功夫，许多人利用年例大讲排场，以显示自己的财势、地位，造成铺张浪费、互相攀比的不良风气。

湛江开发区平乐村年例

准备祭祀物品

　　年例的重要环节是游神，当游神游到谁家门口，这家要祭祀，同时鞭炮齐鸣。祭祀用"三牲"，"三牲"即是三种牲口，古时为猪、牛、羊，现在用鸡（大阉鸡，去毛去内脏，整只泡熟成金黄色，鸡头向上微翘）、猪、鱼代替。潮汕地区用鸡、鸭、鹅。雷州用整只白切鸡、整只烧猪加羊肉，取完完整整之意。湛江拜神不用鱼，用一段猪场代替。鸡唱主角，煮熟摆在正中，拜神定少不了。用熟肉拜神而非生肉。三茶五酒供三仙五神。此外还伴有糖果，还有发菜（寓意发财）、红枣（寓意早生贵子）、香菇（意为发菇）。摆好这些东西，人们点香祭祀方可祭拜。这是供给地下的食案：希望生时见到神仙，死后升仙。祭祀完之后，及时准备全家的宴会，这往往是一大家子齐动手，享受温馨和谐热闹的家庭氛围。《茂名县志》记载："自十二月至于是月（农历二月），乡人傩，沿门逐鬼，唱土歌，谓之年例。"① 古时年例的时间长至数月，现如今时间缩短为 1—3 天。

　　① （清）郑业崇等修，杨颐纂：《中国方志丛书·第六十五号·广东省茂名县志》，成文出版社 1967 年版，第 43、346 页引《皇明典故记闻》。

整只烧猪

整鸡及发菜、红枣、香菇

　　早在周代就有烤乳猪，当时名曰"炮豚"，到了南北朝有了显着改进，一是用整只乳猪烧烤的方法，二是在乳猪表面增加了涂抹酒、油的工艺，因而皮肉都好吃。《齐民要术》卷九有详细记载，叫"炙豚"，[①] 是南北朝黄河流域的名菜。今天的烤乳猪，就是在此基础上发展的，表面涂抹奶酥，成品更酥嫩。两广清明、祭祖喜用全乳猪。

三茶五酒供八仙

做年例的人们

　　祭祀是一餐饭，祭品是一些食物，这餐饭由提供食物的信徒与接受食品的神共同分享，这些食物一部分留给神，另一部分由祭祀人自己食用，祭礼宴的目的就是使信徒与神之间形成同一种血肉关系，从而在他们之间

---

① （后魏）贾思勰：《齐民要术》卷九，据文渊阁四库全书电子版引。

建立亲属关系。祭祀是一种食用圣餐的活动，中国的祭祀——祭祖，即保佑感谢之意。人们通过祭祀前的一系列预备性活动，如祈祷、跪拜、准备食物等，将作为祭品的动物变成一种圣物，这种圣物的圣性又传播给食用它的信徒。吃掉圣物，他们就神物本原相通了，他们吸收了这种圣原。[①]祭祖，即与祖先共圣性。用于祭祖的牺牲品一般是一种"无玷污"的"洁净"品，常常以"全牲"、雄性的或者未受伤的和没有得病的活口动物面貌出现，这样，人们在仪式中接受它自然也是神圣而崇高的。

湛江市麻章区湖光镇旧县村年例傩舞：驱疫　　　　准备祭祀物品

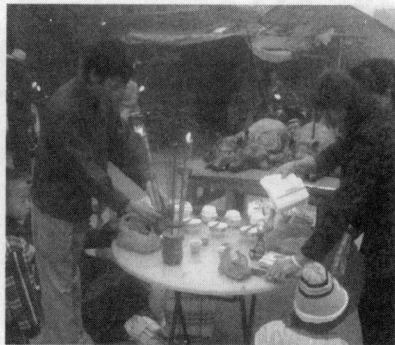

　　雷州半岛的年例正朝着"夸富宴"形式发展，年例村民敬神之风非常兴盛，村民的生活、声望都与年例等庙祝活动密切相关。吴川年例稍有不同，年例与飘色活动结合在一起。活动中更多是庆祝活动，分享欢宴。

　　飘色一词在辞海中没有，是广东白话的称谓。关于吴川游神赛会的记载，早在清代史籍就有。"芷蓼为海口市船所集，每岁正月后，福潮商艘咸泊于此。近则货船聚于水东、赤坎，而芷蓼寂然矣。黄坡生意颇盛，而赛神会集渐趋奢侈，一日游观费数百金……"[②] 那时的游神赛会就很热闹，花费颇多。尤以吴川梅菉头飘色队、梅岭飘色队以及隔塘飘色队的飘色为

---

　　① ［法］E. 杜尔干：《宗教生活的初级形式》，林宗锦、彭守义译，中央民族大学出版社1999年版，第136页。

　　② （清）毛昌善、陈兰彬等：《中国方志丛书·华南地方66·吴川县志》，成文出版社1967年版，第52页。

最美，最复杂。从历史源头说，飘色也是农民祈求神灵镇邪去病保平安，企盼丰年的原始祭神求福活动。飘色活动结束后，全村举行盛大宴会，庆祝过去的一年平安健康，预祝来年风调雨顺。

2012 年吴川飘色：梅菉头飘色队

第四节　敬狗与食狗

　　冬天，雷州半岛大街小巷有许多狗肉摊档，人们把整条狗宰杀后煮熟，放在砧板上斩碎来吃，这就是在广东名声很响的雷州白切狗。冬天，吃狗肉可以御寒，是穷人的大补。甚至有人说为"将钱买狗吃，好过买被盖。"冬季每到傍晚，雷州半岛大街小巷竖起狗肉店摊档，20 世纪 30、40 年代，湛江市赤坎高州街就有一家"老友记"小店，专营雷州狗肉生意，因为经营得法，名噪一时。吃白斩狗很讲究，挑选嫩狗，去净毛及内脏，成条放大锅中煮熟捞起，根据需要斩食。食白切狗定以蒜茸、辣椒酱和当地特有的调味品如雷州炒酱、广和腐乳等作配味，再加上两土炮米酒或者荔枝酒、稔酒、桂酒，三五成群围蹲于小圆桌旁，慢斟细酌，谈天说地。

白切狗有"雷州第一菜"之说，做法跟白切鸡相似，出锅原汁原味，吃时重调料。"吃饭、喝酒，没有白切狗不过瘾"。徐闻的陶罐焖狗与白切狗做法不同，先是把狗烤得似焦非焦，大块切剁，放入大锅里煮，烫去臊味后，捞起细切，然后，香油起锅，姜、酒、蒜茸爆炒，把狗肉放入，翻炒至半熟，再倒入陶煲，文火慢炖几小时，香味从中溢出即可。

白切狗据说是南宋初年在雷州城兴起的一种传统食俗，在《晋书》中，我们找到"卖狗嫁女"的故事："隐之将嫁女……使者至，方见婢牵犬卖之"。[1] 吴隐之是濮阳鄄城人，少时以"美姿容、善谈论、博涉文史，以儒雅"闻名。隆安中，因岭南官吏贪污成风，孝武帝以隐之为龙骧将军、广州刺史，革除贪污弊制。吴隐之在广州期间，"清操踰厉"。当他要嫁女，他的朋友知道他家没有什么资产，就派使者来帮忙，使者来到，正赶上吴隐之家中婢女牵狗去卖，后来就用卖狗的钱把女儿嫁了。这至少证明当地有卖狗买狗的风俗，而且价钱不低。

雷州吃狗的习俗从另一则记载得到证明，明代《茂名县志》记载，猺人攻城战乱时期，当地有吃狗习俗。"刘海者，石首人，知高州府事。时值广西猺贼入境，民携家避贼，海皆闭门不纳。城外积尸数里，犬食者皆肥腯，海乃烹犬食之。时有'城里人食狗，城外狗食人'之谣。"[2]

我国吃狗肉的历史相当长，据考古学家推断，人类最早驯养的就是狗、牛、羊，狗肉是古时的重要食品，《史记·樊哙传》载："樊哙者，沛人也，以屠狗为事。"[3] 樊哙是建国功臣之一，又是汉高祖的姻亲，他原先的职业是"屠狗"，可见当时市井里有屠狗和卖狗肉的行当，想见秦汉时吃狗肉的风气相当普遍，就像吃羊肉、猪肉一样平常。狗肉还是祭祀食品，《礼记·月令》："孟秋之月……天子……食麻与犬……仲秋之月……天子……以犬尝麻，先荐寝庙。季秋之月……天子乃以犬尝稻，先荐寝

①　（唐）房玄龄等：《晋书》卷九〇吴隐之传，吉林人民出版社 1995 年版，第 1412—1415 页。

②　（清）郑业崇等修，杨颐纂：《中国方志丛书·第六十五号·广东省茂名县志》，成文出版社 1967 年版，第 43、346 页引《皇明典故记闻》。

③　（汉）司马迁：《史记》卷八，中华书局 1959 年版，第 2651 页。

庙"。① 推测狗肉上席至少有二千五百多年的历史。

《国语·越语》载：越王勾践为了鼓励繁殖人口，"生丈夫（男孩），二壶酒，一犬；生女子，二壶酒，一豚"。② 鼓励生男子以扩充军队灭吴，对生男孩的赏二壶酒、一条狗，生女孩的只赏二壶酒和一只小猪，推测当时狗肉比猪肉还要贵重。

"今富者祈名岳、望山川，椎牛击鼓，戏倡舞像。中者南居当路，水上云台，屠羊杀狗，鼓瑟吹笙。贫者鸡豕五芳，卫保散腊，倾盖社场。"③ 西汉时，中等人家吃狗肉，贫者吃鸡肉和猪肉，狗肉的身价仍高于猪肉。魏晋以前，狗的主要产区在北方，关于北方屠狗食肉之风在文献记载中比比皆是。魏晋以后，屠狗食肉之风从中原扩展至长江流域，并由此带动了南方养狗业的发展。④ 后来，人们的饮食习俗起了变化，狗肉制品逐渐退位，最近几十年，由于狗肉的滋补作用，餐桌上狗肉又成时尚。

雷州虽然冬季食狗，但是在雷州半岛，在城门、村口、桥头、家门口，我们又可以随处发现石狗塑像，石狗"数量之多当以万记，仅仅雷州市博物馆就已征集 1000 尊"。据保守估计，雷州半岛境内现存 1.5 万至 2.5 万只古石狗，有人惊呼为"雷州兵马俑"。其中年代较早的是南北朝时期古合州（后改雷州）州治旧址附近"石狗坡"的石狗，距今约 1400 年。有专家考证后认为，这些石狗造型古朴，刻工粗犷，"既是图腾崇拜的载体，也是生殖崇拜的载体"，还有镇宅辟邪的作用。⑤ 这些石狗成型于秦汉以前，定型于唐宋年代。为何雷州先人一边崇拜狗，将它当作图腾，而另一边狗又成了大快朵颐的对象？

石狗图腾产生于远古神话。雷州古为"南蛮"之地，狗为雷州先民的"图腾"崇拜。原始社会的人相信本氏族的祖先源于某种动物、植物或自然物，于是把这种物体作为神来崇拜、祭拜，即"图腾"崇拜。雷州古

---

① 《礼记·月令》，当代世界出版社 2007 年版，第 120—126 页。

② （吴）韦昭注：《国语》卷二十，据文渊阁四库全书电子版引。

③ （汉）桓宽撰，（明）张之象注：《盐铁论》卷七，据文渊阁四库全书电子版引。

④ 张承宗、魏向东：《中国风俗通史·魏晋南北朝卷》，上海文艺出版社 2001 年版，第 36 页。

⑤ 陈志坚：《概述雷州石狗文化的渊源与断代依据》，载《雷州半岛石狗图录·雷州市分册》，广东旅游出版社 2008 年版，第 5—7 页。

"南蛮"即为瑶、僮、侗、僚、黎等少数民族先民，"南蛮，盘瓠之种也。"① 盘瓠即是龙犬，现今，这些少数民族中的瑶族仍信奉"狗"为始祖，"石狗"为其图腾标志。一般情况下，这些图腾的动植物具有神圣性，"它们不能用于普通食用，谁若不顾及这些禁忌，都会遭到最大的危险。不用群体出面干预，人为地制止对禁令的违反，而是大家都相信亵渎圣物必然会招致自己的灭亡。"② 故瑶族不吃狗肉。

秦汉开始，汉族先民不断迁入雷州半岛，唐宋以后，原来在雷州的"瑶"、"僚"、"黎"等或迁移，或与汉族"同化"，于是，"狗"图腾的遗风慢慢减弱，但是狗的灵性、神性还在这一时期有所体现。如首载于《魏书·僚传》：僚人"至于忿怒，父子不相避，唯手有兵刃者先杀之。若杀其父，走避，求得一狗以谢其母。母得狗谢，不复嫌恨。若报怨相攻击，必杀而食之。平常劫掠，卖取猪狗而已。"③ 从杀父可以狗献母而求得谅解及把狗作为重要财富加以劫掠二事，可见僚人贵犬之至。又雷州旧有"夏至狗，无处走"之谚，探此俗形成之因，当系在炎热天气降临之际，吃狗肉这种阳性食物，有如神助壮阳，符合阴阳之说，以毒攻毒，吃的是狗的神性。"母得狗谢，不复嫌恨"亦得力于狗的神性说。"以狗御蛊"说在《史记》有详尽的解释，"初伏，以狗御蛊"。《史记》正义："蛊者，热毒恶气为伤害人，故磔狗以御之。磔，禳也。狗，阳畜也。以狗张磔于郭四门，禳却热毒气也。"④ 夏至到立秋以金代火，地面热毒恶气属火，狗属于金，用狗祭祀城郭四面吸收热毒而不危害人间，后夏至食狗能解蛊毒，用以毒攻毒说。

又如雷州半岛流传着"九（狗）耳呈祥"与"雷祖"诞降的传说，石狗被视为"呈祥灵物"。据清吴盛藻《雷州府志》载："陈文玉，海康人，生而明敏，叱声震庭。世传其家出猎，得巨卵。异之，归置诸庭。忽一

---

① （清）汪森编：《粤西诗载——粤西文载》卷五十七，据文渊阁四库全书电子版引。

② ［法］E. 杜尔干：《宗教生活的初级形式》，林宗锦、彭守义译，中央民族大学出版社1999年版，第136页。

③ （北齐）魏收：《魏书》卷一百一，中华书局1999年版，第1521页。

④ （汉）司马迁：《史记》卷五，中华书局1959年版，第184页。

日，雷震卵柝，得一男子，即文玉也。长涉猎书传，有才智。陈大建时，辟茂才，仕为本州岛刺史。精察吏治，巡访境内生民疾苦，怀集峒落，诸酋相继输款。梁武帝降玺书褒赏之。比卒，乡人立庙以祀。"① 《吴千仞英山雷庙记》（宋祥符二年，1009 年）更详细记载陈文玉被神化为"雷祖"及死后显灵的故事：传说南朝陈太建年间，雷州英灵村一名姓陈的猎户，无子，养有一只九耳异犬，每出猎，卜其犬耳，一耳动则获一兽，获兽多寡与犬耳动之数相应。一天，犬的九耳齐动，陈氏说今天必大有收获。狩猎时，九耳犬围着一丛林荆棘之地汪汪叫，陈氏惊奇，伐木，得一巨卵，带回家后，不久雷鸣电闪，雷霹雳而开卵，得一男子，左右手上各写"雷"、"州"二字。乡人以为是雷种，神之。陈氏将其取名为陈文玉，后陈文玉为雷州刺史，死后被雷州百姓奉祀为雷神或雷祖。② 旧时，在"雷祖古庙"里（即"雷祖诞降处"）挂有一块"九耳呈祥"的横匾，就是以志不忘"雷祖"的降世，得助于狗"先知先觉"的功劳。在雷州话中，"九"与"狗"同音，"九耳呈祥"，也可以理解为"狗耳呈祥"。③ 狗能呈祥，报喜得子，这是狗的灵性、神性得到验证的例子。这一时期狗崇拜达到顶峰，原始生育习俗由传说得到加强。

随着时间的推移，外来的中原和福建等地的移民，带来了道教文化、佛教文化和汉族风水堪舆术，人们根据现实生活中的狗能够"看家护院"的特点，把"石狗"神化为"守护神"。凡是人们觉得有凶象的地方，都安置石狗以镇压。原先石狗只被安置在大门或宗庙寺观前，后逐渐发展至安置在村口、路边、山坡，以守村镇、江河、坟地等，类似中原"石敢当"，用以"镇邪避灾"，这是相似模仿巫术。这一时期，是神秘主义向实用主义过渡期，实用主义让狗的神性再淡化。后图腾崇拜观念越来越淡，万物为我所用的实用主义感念盛行，狗的神性消失，实用主义加强，冬天

---

① （清）吴盛藻修，洪泮洙纂：《雷州府志》（十卷），中国书店 2002 年版，第 283 页。

② （清）刘邦柄等：《中国地方志集成 44·广东府县志辑·（嘉庆）海康县志》，上海书店出版社 2003 年版，第 183 页。

③ 王增权：《雷州石狗及其文化根源》，http://www.chinareviewnews.com 20060927，原任广东省雷州市博物馆馆长。

吃狗肉补身体，符合广东人"吃啥补啥"的朴素食疗补充之说。

祈雨神石狗

丰收之神石狗

石狗王

守门石狗

　　雷州半岛由石狗到食狗，留下了一条由图腾崇拜到实用现象的变迁。由盘瓠生子到狗耳呈祥，由石狗守护到冬季食狗，表明图腾禁忌从来就不是绝对的，似乎在必要的情况下，禁令总是被中止，如在土著人非常饥饿而有没有其他东西可以充饥时，图腾食物也可以逐渐被接受。雷州石狗与食狗，是两种文化的碰撞的结果，北人食狗风俗，由汉唐明清中原人迁入带来；古百越人崇拜狗，所以雷州大地留下大量造型古朴，昂首朝天，神态庄肃期待的石狗。从不吃狗到吃狗肉，表现了民俗世俗化趋势，狗由图腾祭祀到烹饪，雷州狗，吃也文化，不吃也文化，这是雷州民俗文化的一枝奇葩！

解放后，由于物质生产欠发达，雷州地区饮食习惯与前代相比变化不大。新中国成立后，随着陆地通车，海上、空中通航，南北交通变得顺畅，快捷，人们来自五湖四海，这些人在雷州半岛发展的同时，也带来了各自的饮食习惯，互相影响，餐桌上饮食不断交融，更加丰盛，饮食风俗也在悄悄发生变化，如喜食猪肉的人不断减少，喜欢海鲜的人在增多，饮食中米面掺杂的现象比比皆是，大大丰富了地方的饮食文化内涵。当代雷州半岛饮食追求快捷、简便又不失传统，对饮食营养、口味还是很讲究的。如追求方便快捷，受西餐影响，早餐面包加牛奶或者一碟肠粉。口味清淡，不嗜咸辣。食材新鲜，鲜鱼，新鲜蔬菜最受欢迎。同时，饮食也还保持传统，如特定的节日有特定食物，春节吃木叶夹、清明有烧猪等。酸菜、咸鱼的制作有上千年历史，现在变化不大。

第十章 结语

饮食风俗，是百姓生活活的文化，是一个民族的基础文化，最能够体现一个民族的文化精髓。饮食包含一个民族最核心的内容——食色性也。饮食与本地生产方式相适应，与当地地理环境相适应，与人口结构相适应。

不同的思维样式与不同的社会类型相符合，尤其是制度和风俗本身。风俗，已经成为文化进程的界标。当时间流逝，一个民族的境遇发生普遍变革的时候，在已经改变了的社会现实中，通常必然有旧事物的遗存。现在发生的一切是我们研究的主体，同时，我们也想探讨旧习俗在新文化状态下如何保持它的地位。

"单纯地保留古代习俗，只是从旧时代向变化了的新时代过渡的一部分。对于古代来说曾经是严肃的事情，对于近代来说则可能已经变为娱乐。对于祖先来说最重要的宗教信仰，都在后代的儿童故事中得到体现。"① 像以前郑重其事从事的事情可能蜕变为滑稽的残余一样，最早的神化是野蛮部落的艺术，较有文明的后代继承并发展了它。原来的神话后来僵化成为迷信，被误认作历史，形成为诗，或者被作为无用的瞎话而被抛弃。"古代的神话传说，无论它们在直接证明事件方面可靠性是多少，它们却包含着许多对风俗习惯的特别忠实的记述。"② 所以，我们在分析雷州的饮食风俗时，从神话传说、故事得到许多启示。有些习惯最初产生的时候，它们具有实际的作用，或者最低限度具有仪式性的作

---

① ［英］爱德华·泰勒：《原始文化》（重译本），连树声译，广西师范大学出版社 2005 年版，第 12 页。

② 同上书，第 30 页。

用，虽然在现代，即移植到新环境中，它们最初的意义已经丧失，变成无意味的了，或者在一定时期产生的新习惯下变成可笑的或邪恶的，但是它们具有其可以辨认出的产生诱因，注意某时遗忘意义的方法，比阐明愚昧的习惯要好。

一 雷州饮食特点

（一）靠山吃山 靠水吃水

我们在整理雷州饮食资料、梳理雷州饮食风俗发展的历程中发现：雷州饮食以当地出产的食物为主，由最早发现的原始先民以海生类食物为主食，陆生食物处于辅助地位，到历代咏叹海鲜美食诗词的繁多，再到当代致力打造"中国海鲜美食之都"，无不突出滨海海鲜丰富这一特色。

（二）饮食简朴 原汁原味

雷州饮食风俗的特点是俭朴、不事雕琢。讲究食材的原汁原味，突出食物本身的味道，而不是调料的味道。如雷州烹饪方法多为保持食物原汁原味的清蒸、白灼，虽然也有腌制、烤制的食物，但使用最简单的调料——盐，没有更多香料搭配。

（三）古风犹存 生熟杂食

许多人认为雷州人吃得生是受西方饮食文化的影响，其实我们从前几章的分析得出，古代雷州乃化外之地，流放之地，雷州食生更多的是受古代南蛮生食的影响，如雷州鱼生、醉蟹、蟛蜞汁等。由生食到熟食，人们经过了漫长的历史。当代雷州半岛饮食风俗仍然能够看出这一变化的痕迹。

（四）由简至繁 由繁至简

雷州半岛在农业社会时期发展缓慢，在唐宋至明清时期，人们追求饮食精致，"食不厌精，脍不厌细"，[①]特别是士大夫阶层，把饮食作为一种身份、一种追求、一份情趣。在现代工业社会，生活速度快，各民族风俗相互影响，人们选择的内容和方式变得多样化。那些最简单（简便）又能

---

① 杨伯峻译注：《论语译注》，中华书局1980年版，第102页。

体现民族情谊的饮食风俗传承下来。简便来源于人类趋简避繁、避重就轻的天性。饮食也经过一条简单—复杂—简单的发展轨迹。

二　雷州饮食成因

（一）地理环境

过去，雷州半岛地理条件非常恶劣，飓风、咸潮、湿气、地震、干旱等自然灾害频繁，土地贫瘠。古代半岛荒草凄凄，人烟稀少，不积谷物，无大富大贵之家，亦无受饿冻死之人，因为一年到头吃不饱，哪有谷米积蓄？因为气候热湿，一年四季自然出产物不少，所以野菜、红薯也能充饥。随着外来移民不断涌入，雷州半岛成为历史上海洋渔猎民俗文化、土著民俗文化、楚越文化、闽南移民文化和中原文化的交汇地，由于特殊的地缘、气候等自然条件，雷州半岛逐渐形成独特的农业生产习俗，进而影响饮食风俗及文化。

（二）生产力发展

在生产力发展水平较为低下的历史条件下，地理环境往往对饮食风俗的形成起着主导作用，移民即使带来了本民族的饮食习惯，也要根据气候环境适当改变。这就形成了雷州半岛的饮食特点：以粤菜为主色板（底色），加上中原文化客家菜、湘菜的影响，形成多元饮食风俗的特点。

（三）民族变迁

饮食风俗由民族特点决定。雷州半岛最初是百越民族，他们以海滨渔猎为主，以采集为辅。今雷州半岛的粤人已经不是"南蛮"，经过秦汉的戍民，唐宋的移民、贬臣，明清的闽民大规模迁徙，今粤人以种植为主，渔猎为辅。粤人是"中国之人"，"今粤人大抵皆中国种"，"夫以中国之人实方外，变其蛮俗，此始皇之大功也……盖越至始皇而一变。至汉武而再变。中国之人，得蒙富教于兹土，以至今日。"[1] 这种丰富多元的种族人群与历代更迭的礼俗风情，正集中地反映在饮食文化之中。

---

① （清）屈大均：《广东新语》上册卷七，中华书局 1985 年版，第 232 页。

（四）文化交流

传承是饮食风俗延续的基础。考查雷州半岛历史，我们发现，当地饮食风俗既保留远古南越习俗，又有中原文化痕迹，特别是我们将雷州半岛饮食风俗置于社会文化环境中探寻，发现雷州饮食禁忌的世俗化趋势日益显著，而个别带有原始思维和巫术色彩的饮食禁忌，正逐渐失去固有内涵，有的转化为一种信仰和观念将长期流传，有的已经淡出人们的生活而逐渐被遗忘。饮食风俗文化是一种民间文化交流的结果，深层饮食风俗文化则是将个体融入民族总体，构建民族性的生命意识。

主要参考文献

1. 湛江市志总编室编：《湛江两千年》，广东高等教育出版社1993年版。

2. 胡守为：《岭南古史》，广东人民出版社1999年版。

3. 王明德、王子辉：《中国古代饮食》，陕西人民出版社2002年版。

4. 李慕南、张林、李丽丽：《饮食文化》，河南大学出版社2005年版。

5. 徐文苑：《中国饮食文化概论》，清华大学出版社、北京交通大学出版社2005年版。

6. 胡绍华：《中国南方民族历史文化探索》，民族出版社2005年版。

7. （明）欧阳保：《（万历）雷州府志》，书目文献出版社1990年版。

8. （清）雷学海修，陈昌齐等纂：《雷州府志》，上海书店出版社2003年版。

9. （清）吴盛藻修，洪泮洙纂：《雷州府志》（十卷），中国书店2002年版。

10. （清）毛昌善、陈兰彬等：《吴川县志》，成文出版社1967年版。

11. （清）郑业崇等修，杨颐纂：《茂名县志》，成文出版社1967年版。

12. 梁成久纂修，陈景棻续修：《（民国）海康县续志》，上海书店出版社2003年版。

13. （清）屈大均：《广东新语》，中华书局1985年版。